आज के आईने में राष्ट्रवाद

आज के आईने में राष्ट्रवाद

सम्पादक

रविकान्त

राजकमल प्रकाशन

ISBN : 978-93-87462-44-1

मूल्य : ₹595

पहला संस्करण : 2018
दूसरा संस्करण : 2021

प्रकाशक : राजकमल प्रकाशन प्रा. लि.
1-बी, नेताजी सुभाष मार्ग, दरियागंज
नई दिल्ली-110 002

शाखाएँ : अशोक राजपथ, साइंस कॉलेज के सामने, पटना-800 006
पहली मंजिल, दरबारी बिल्डिंग, महात्मा गांधी मार्ग, प्रयागराज-211 001
1, अनमोल सोराबजी संतुक लेन, धोबी तलाव, मरीन लाइंस, मुम्बई-400 002

वेबसाइट : www.rajkamalprakashan.com
ई-मेल : info@rajkamalprakashan.com

मुद्रक : राजकमल प्रकाशन प्रा. लि.
नई दिल्ली-110 002

AAJ KE AIENE MEIN RASHTRAVAD
Edited by Ravikant

जेएनयू के पहले वाइस-चांसलर जी. पार्थसारथी
पहले रेक्टर मूनिस रजा
पहले रजिस्ट्रार एन.वी.के. मूर्ति
छात्रसंघ स्थापित करने वाले प्रकाश करात, रमेश दीक्षित
छात्रसंघ-संविधान और प्रवेश नीति बनाने वाले छात्र नेताओं
तथा
जेएनयू की संघर्षशील बौद्धिक परम्परा को समर्पित

भूमिका

9 फरवरी, 2016 को मीडिया के एक हिस्से और सत्तातंत्र की मिलीभगत से जेएनयू पर बड़ा हमला हुआ। दरअसल, यह घटना दक्षिणपन्थी सत्तातंत्र और उसके प्रचारतंत्र द्वारा बुद्धिजीवियों तथा उच्च शिक्षण संस्थानों पर हो रहे हमलों की ही एक कड़ी है। जेएनयू भारत में मानविकी और समाजविज्ञान का सबसे प्रतिष्ठित संस्थान है। मौलिक चिन्तन और बौद्धिकता के लिए जेएनयू पूरी दुनिया में जाना जाता है। जेएनयू केवल एक संस्था नहीं है बल्कि एक संस्कृति का नाम है। एक ऐसी संस्कृति जिसमें बौद्धिक खुलेपन, विवाद-संवाद, सहमति-असहमति और स्वतंत्र जीवन शैली की पूरी गुंजाइश है। वस्तुतः यह हमला बदलते परिवेश में शिक्षण संस्कृति, बौद्धिकता, जनपक्षधरता और लोकतांत्रिक मूल्यों पर आघात है।

जेएनयू शिक्षा और संघर्ष का अनूठा उदाहरण है। जेएनयू का यही अनूठापन वर्चस्वशाली ताकतों और कट्टरपन्थियों की आँखों में खटकता है। जेएनयू पर कोई पहली बार हमला नहीं हुआ। इसके पहले भी कई बार छिट-पुट घटनाएँ होती रही हैं। पिछले कुछ सालों से जबानी हमले भी हो रहे थे। लेकिन 9 फरवरी का हमला बहुत सुनियोजित तरीके से किया गया। दक्षिणपन्थी हिन्दू राष्ट्रवादी सत्ता स्थापित होते ही जेएनयू को बदनाम करके खत्म करने की साजिश रची जाने लगी थी। यह हमला उसी साजिश का नतीजा है। जेएनयू के विद्यार्थियों और प्राध्यापकों ने अपने अन्दाज में इसका जवाब दिया है।

जेएनयू की एक पूरी सांस्कृतिक विरासत है। इसके निर्माण के पीछे एक विचार था। श्रीमती इन्दिरा गांधी की सरकार और उनके शिक्षा मंत्री एन.सी. छागला जेएनयू को एक ऐसे संस्थान के रूप में देखना चाहते थे, जिसमें वैज्ञानिक सोच और प्रगतिशील माहौल हो। जवाहरलाल नेहरू के नाम पर जून 1969 में स्थापित इस विश्वविद्यालय के पीछे कहीं न कहीं नेहरू का ही विजन था। नेहरू के सपनों का विश्वविद्यालय इन्दिरा गांधी सरकार बनाना चाहती थी। इसके लिए पूरे देश-भर के विभिन्न विचारधाराओं के बुद्धिजीवियों को बुलाया गया। विदेशी

विश्वविद्यालयों में अध्ययन-अध्यापन करने वाले बुद्धिजीवियों को भी यहाँ बुलाकर अवसर उपलब्ध कराया गया। इन बुद्धिजीवियों में ज्यादातर वामपन्थी विचारधारा से जुड़े थे। इसलिए जेएनयू शुरुआती दौर से वामपन्थी विचारधारा का गढ़ बन गया।

जेएनयू को जनतांत्रिक शिक्षण संस्कृति के लिए जाना जाता है। यह माहौल वहाँ के प्रशासन, अध्यापक, कर्मचारी और विद्यार्थियों की आम सहमति से बना है। विश्वविद्यालय की निर्माण प्रक्रिया में विद्यार्थियों की सहभागिता के लिए छात्रसंघ स्थापित हुआ। जेएनयू भारत का पहला संस्थान है, जहाँ बाकायदा छात्रसंघ का संविधान है। मजे की बात यह है कि छात्रसंघ और इसका संविधान भी विद्यार्थियों द्वारा ही बनाए गए। प्रकाश करात और रमेश दीक्षित ने छात्रसंघ बनाया। रमेश दीक्षित, सुनीत चोपड़ा और एस.पी. तिवारी ने मिलकर छात्रसंघ का संविधान लिखा। रमेश दीक्षित एक साक्षात्कार में कहते हैं कि किसी भी छात्रसंघ का चुनाव छात्रों द्वारा निर्वाचित निर्वाचक मण्डल द्वारा ही कराया जाना, 1970 में निश्चित ही एक मौलिक परिकल्पना थी। जेएनयू के पहले कुलपति जी. पार्थसारथी, पहले रेक्टर मूनिस रजा और पहले रजिस्ट्रार एन.वी.के. मूर्ति की प्रेरणा से अकादमिक कौंसिल जैसी नीति निर्धारक समितियों में छात्रों की भागीदारी और विभिन्न किस्म की असमानताओं को दूर करने के लिए प्रवेश नीति में अनूठी आरक्षण की व्यवस्था बनी।

1972 में दूसरे छात्रसंघ का चुनाव हुआ। संविधान पर आधारित इस चुनाव में वी.सी. कोसी को अध्यक्ष चुना गया। इसी वर्ष प्रवेश नीति बनी। वी.सी. कोसी, रमेश दीक्षित, मधु प्रसाद, सुनीत चोपड़ा आदि छात्रों के सुझाव पर इसमें आरक्षण की व्यवस्था की गई। इस समिति में तय किया गया कि पिछड़ेपन के कितने आधार हो सकते हैं। जाति, लिंग, क्षेत्र और आर्थिक पिछड़ेपन के आधार पर आरक्षण की व्यवस्था की गई। 1973 में इस आधार पर पहली बार दाखिले हुए। परिणामस्वरूप दूरदराज के इलाकों के दलित, आदिवासी, ग़रीब और पिछड़े तमाम विद्यार्थी जेएनयू में दाखिल हुए। वस्तुतः जेएनयू भारत के सर्वाधिक दलित, वंचित पिछड़े वर्गों के प्रतिभाशाली विद्यार्थियों के सपनों को साकार करने का संस्थान बन गया। जेएनयू पर इसीलिए हमला हुआ क्योंकि यथास्थितिवादियों को वंचित और पिछड़े समुदाय के बराबरी पर आने से परेशानी होती है। उनके विशेषाधिकार और वर्चस्व को जेएनयू से चुनौती मिलती है। ये हमला जेएनयू की जनतांत्रिक संस्कृति और गैर-बराबरियों को समाप्त करने के प्रयास पर हमला है।

जेएनयू की छात्र राजनीति का फलक बहुत व्यापक है। जेएनयू के विद्यार्थी देश और दुनिया की समस्याओं पर बहस करते हैं। यहाँ का हर विद्यार्थी राजनीतिक

चेतना से सम्पन्न है। वंचित-पिछड़े समुदाय और दुर्गम क्षेत्रों से आने वाले प्रतिभावान छात्र-छात्राओं को यहाँ के माहौल में अपनी योग्यता बढ़ाने, खुद को साबित करने और देश-निर्माण में अपनी सहभागिता करने का अवसर मिलता है। राष्ट्र-निर्माण और राष्ट्रभक्ति का मतलब बड़ा तिरंगा फहराना और टैंक रख देना नहीं है। जेएनयू के छात्र-छात्राएँ पिछले सालों में निर्भया कांड जैसे सामाजिक मुद्‌दों से लेकर ग़रीबी-बेरोज़गारी के प्रश्नों पर सड़कों पर जूझते नजर आते रहे हैं। जेएनयू लोकतांत्रिक मूल्यों और सामाजिक-आर्थिक आजादी के प्रश्नों को हमेशा बुलन्द करता रहा है। साम्प्रदायिक फासीवाद का पुरजोर विरोध कैम्पस में होता रहा है। पूरी दुनिया में अमेरिका के बढ़ते साम्राज्यवाद और पूँजीवाद की तार्किक और तीखी आलोचना जेएनयू में लगातार बहुत सृजनात्मक ढंग से होती रही है।

जेएनयू में संघर्ष का लम्बा इतिहास है। आपातकाल लगाने वाली प्रधानमंत्री इन्दिरा गांधी को यहाँ के विद्यार्थियों ने जेएनयू में दाखिल नहीं होने दिया। इसी दौरान जेएनयू छात्रसंघ अध्यक्ष डी.पी. त्रिपाठी को गिरफ्तार करके जेल भेज दिया गया। साथ ही तमाम दूसरे छात्र भी जेल गए। डेविड सेलबोर्न ने आपातकाल पर आधारित अपनी किताब 'एन आई टू इंडिया' में जेएनयू में छात्रों के आन्दोलन पर करीब पचास पन्ने लिखे हैं। लोकतांत्रिक मूल्यों की इस लड़ाई में पढ़ाई के साथ-साथ रचनात्मक संघर्ष जारी था। पोस्टर लिखना और छोटी-छोटी सभाएँ करना इस संघर्ष के हिस्सा थे। जेएनयू में कक्षाएँ कभी बन्द नहीं हुईं। अध्यापकों के न रहने पर वरिष्ठ छात्र जूनियर कक्षाएँ पढ़ाते थे। जनता पार्टी की सरकार द्वारा आपातकाल की जाँच के लिए बने शाह कमीशन की रिपोर्ट में भी जेएनयू के संघर्ष की दास्तान दर्ज है।

जेएनयू की शिक्षा-संस्कृति और आन्दोलनधर्मिता से वर्तमान दक्षिणपन्थी सत्ता खौफ खाती है। आँखों में आँखें डालकर जेएनयू के छात्र लुटियंस दिल्ली की राजसत्ता से सवाल पूछते हैं। ये नकारा सत्ता जवाब देने से घबराती है। इसलिए जेएनयू की आवाज को दबाने के लिए 9 फरवरी, 2016 को बहुत सुनियोजित तरीके से उस पर जोरदार हमला किया गया। इस घटनाक्रम के बाद गिरफ्तार किए गए छात्रसंघ पदाधिकारियों पर अदालत में शारीरिक हमला किया गया। इसके साथ जेएनयू की संस्कृति को विकृत करके विद्यार्थियों को देशद्रोही के रूप में इतना दुष्प्रचारित किया गया कि जेएनयू और मुनीरिका के बीच सँकरी सड़क चौड़ी खाई में तब्दील हो गई। ऐसे माहौल में जेएनयू के छात्रों-अध्यापकों और पूरी बौद्धिक परम्परा के प्रति नफरत और हिंसा का व्यवहार किया जा रहा था। देश के गृहमंत्री से लेकर मानव संसाधन मंत्री तथा अन्य भाजपाई मंत्री-सांसद और अन्य नेता जेएनयू के खिलाफ लगातार जबानी हमले कर रहे थे। गोलवलकर की विचारधारा

के वारिस, जेएनयू और वामपन्थी धारा को देशद्रोही घोषित करने के लिए बड़ी चालाकी से देश और हिन्दुत्व को गड्डमड्ड करके पेश कर रहे थे। इस माहौल में, एक बार फिर जेएनयू ने रचनात्मक तरीके से दक्षिणपन्थी हिन्दूवादी सत्ता और राजनीति को जवाब देने का निर्णय किया। चूँकि सांस्कृतिक राष्ट्रवाद और थोथी देशभक्ति के जुमले उछालकर जेएनयू को बदनाम किया जा रहा था, इसलिए जेएनयू में राष्ट्रवाद की अवधारणा पर बहस शुरू हुई। खुले में होने वाली बहस राष्ट्रवाद पर कक्षाओं में तब्दील होती गई। इन कक्षाओं में जेएनयू के प्राध्यापकों के अलावा अनेक रचनाकारों और जनआन्दोलनकारियों ने राष्ट्रवाद पर व्याख्यान दिए। इन व्याख्यानों में राष्ट्रवाद के स्वरूप, इतिहास और समकालीन सन्दर्भों के साथ उसके खतरे भी बताए-समझाए गए।

राष्ट्रवाद कोई निश्चित भौगोलिक इकाई नहीं है। राष्ट्रवाद काल्पनिक समुदाय भी नहीं है। दरअसल, राष्ट्रवाद एक आपसदारी की भावना है। राष्ट्रवाद आपसी सहमति है। राष्ट्रवाद एक अनुभूति है जो हमें राष्ट्र के विभिन्न समुदायों तथा संस्कृतियों से जोड़ती है। राष्ट्रवाद की कई अवधारणाएँ हैं, जो देश-काल की विभिन्न परिस्थितियों में निर्मित हुई हैं। विश्वयुद्धों के दौरान उपजा राष्ट्रवाद एकल पहचान और संस्कृति पर आधारित था। यूरोपीय राष्ट्रवाद की अवधारणा में एक भीतरी या बाहरी शत्रु की उपस्थिति भी जरूरी रही है। हिंसा और वर्चस्वभावना इसके दूसरे पहलू हैं। पूँजीवाद के साथ इसका निजी रिश्ता है। इसके बरक्स तीसरी दुनिया के औपनिवेशिक देशों में विदेशी शासन से मुक्ति के लिए राष्ट्रवाद की भावना अंकुरित हुई। भारतीय राष्ट्रवाद स्वाधीनता आन्दोलन के दौरान विकसित हुआ। इसके मूल में साम्राज्यवाद विरोधी भावना थी। राष्ट्रवाद के अपने खतरे भी हैं। रवीन्द्रनाथ टैगोर से लेकर गांधी, अम्बेडकर, नेहरू और प्रेमचन्द इन खतरों को देख-समझ रहे थे। भारतीय राष्ट्रवाद के सामने धार्मिक राष्ट्रवाद के खतरे थे। हिन्दू राष्ट्रवाद और मुस्लिम राष्ट्रवाद उसी दरम्यान पनप रहे थे। इसीलिए टैगोर समूचे विश्व में राष्ट्रवाद की आलोचना कर रहे थे तो गांधी, अम्बेडकर और नेहरू धार्मिक राष्ट्रवाद को प्रश्नांकित कर रहे थे।

अम्बेडकर ने राष्ट्रवाद को खारिज करते हुए कहा कि भारतीय समाज व्यवस्था जातियों में विभाजित है। इस विभाजन में असमानता, अन्याय, भेदभाव और छुआछूत की भावना है। ऐसे में, खासकर हिन्दू एक राष्ट्र हो ही नहीं सकते। नेहरू धार्मिक राष्ट्रवाद के प्रति बेहद चौकन्ने थे। यही कारण है कि उन्होंने धार्मिक प्रतीकों और कर्मकांडों से सरकार को मुक्त रखा। आजादी के बाद 1952 में हुए पहले आम चुनाव में, विभाजन के दंश के बावजूद नेहरू जी अपने भाषणों में धर्मनिरपेक्षता पर बहुत जोर देते थे। नेहरू जनता से संवाद करते थे।

जनता से पूछते थे कि वे कैसा भारत बनाना चाहते हैं, धर्म-आधारित पाकिस्तान जैसा या एक धर्मनिरपेक्ष भारत; जिसमें सभी धर्म-सम्प्रदाय के लोग आपसी सौहार्द और सम्मान के भाव से रहते हों। राष्ट्र निर्माण की इस भावना से समावेशी राष्ट्रवाद निर्मित हुआ। सार्वजनिक संस्थानों के निर्माण से लेकर आरक्षण की व्यवस्था और मूल अधिकारों, नीति-निर्देशक तत्त्वों द्वारा एक नए भारत का निर्माण हो रहा था।

समावेशी और सर्वधर्म समभाव पर आधारित राष्ट्र और राष्ट्रवाद वर्चस्वशाली ताकतों की आँखों में गड़ रहा था। वस्तुतः यह ताकतें भारत की आजादी और संविधान से विचलित थीं। ये सवर्ण सामन्ती शक्तियाँ भारत को हिन्दू राष्ट्र बनाकर संविधान की जगह मनुस्मृति को लागू करना चाहती थीं। इसी दक्षिणपन्थी वर्चस्वशाली विचारों के एक प्रतिनिधि नाथूराम गोडसे ने राष्ट्रपिता महात्मा गांधी की हत्या कर दी। इन ताकतों की नफरत जितनी पाकिस्तान और मुसलमानों के प्रति थी, उतनी ही समाजवादी और संविधानवादी व्यवस्था के प्रति थी। दुर्भाग्य से, ये संकीर्ण सवर्ण सामन्ती शक्तियाँ समय के साथ-साथ मजबूत होती गईं। नेहरू युग की अपेक्षाओं और इन्दिरा गांधी द्वारा आपातकाल की परिस्थितियों ने इन्हें उभरने का मौका दिया। राममन्दिर आन्दोलन ने इन्हें मजबूत बनाकर सत्ता के गलियारों तक पहुँचाया। इसके बाद दक्षिणपन्थी सवर्ण हिन्दूवादी शक्तियाँ पूरी बेशर्मी से खुलकर धर्म और आस्था की राजीनति करने लगीं। नवउदारवादी पूँजीवाद के स्थापित होने के बाद बाबा, बाज़ार और बेरोज़गारी की जुगलबन्दी ने धार्मिक कट्टरता को बढ़ावा दिया। इस प्रकार, सांस्कृतिक राष्ट्रवाद को भारतीय राष्ट्रवाद के रूप में थोपने की कोशिश की जाने लगी। अब तो बड़ी निर्लज्जता से भारत को हिन्दू राष्ट्र बनाने के संकल्प दोहराए जा रहे हैं।

संघ, भाजपा और अन्य हिन्दूवादी संगठनों द्वारा पूरे देश में नफरत और हिंसा का खौफनाक माहौल तैयार किया जा रहा है। जेएनयू पर हुआ हमला इसकी बानगी है। हालाँकि जेएनयू और देशभर के बुद्धिजीवी, साहित्य-संस्कृतिकर्मी, आन्दोलनकारी और दूसरे शिक्षण संस्थानों के नौजवान विद्यार्थी डटकर इन ताकतों का मुकाबला कर रहे हैं। यह किताब हिंसा और नफरत से मुकाबिल एक रचनात्मक प्रतिरोध है। इस किताब में जेएनयू में राष्ट्रवाद पर हुए तेरह व्याख्यानों को शामिल किया गया है। साथ ही योगेन्द्र यादव द्वारा पुणे और अनिल सद्गोपाल द्वारा भोपाल में दिए गए व्याख्यान भी शामिल हैं। दरअसल, उन दिनों जब एकांगी राष्ट्रवाद के शोर में जेएनयू में व्याख्यान चल रहे थे, तभी इन व्याख्यानों को किताब के रूप में लाने का विचार मन में आया था। इस सन्दर्भ में इस किताब की योजना पर विद्वान वक्ताओं से बात की गई। उन्होंने मेरा उत्साह बढ़ाते हुए व्याख्यानों को सम्पादित

करके प्रकाशित करने की अनुमति प्रदान की। तीन व्याख्यानों का अंग्रेजी से हिन्दी में अनुवाद किया गया। वास्तव में यह योजना मेरे लिए बहुत कठिन थी। व्याख्यानों को पहले लिखित रूप देना और फिर कम्पोज करके वक्ताओं को भेजना या अनुवाद करना मेरे लिए अकेले कतई सम्भव नहीं था।

व्याख्यानों को लेख के रूप में तब्दील करने, कम्पोज करने और अनुवाद करने में मेरे तमाम मित्रों, सहयोगियों और विद्यार्थियों का बहुत योगदान रहा है। उन सबको धन्यवाद देना केवल औपचारिकता नहीं है। वस्तुतः यह विषय और माहौल हम सबकी चिन्ता में शामिल रहा है। इसलिए एक जरूरी कर्तव्यबोध से हम सबने इस किताब को मूर्त रूप देने में अपना सहयोग दिया है। मैं उन सभी विद्वान वक्ताओं का हृदय से आभार व्यक्त करता हूँ, जिनके व्याख्यान यहाँ शामिल हैं। इस किताब को उत्साहपूर्वक छापने के लिए राजकमल प्रकाशन परिवार का भी बहुत-बहुत धन्यवाद। जय भीम, लाल सलाम!

—रविकान्त

लखनऊ
1 जनवरी, 2018

अनुक्रम

राष्ट्रवाद बनाम जनवाद और शिक्षा का सवाल

अनिल सद्गोपाल

यह समझने की सख्त ज़रूरत है कि आज हम अपने जिस देश को बड़े प्यार और गर्व से इंडिया, भारत या हिन्दुस्तान कहते हैं, वह वर्तमान भौगोलिक सरहदों वाला देश न तो किसी साम्राज्य (सल्तनत) के रूप में और न ही एक देश या राष्ट्र-राज्य के रूप में इतिहास में कभी भी मौजूद था। प्राचीन भारत और बौद्धकाल में कई छोटे-बड़े गणराज्य थे। उनके बीच सत्ता के लिए लड़ाइयाँ होती थीं, फिर सन्धियाँ भी हो जाती थीं। उनकी भौगोलिक सरहदें बदलती रहती थीं। बाद में, चन्द्रगुप्त मौर्य ने अफ़ग़ानिस्तान तक फैला विशाल साम्राज्य स्थापित किया, लेकिन उसकी भी भौगोलिक सरहदें आज के हिन्दुस्तान से फ़र्क थीं। देश के कई वर्तमान प्रदेश मौर्य साम्राज्य में नहीं थे। जैसे सुदूर दक्षिण के कई रजवाड़े उसकी सरहदों के बाहर थे और उत्तर-पूर्व तो बिलकुल नहीं था। नागालैंड, मिजोरम, मणिपुर, मेघालय और अरुणाचल प्रदेश उसमें शामिल नहीं थे। सम्भवत: असम का बहुत छोटा हिस्सा ही उसमें था। इसी तरह अण्डमान-निकोबार और लक्षद्वीप नहीं थे। कुल मिलाकर इस उप-महाद्वीप के बड़े-बड़े साम्राज्यों के भी जो नक्शे हमने देखे हैं, वे आज के हिन्दुस्तान से फ़र्क थे। इसके बाद मुगलकाल आया। उनकी भी अलग-अलग सरहदें थीं। एक मुगल बादशाह की सरहदें कुछ रहती थीं तो दूसरे की कुछ और। एक बादशाह के जीवनकाल में ही उनकी सल्तनत की सरहदें बदल जाती थीं। इसलिए यह कहना कि जो देश 15 अगस्त, 1947 यानी आज़ादी के बाद बना, उसे हम प्राचीन काल से भारत या हिन्दुस्तान बोलते थे, तथ्यात्मक रूप से सही नहीं है।

अब सवाल उठता है कि वर्तमान इंडिया, भारत या हिन्दुस्तान कहाँ से आया। वास्तव में, यह एक बेजोड़ और ऐतिहासिक जनआन्दोलन से निकला है। लगभग दो सौ साल तक ब्रिटिश साम्राज्यवाद के ख़िलाफ़ इस उप-महाद्वीप के अलग-अलग इलाकों में नवाबों व राजाओं से लेकर आदिवासियों-दलितों, किसानों व खेतिहर मज़दूरों, फ़ौजी सिपाहियों और महिलाओं, विद्यार्थियों व युवाओं ने जल-जंगल-ज़मीन और अपनी इज्ज़त, पहचान व हकों के लिए जो आवाज़ें उठाईं और

लड़ाइयाँ लड़ीं हैं उसी जनआन्दोलन से आज का भारत निकला है। इस भारत को बनाने की कहानी सचेत त्याग व शहादत की कहानी है। इसीलिए हमारा मानना है कि भारत एक विचार है, न कि महज़ एक भू-भाग। इस विचार को गढ़ने में मुख्यत: दो समानान्तर वैचारिक धाराओं का योगदान रहा है। एक ओर जाति-विरोधी चेतना और दूसरी ओर ब्रिटिश साम्राज्यवाद-विरोधी चेतना से प्रेरित वैचारिक धाराओं का। सावित्रीबाई व जोतिराव फुले, शाहूजी महाराज, अम्बेडकर व पेरियार जाति-व्यवस्था को ध्वस्त करने और समतामूलक समाज बनाने की लड़ाई के प्रतीक बने। वहीं, दूसरी ओर बिरसा मुंडा व वीर नारायण सिंह जैसे आदिवासियों से लेकर दादाभाई नौरोजी, तिलक, गांधी, नेहरू, पटेल, ख़ान अब्दुल गफ़्फ़ार खान (फ्रंटियर गांधी), सुभाषचन्द्र बोस, मौलाना अबुल कलाम आज़ाद, राजगोपालाचारी, लोहिया व टैगोर ने भारत को ब्रिटिश उपनिवेशवाद से मुक्त कराने और चन्द्रशेखर आज़ाद, अशफ़ाकउल्लाह ख़ान और भगत सिंह व साथियों ने पूँजीवादी-साम्राज्यवादी शोषण को खत्म करते हुए समाजवादी भारत के निर्माण की लड़ाई को नेतृत्व दिया। इन दोनों वैचारिक धाराओं का मिलकर एक जबर्दस्त राष्ट्रीय विमर्श खड़ा करने यानी नए भारत का विचार गढ़ने में क्रान्तिकारी योगदान है।

आम जनता में यह भ्रामक धारणा पैदा की गई है कि आज का हिन्दुस्तान शाश्वत काल से ही था। सांस्कृतिक निरन्तरता का तर्क भी तभी सार्थक है जब भारत के इतिहास में विचारधारात्मक विविधताओं की निरन्तरताओं को स्वीकारा जाए, अन्यथा यह कुतर्क होगा। गौरतलब है कि इन विचारधारात्मक धाराओं के बीच द्वन्द्व भी रहे—ज्ञानमीमांसा के स्तर पर और सामाजिक दर्शन के स्तर पर भी। एक ओर, ब्राह्मणवादी वैदिक संस्कृति और गैरबराबरी व भेदभाव पर टिकी पितृसत्तात्मक जाति व्यवस्था व उसको वैधानीकृत करने वाली मनुस्मृति थी। दूसरी ओर, बौद्ध दर्शन में गैरबराबरी व भेदभाव से मुक्त समतामूलक समाज का परिवर्तनकामी सन्देश था। वहीं जैन दर्शन ने सत्य के अनेक रूपों को स्वीकारते हुए वैकल्पिक सोच व असहमति को अद्‌भुत जगह दी। इस तरह ब्राह्मणवादी वर्चस्वपूर्ण सोच को बुद्ध, महावीर, चारवाक-लोकायत के दर्शनों से लेकर नानक, कबीर व सूफ़ी सन्तों तक ने चुनौती दी। इस विचारधारात्मक संघर्ष और आज़ादी की लड़ाई के उपरोक्त राष्ट्रीय विमर्श को नकार कर भारतीय लोकतांत्रिक गणराज्य व संविधान का विचार आत्मसात कर पाना नामुमकिन है।

इस इतिहास में हिन्दू राष्ट्र जैसी संकीर्ण और विभाजनकारी विचारधारा के लिए कहाँ जगह हो सकती है? जिन ताकतों ने हिन्दू राष्ट्र की विचारधारा को देश पर थोपने की साजिश की है ये वही हैं जिन्होंने ब्रिटिश सत्ता का भी साथ दिया। उक्त दौर में भी हिन्दू राष्ट्र का जन-विरोधी, राष्ट्र-विरोधी व संविधान-विरोधी राग अलापने वाली ताकतें न केवल ब्रिटिश सत्ता के साथ खड़ी रहीं वरन् ब्रिटिश जेल

से निकलने के लिए माफ़ीनामा पेश करने वाले सावरकर को आज राष्ट्रीय हीरो के रूप में पेश करके भगत सिंह–राजगुरु–सुखदेव की ऐतिहासिक शहादत का मखौल उड़ा रही हैं, जनता में भ्रम पैदा कर रही हैं।

आज का जो हिन्दू अन्ध–राष्ट्रवाद है उसमें देश और जनता के प्रति कोई प्रेम नहीं है। दरअसल, अन्ध–राष्ट्रवाद एक लाठी है जो लोगों को मारने–पीटने और डरा–धमकाकर उनका मुँह बन्द करने के काम आ रही है। जब तक हम अपने देश को जानते–समझते नहीं हैं, तब तक हम देश व उसकी मेहनतकश जनता से प्यार नहीं कर सकते। आज़ादी की लड़ाई सिर्फ़ अंग्रेज सत्ता से मुक्त होने के लिए नहीं लड़ी गई थी बल्कि एक बेहतर देश बनाने के लिए लड़ी गई। ब्रिटिश साम्राज्यवाद ने भारत का शोषण किया, देश की पिछड़ी उत्पीड़ित जातियों की मेहनतकश जनता के उत्पादन से जमकर मुनाफ़ा कमाया, इसके प्राकृतिक संसाधनों को लूटा। आज़ादी की लड़ाई का मक़सद एक से कहीं अधिक न्यायशील, समतामूलक और भेदभाव से मुक्त भारत का निर्माण करना था—एक ऐसे भारत का निर्माण जो हर तरह के भेदभाव से मुक्त अनेक भाषाओं व संस्कृतियों वाला, अनेक मज़हबों वाला, अनेक प्रकार के खान–पान व रीति–रिवाज़ों वाला और हर भौगोलिक इलाके में खेती के उत्पादन के अनूठे तौर–तरीकों वाला होगा। आज़ादी की लड़ाई के दौरान अनेक विविधताओं को समेटनेवाला देश खड़ा हो रहा था। यह लड़ाई जब एक इलाके से दूसरे इलाके में पहुँचती थी तो आज़ाद हिन्दुस्तान के सपने में अपने–आप समतामूलक विकास का एक नया सपना जुड़ जाता था। ब्रिटिश साम्राज्यवाद के ख़िलाफ़ जनआन्दोलन जब गंगा–यमुना के मैदान से निकलकर नर्मदा घाटी में पहुँचता या आगे बढ़कर दक्षिण के पठार को छूता या फिर बंगाल से ब्रह्मपुत्र के खेत–खलिहानों व त्रिपुरा की पहाड़ियों में लोगों के दिलों से जुड़ जाता तो एक नए भारत का निर्माण होने लगता था।

यह लड़ाई ऐसे भारत के लिए थी जो सामन्ती या पूँजीपति लुटेरों का भारत नहीं होगा, जो शासक वर्ग का भारत नहीं होगा, जो न ऊँचे वर्गों का और न ऊँची जातियों का भारत होगा। इस नए भारत की नियति तय करने में तमाम वर्गों व जातियों और उनमें विकलांगों समेत सभी मेहनतकश लोग और खासकर पितृसत्ता की जंजीरों को तोड़ती हुई महिलाएँ शामिल होंगी। यह देश एकलव्यों और शम्बूकों का भी होगा। यह देश सदियों से शोषित, उत्पीड़ित जनता का होगा। इस 80 प्रतिशत जनता को बहुजन समाज भी कहा जाता है, उसी जनता का नया भारत बनाने का सपना फुले–अम्बेडकर–पेरियार और भगत सिंह व उनके साथियों ने देखा था।

कभी मध्य प्रदेश के आदिवासी युवाओं ने एक गाना लिखा था। उसका मुख्य भाव है कि 'अरे, संसद को किसने बनाया, हमने बनाया रे। अरे, इन बाँधों, पुलों को किसने बनाया, हमने बनाया रे... ।' संसद भवन को शासक वर्ग नहीं बनाता। वह

ईंट-पत्थर नहीं उठा सकता। वह सीमेंट-रेत के गारे से भरा तसला नहीं ढो सकता। संसद भवन को बनाने का पैसा भी मेहनतकश उत्पीड़ित जाति के मज़दूर वर्ग के पसीने की कमाई से निकलता है, न कि शेयर बाज़ार के सट्टे से। लोकतंत्र के प्रतीक संसद की इमारत को इस देश के सबसे ग़रीब व उत्पीड़ित जातियों ने बनाया है—आदिवासी, दलित व अन्य पिछड़े वर्ग (ओबीसी) के मज़दूरों और मुस्लिम कारीगरों ने, खासकर इन तबकों की महिलाओं ने भी। ऐसे सब लोगों ने मिलजुलकर अम्बानी, अडानी, बिड़ला-टाटा सरीखे पूँजीपतियों की बहुमंज़िला इमारतें बनाई हैं। मुम्बई, चैन्नई, कोलकाता और दिल्ली के चमकदार इलाकों या गुड़गाँव जैसी हाईटेक सिटी को सबसे ग़रीब तबकों ने खड़ा किया है। अब यही लोग बेंगलुरु व हैदराबाद की इन्फोटेक सिटी व मोदी सरकार की स्मार्ट सिटी भी खड़ी कर रहे हैं। लेकिन बाद में इन्हीं को न तो इन भव्य इमारतों में घुसने की और न ही स्मार्ट सिटी में खड़े होने तक की इज़ाज़त होगी, दुत्कार कर बाहर निकाल दिए जाएँगे। ऊँची इमारतों से लेकर संसद भवन तक सब उनके लिए 'आउट ऑफ़ बाउंड' हो जाते हैं यानी लोकतंत्र का नाटक देखने के लिए उसके हाशिए पर धकेल दिए जाते हैं। अन्ध-राष्ट्रवाद का कहर ढानेवाली हिन्दू राष्ट्रवाद की ताकतों से कोई यह पूछे कि यह आज़ाद भारत का सपना कैसे हो सकता है।

सावित्रीबाई फुले आधुनिक हिन्दुस्तान की पहली जानी-मानी शिक्षाविद् थीं। महात्मा जोतिबा फुले और सावित्रीबाई फुले ने 1848 में समानता पर टिकी हुई आज की आधुनिक समान स्कूल व्यवस्था के विचार के तहत चार स्कूल खोले। ये दलित, उत्पीड़ित और ग़रीब लड़कियों के स्कूल हर प्रकार के भेदभाव से मुक्त थे। बाद में उन्हीं जातियों के लड़कों के लिए भी स्कूल खोले। इस विचार को आगे बढ़ाते हुए जोतिबा फुले ने 1882 में हंटर आयोग (ब्रिटिश राज का पहला शिक्षा आयोग) के सामने उत्पीड़ित जातियों के नज़रिए से शिक्षा व्यवस्था खड़ी करने के लिए ज्ञापन रखा। जोतिबा फुले ने अपने ज्ञापन में कहा कि यह विडम्बना है कि ब्रिटिश राज अपना खज़ाना भरने के लिए जो राजस्व वसूलता है, वह उत्पादक वर्गों व जातियों के पसीने की कमाई से आता है, मेहनतकश किसानों और खेतिहर मज़दूरों से लिया जाता है लेकिन शिक्षा फैलाने के लिए जब उस खज़ाने का उपयोग होता है तो उसका पूरा लाभ समाज के उच्च वर्गों और ऊँची जातियों के लोग उठाते हैं। ऐसा कहकर महात्मा फुले ने नए हिन्दुस्तान के लिए एक नया बुनियादी सिद्धान्त गढ़ दिया था। लेकिन अंग्रेजों के जाने के बाद भी यही हो रहा है। आज भी सरकार का जो खज़ाना भरा जाता है, उसका स्रोत देश के 80 फीसदी से अधिक ग़रीब और उत्पीड़ित जातियों के लोगों का उत्पादन है। लेकिन सरकारी खज़ाने का फ़ायदा—शिक्षा, स्वास्थ्य, आवास, सरकारी नौकरियाँ, यातायात या किसी भी क्षेत्र में—ऊँचे वर्ग के लोगों या ऊँची जातियों के शासक वर्ग को ही

मिलता है। यह बिलकुल साफ़ कि है ऐसा हिन्दुस्तान बनाने के लिए हज़ारों युवाओं ने शहादत नहीं दी थी।

एक और मिसाल लीजिए। 1890 के दशक के अन्तिम वर्षों में वर्तमान महाराष्ट्र की कोल्हापुर रियासत के राजा राजर्षि शाहूजी महाराज ने अपनी रियासत में आधुनिक भारत की पहली समान स्कूल व्यवस्था की नींव रखी—ऐसी व्यवस्था शाहूजी महाराज के न पहले कभी बनी और न बाद में। उन्होंने नए हिन्दुस्तान के लिए एक और नया सूत्र दिया। इसमें अमीर-ग़रीब और सवर्ण-अवर्ण सभी तबकों के बच्चे इकट्ठे पढ़ते थे और उनका सारा खर्च रियासत की ओर से होता था। लड़कियों की शिक्षा के लिए विशेष इंतज़ाम किए गए। रियासत की ओर से ही सभी जातियों के दूर-दराज से आनेवाले बच्चों के लिए कई छात्रावास खोले गए जो ऐतिहासिक पहलकदमी थी। उनकी रियासत की समान स्कूल व्यवस्था में हाईस्कूल तक की शिक्षा दी जा रही थी, न कि आज के शिक्षा अधिकार कानून की तरह महज़ आठवीं तक और वह भी गैर-बराबरी व भेदभाव पर टिकी हुई बहु-परती शिक्षा। उस समय ब्रिटिश राज द्वारा जितना खर्च शिक्षा पर पूरी बॉम्बे प्रेसीडेंसी में किया जाता था उससे ज्यादा खर्च अकेले कोल्हापुर रियासत करती थी। बॉम्बे प्रेसीडेंसी में वर्तमान महाराष्ट्र व गुजरात के साथ-साथ तेलंगाना के चार-पाँच तथा कर्नाटक के दो-तीन जिले और सिन्ध (पाकिस्तान) के भी कुछ हिस्से शामिल थे। इस तरह एक सिद्धान्त साफतौर पर उभर रहा था कि आप शिक्षा पर जो खर्च करेंगे उसका आपके देश या रियासत की कमाई से उतना लेना-देना नहीं है जितना कि इस बात से है कि जनता को शिक्षित करने के प्रति सरकार की राजनीतिक प्रतिबद्धता कितनी है।

आज के भारत को देखिए। सरकार कहती है कि हम ग़रीबों को शिक्षित नहीं कर पाएँगे चूँकि हमारे पास संसाधनों की कमी है। मोदी सरकार द्वारा बनाई जा रही नई शिक्षा नीति देश के बच्चों को शिक्षा नहीं, स्किल (हुनर/कौशल) देगी, खासकर उत्पीड़ित जातियों के बच्चों को। बहाना रहेगा शिक्षा अधिकार कानून के तथाकथित 'नो डिटेंशन' प्रावधान बतौर मूल्यांकन में उनके कम नम्बर आने का। पाँचवीं कक्षा के बाद या पहले ही उन्हें कहा जाएगा कि क्या करोगे पढ़कर, तुम्हारे माँ-बाप ग़रीब हैं, उन्हें तुम्हारी सख़्त ज़रूरत है। स्कूल छोड़ो, जल्दी कमाओ। हम तुम्हें कौशल देंगे चाहे वह कम दिहाड़ीवाला ही क्यों न हो, लेकिन शिक्षा नहीं दे पाएँगे, अच्छे स्कूल भी नहीं दे पाएँगे। 1986 के बाल मज़दूर कानून में जुलाई 2016 में जो संशोधन किए गए हैं उनके चलते पाँचवीं और आठवीं कक्षा के बाद या पहले ही बच्चों को शिक्षा से बाहर ढकेलने की गति में और तेजी आएगी। इस तरह सरकार ने शिक्षा पर खर्च कम करने के और भी पुख्ता इंतज़ाम कर लिए हैं। पैसों की कमी वाली जुमलेबाजी मैकाले से लेकर अब तक चली आ रही है। सन् 1835 की शिक्षा नीति में मैकाले ने लिखा था कि इतने बड़े आवाम को शिक्षित करने के लिए ईस्ट इंडिया कम्पनी

के पास पैसा नहीं है। इसलिए हम मुट्ठीभर लोगों को ही शिक्षित करेंगे जो उच्च जातियों व वर्गों के होंगे। हम जिन लोगों को शिक्षित करेंगे, उनकी चमड़ी का रंग तो वही होगा जो इस देश के लोगों का है लेकिन उनकी सोच, जीवनशैली और प्रतिबद्धता ईस्ट इंडिया कम्पनी के प्रति होगी। वे हमारे लोग/एजेंट होंगे। वे हमारी बात को इस देश की जनता तक पहुँचाएँगे। एक मायने में आज़ादी की लड़ाई ईस्ट इंडिया कम्पनी के इसी औपनिवेशिक सोच पर खड़ी शिक्षा नीति को तोड़ने के लिए भी लड़ी गई। इसके बावजूद आज़ाद हिन्दुस्तान में आज़ादी से लेकर 2016–17 के बजट तक यही देखने-सुनने में आता रहा है कि देश को शिक्षित करने के लिए सरकार के पास पैसा नहीं है। लेकिन सरकार के पास पैसों की कोई कमी नहीं है। इसीलिए हर साल भारत के पूँजीपति वर्ग यानी कॉरपोरेट घरानों को 5–6 लाख करोड़ रुपए के आयकर की छूट दी जाती है, 60–70 हज़ार करोड़ रुपए का बैंकों का कर्ज़ माफ करके बट्टे खाते में डाला जाता है और पब्लिक-प्राइवेट पार्टनरशिप (पीपीपी) के नाम पर देश की बहुमूल्य ज़मीनें, प्राकृतिक संसाधन और धनराशि उन्हें सौंपी जाती है। अकेले शिक्षा अधिकार कानून के तहत वंचित वर्ग के बच्चों के नाम पर '25 फीसदी कोटे' के बहाने पीपीपी बतौर सार्वजनिक खज़ाने से हर साल हज़ारों करोड़ रुपया निजी स्कूलों को हस्तान्तरित किया जाता है। ज़ाहिर है कि शिक्षा के लिए पैसों की कमी की रट देश की जनता के साथ सरासर धोखा है।

सन् 1905 में भारतीय राष्ट्रीय कांग्रेस के राष्ट्रीय अधिवेशन में एक प्रस्ताव पारित किया गया। उसमें कहा गया कि अब समय आ गया है जबकि हम ब्रिटिश शिक्षा व्यवस्था से अलग हटकर हिन्दुस्तान की नई शिक्षा व्यवस्था का सपना देखें जो देश के लोगों की आकांक्षाओं को पूरा कर सके और सबको गुणवत्तापूर्ण शिक्षा दे सके। विडम्बना यह नहीं है कि यह वायदा आज तक पूरा नहीं हुआ लेकिन यह है कि यह सपना ही वैश्वीकरण के बाद बनी नवउदारवादी शिक्षा नीति से गायब हो गया है। मोदी सरकार की शिक्षा नीति में तो यह मान लिया गया है कि देश के 80 फीसदी बहुजन समाज को शिक्षा की जगह कोई भी हल्का-फुल्का हुनर देकर 'कुशल भारत' ब्रांड के नाम पर सरकार की जवाबदेही पूरी हो जाएगी। सन् 1919 में जलियाँवाला बाग हत्याकांड में ब्रिटिश पुलिस की गोलीबारी से बड़ी संख्या में भारतीय मारे गए। तब इससे विचलित होकर गांधीजी ने युवाओं का आह्वान किया कि वे ब्रिटिश राज द्वारा चलाए गए संस्थानों—स्कूलों, कॉलेजों व विश्वविद्यालयों—को छोड़कर बाहर निकलें और एक वैकल्पिक राष्ट्रीय शिक्षा व्यवस्था स्थापित करें। यह आह्वान एक सच्चे राष्ट्रवाद से प्रेरित था जिसके केन्द्र में जनवाद था। इस विचार से प्रेरित होकर बहुत से लोग ब्रिटिश राज द्वारा संचालित शैक्षिक संस्थानों से बाहर निकले। गुजरात विद्यापीठ, काशी विद्यापीठ, गांधीग्राम (तमिलनाडु) व नेशनल कॉलेज (लाहौर) जैसे राष्ट्रीय विश्वविद्यालय-कॉलेज खोले गए। इसी से

प्रेरणा लेकर अलीगढ़ मुस्लिम विश्वविद्यालय में पढ़ने वाले एक युवा ने एम.ए. की पढ़ाई छोड़कर अलग से एम.ए. का कोर्स पढ़ाना शुरू किया। कुछ वर्षों बाद उस युवा ने एक राष्ट्रीय विश्वविद्यालय का बड़ा सपना देखा। आज की दिल्ली के करोलबाग में विख्यात हमदर्द दवाखाना के मालिक ने उस कर्मठ युवा को इस सपने को पूरा करने के लिए अपनी बनी-बनाई इमारत दे दी। आज़ादी के बाद यही संस्थान जामिया मिलिया इस्लामिया के नाम से एक केन्द्रीय विश्वविद्यालय के रूप में स्थापित हुआ। उस युवा का नाम डॉ. ज़ाकिर हुसैन था जो बाद में देश के राष्ट्रपति बने। यह कहानी आज़ादी की लड़ाई का सामाजिक-राजनीतिक चरित्र बखूबी समझाती है।

स्कूली शिक्षा के आमतौर पर अनछुए एक पहलू पर नज़र डालिए। पहली कक्षा में दाखिला लेनेवाले ऐतिहासिक रूप से उत्पीड़ित जातियों के 10 फीसदी से कम बच्चे 12वीं कक्षा पार कर पाते हैं, शेष नीचे की किसी भी कक्षा में स्कूल छोड़ने को मजबूर हो जाते हैं। सरकार इन बच्चों को 'ड्रॉप-आउट' कहती है लेकिन दरअसल वे 'ड्रॉप-आउट' कतई नहीं हैं। बच्चे कभी भी अपनी खुशी से स्कूल नहीं छोड़ते जब तक कि उन्हें हालात, चाहे स्कूल के अन्दर के चाहे बाहर के, मजबूर न कर दें। वे 'पुश-आउट' (धकेलकर बाहर किए गए) या 'वॉक-आउट' (दी जा रही शिक्षा के ख़िलाफ़ विद्रोह करते हुए बाहर चले गए) हैं। सरकार इस हकीकत से क्यों इनकार करती है? 'ड्रॉप-आउट' जैसी ऊलजलूल शब्दावली का इस्तेमाल क्यों करती है? यह बिना वजह के नहीं है। जब तक बच्चों को 'ड्रॉप-आउट' कहा जाएगा तब तक स्कूल छोड़ने का सारा दोष बच्चों या उनके माँ-बाप पर या उनकी जाति-वर्ग या लिंग पर मढ़ा जा सकता है। लेकिन 'पुश-आउट' या 'वाक-आउट' का मतलब होगा कि स्कूल व्यवस्था ही देश के 90 फीसदी या उससे भी ज्यादा बच्चों को या तो जबरन धकेलकर बाहर करती है या उनके काबिल ही नहीं है जिसके चलते बच्चे ही उसके ख़िलाफ़ विद्रोह करते हुए स्कूल छोड़ देते हैं। ऐसी नाकाबिल शिक्षा व्यवस्था में आमूलचूल बदलाव की ज़रूरत है, न कि 'पुश-आउट' या 'वाक-आउट' बच्चों को 'कुशल भारत' ब्रांड के तहत हुनर प्रशिक्षण की कॉरपोरेट दुकानों में डालकर देश के भावी नागरिकों का अर्ध-कुशल सस्ते व गुलाम कामगारों की फौज बतौर निर्यात करने की।

अपनी सारी जुमलेबाजी के बावजूद राजसत्ता ऐसे किसी भी बदलाव के लिए तैयार नहीं है जिससे कि 12वीं कक्षा के बाद उच्च शिक्षा में जानेवालों की संख्या बढ़ जाए। राजसत्ता के इस अजीबोग़रीब रवैय्ये के दो स्पष्ट कारण हैं। एक ओर, अगर समान शिक्षा व्यवस्था की संवैधानिक जवाबदेही स्वीकारी तो स्कूली व उच्च शिक्षा दोनों स्तरों पर सरकारी खर्च बढ़ाना पड़ेगा और शिक्षा का बाज़ार बन्द करना पड़ेगा। दूसरी ओर, उच्च जातियों के मध्यम-वर्गीय व अभिजात युवाओं को सामान्य

या पेशेवर संस्थानों में दाखिले और उच्च-स्तरीय नौकरियों के लिए पिछड़ी जातियों के युवाओं से कड़ी प्रतिस्पर्धा का सामना करना पड़ेगा। उच्च वर्ग व उच्च जातियों के नियंत्रण में चलनेवाली राजसत्ता को यह कैसे मंजूर हो सकता है? बस, यही सीमा है हिन्दू अन्ध-राष्ट्रवादियों की, हिन्दू राष्ट्रवाद की और आमतौर पर उस किसी भी राष्ट्रवाद की जो जन-विरोधी पूँजीवादी विकास के मॉडल पर टिका हुआ है। इसीलिए सवाल राष्ट्रवाद का नहीं है वरन् जनवाद का है।

आइए, अब हम उच्च शिक्षा के एक हालिया हैरतअंगेज घटनाचक्र को याद करें। सन् 2015 में हैदराबाद केन्द्रीय विश्वविद्यालय की अम्बेडकर स्टूडेंट्स एसोसिएशन के रोहित वेमुला व उसके चन्देक साथियों ने 'मुज़फ़्फ़रनगर बाकी है' नामक फ़िल्म दिखाई और अपनी पी-एचडी की छात्रवृत्ति समय पर न दिए जाने का विरोध किया। उनकी गलती केवल यह थी कि वे निहायत ग़रीब हालात से निकले दलित युवा थे और इस वजह से मोदी सरकार के 'डेमोग्राफ़िक डिविडेंड' वाले राष्ट्रवाद का हिस्सा नहीं थे। दरअसल, वे देश के उन 8 फीसदी दलितों से भी कम के प्रतिनिधि थे जो तमाम जातिगत उत्पीड़न व ग़रीबी के बावजूद अपनी लगन के चलते आख़िरकार पी-एचडी के छात्र बन पाए। बेशक, वे गज़ब के प्रतिभाशाली होंगे। इसकी जगह कि राजसत्ता उनका सम्मान करती और उनको हर प्रकार का समर्थन देती, उनको सत्तादल के एक स्थानीय सांसद (जो केन्द्रीय राज्य मंत्री भी थे) की शिकायत पर मानव संसाधन मंत्रालय ने बगैर किसी जाँच-पड़ताल के 'देशद्रोही, जातिवादी और अतिवादी' घोषित कर दिया और विश्वविद्यालय प्रशासन को उन पर कार्रवाई के निर्देश दे दिए। प्रशासन ने उन्हें हॉस्टल से बाहर निकाल दिया और अन्य किसी से मिलने-जुलने पर पाबन्दी लगा दी—ठीक उसी तर्ज़ पर जैसे सदियों से ब्राह्मणवाद के तहत दलितों पर लगी हुई थी। जनवरी 2016 में रोहित ने आत्महत्या कर ली। अपने आत्महत्या के नोट में रोहित ने अपने उन सपनों का ज़िक्र किया है जिनको वह ज़मीन पर उतारना चाहता था। उसने लिखा कि वह कार्ल सागान जैसा उच्च कोटि का वैज्ञानिक लेखन करना चाहता था। लेकिन यह सम्भव नहीं था। चूँकि उसकी माँ गुंटूर (आन्ध्र प्रदेश) में झाड़ू-पोंछा करके गुज़र-बसर करती थी और छात्रवृत्ति के बगैर रोहित न अपनी माँ की मदद कर सकता था न ही अपने सपने पूरा कर सकता था। इसीलिए यह रोहित की खुदकुशी नहीं थी लेकिन उसकी एक सोची-समझी सांस्थानिक हत्या थी जिसकी साजिश में मानव संसाधन विकास मंत्रालय और विश्वविद्यालय अनुदान आयोग (यूजीसी) से लेकर सत्तादल के स्थानीय सांसद व हैदराबाद केन्द्रीय विश्वविद्यालय का पूरा प्रशासनिक तंत्र शामिल था।

कितना असुरक्षित होगा यह राष्ट्रवाद जो चार दलित छात्रों द्वारा साम्प्रदायिकता पर बनी एक फ़िल्म दिखाने और समय पर छात्रवृत्ति देने की माँग करने पर उन्हें 'देशद्रोही, जातिवादी और अतिवादी' घोषित कर देता है और उनमें से एक को

खुदकुशी के लिए मजबूर करता है, यह हैरतअंगेज़ सवाल है। गौरतलब है कि रोहित और उसके तीन साथी उन मुट्ठीभर दलित युवाओं में गिने जाएँगे जो बमुश्किल 12वीं पार करके उच्च शिक्षा हासिल कर पाते हैं। ऊपर हमने 1986 के बाल मज़दूर कानून में हालिया संशोधनों का ज़िक्र किया है। इनके चलते पाँचवीं कक्षा के बाद ही उत्पीड़ित जातियों के बच्चों को बड़ी संख्या में शिक्षा से बाहर ढकेलकर अपने माँ-बाप के जातिगत व पितृसत्तात्मक पारम्परिक पेशों में जाने के लिए मजबूर किया जाएगा। यानी, 12वीं कक्षा पार करके उच्च शिक्षा के ज़रिए पारम्परिक पेशों से हटकर नए पेशों को खोजने का सपना तो और भी दूभर हो जाएगा।

जरा सोचिए, भारत को हिन्दू राष्ट्र बनाने के लिए बेताब वर्तमान राजसत्ता कितनी और असुरक्षित हो जाती अगर देश की स्कूल व्यवस्था इस काबिल होती कि सभी दलित बच्चों को 12वीं कक्षा पार करनेवाली शिक्षा दे पाती ताकि वे भी उच्च शिक्षा में बराबरी और पूरे सम्मान के साथ हिस्सेदार होते। इतनी असुरक्षित तो ब्रिटिश सत्ता भी भारत की जनता से कभी नहीं थी। जो राष्ट्रवाद देश के दलितों, आदिवासियों, अन्य पिछड़े वर्गों (ओबीसी) और मुस्लिमों से डरता है वह कैसा राष्ट्रवाद, किसका राष्ट्रवाद, किसके लिए है—केवल कॉरपोरेट घरानों, अभिजात तबकों और उच्च जातियों के लिए? इसीलिए आज की फ़ौरी ज़रूरत है कि राष्ट्रवाद के ऐसे जन-विरोधी, राष्ट्र-विरोधी और संविधान-विरोधी रूप के ख़िलाफ़ एकजुट होकर उसका जनवादी विकल्प स्थापित करने की, जहाँ तथाकथित राष्ट्रवाद की आड़ में जनहित को नकारा नहीं जाएगा, जनता का दमन-शोषण नहीं किया जाएगा। जब जनवाद की बुनियाद पर टिका हुआ राष्ट्रवाद आएगा तब सरकार देश के संसाधनों को आज की तरह कॉरपोरेट पूँजी (अन्तरराष्ट्रीय व घरेलू दोनों) के हवाले नहीं कर सकेगी और जब आदिवासी-दलित व अन्य दमित-शोषित तबके अपने प्राकृतिक संसाधनों को कॉरपोरेट हमलों से बचाने के लिए लड़ेंगे तो उन पर देशद्रोही, अतिवादी और विकास-विरोधी जैसे आधारहीन लेबल चस्पा करके न तो जेल भेजा जाएगा और न ही उनकी पीठ पर गोली मारकर माओवादी घोषित किया जाएगा। ऐसा राष्ट्रवाद सच्चे मायनों में शहीद भगतसिंह और डॉ. अम्बेडकर का पितृसत्तात्मक जाति व्यवस्था से मुक्त समाजवाद होगा।

आख़िर, हम कैसा हिन्दुस्तान बनाना चाहते हैं? आज़ाद भारत की तस्वीर कैसी होगी? आज़ादी की लड़ाई के दौरान इन मसलों पर व्यापक व गहरा विचार मंथन चला। शहीद भगतसिंह ने जेल से जारी किए गए 'नवयुवक राजनीतिक कार्यकर्ताओं के नाम पत्र' में लिखा, "...भारत सरकार का प्रमुख लार्ड रीडिंग की जगह यदि सर पुरुषोत्तमदास ठाकुर हो तो उन्हें (जनता को) इससे क्या फ़र्क पड़ेगा, यदि लार्ड इरविन की जगह सर तेज बहादुर सप्रु आ जाएँ। राष्ट्रीय भावनाओं की अपील बिलकुल बेकार है। उसे आप अपने काम के लिए इस्तेमाल नहीं कर सकते...

(जनता को) समझाना होगा कि (समाजवादी) क्रान्ति उनके हित में है और उनकी अपनी है। सर्वहारा श्रमिक वर्ग की क्रान्ति, सर्वहारा के लिए...।'' शहीद भगतसिंह की क्रान्तिकारी विचारधारा के अनुसार जब तक हमारी अर्थव्यवस्था, सामाजिक व्यवस्था, शिक्षा नीति, स्वास्थ्य नीति, खेती व वन नीति, उद्योग व रोजगार नीति आदि पूँजीवादी–साम्राज्यवादी खाके से बाहर नहीं निकलेंगी, तब तक जनता के नज़रिए से कोई फ़र्क नहीं पड़ेगा। जब तक हमारी संस्कृति और भाषाओं का शिक्षा से रिश्ता भी उपरोक्त खाके में ही तय होता रहेगा, तब तक यह उम्मीद करना फ़िजूल है कि संस्कृति, चाहे वह प्राचीन हो या मध्ययुगीन या आधुनिक हो, आम जनता को मुक्तिकामी रास्ता दिखा पाएगी और भाषा महज़ आपसी बातचीत व बाज़ार में पैसा कमाने (कम्युनिकेशन स्किल) के ज़रिए तक न सिमटकर, राजनीतिक चेतना जगाने का काम और परिवर्तनकामी भूमिका अदा कर पाएगी।

इसीलिए शहीद भगतसिंह का रास्ता भारत में अंग्रेज गोरे शासकों की जगह काले या साँवले भारतीय शासक लाने तक सीमित नहीं था लेकिन देश को ब्रिटिश सत्ता से मुक्त करने की लड़ाई के साथ–साथ साम्राज्यवाद को उखाड़ फेंकने और समाजवाद की स्थापना करने के एजेंडे से जुड़ा हुआ था। यही कारण है कि ब्रिटिश राज के लिए शहीद भगतसिंह और उनके साथी इतना बड़ा खतरा बन गए थे। अगर वे केवल गोरे शासकों को हटाकर काले या साँवले शासकों को लाने की लड़ाई लड़ रहे होते तो सम्भवत: उन्हें फाँसी की सजा नहीं दी जाती वरन् जेल की कुछ सजा काटने के बाद माफ़ी देकर छोड़ दिया जाता, ठीक उसी तरह जैसे हिन्दू राष्ट्रवाद के प्रतीक सावरकर ब्रिटिश सत्ता से माफ़ी माँग कर जेल से बाहर निकल आए। लिहाज़ा, शासक वर्ग आज़ादी के बाद भी शहीद भगतसिंह को केवल एक देशप्रेमी के ही रूप में पेश करता रहा है और उनके साम्राज्यवाद–विरोधी विचारों व समाजवादी प्रतिबद्धता को बखूबी छिपा लेता है। उनकी इस विचारधारा से ब्रिटिश सत्ता जितना घबराती थी उससे कतई कम आज़ाद भारत की राजसत्ता नहीं घबराती है। दरअसल, शहीद भगतसिंह की क्रान्तिकारी विचारधारा तो हिन्दू राष्ट्रवाद के खाके में फ़िट की ही नहीं जा सकती चूँकि उनके राष्ट्रवाद को समाजवाद से अलग किया नहीं जा सकता। इसके ठीक विपरीत, जब अगस्त 1942 में देशभर में गांधी जी के आह्वान पर 'भारत छोड़ो' आन्दोलन छिड़ा और लाखों लोगों ने गिरफ़्तारियाँ दीं तब राष्ट्रीय स्वयंसंघ और अन्य हिन्दू राष्ट्रवादियों ने भगवा झंडा थामे ब्रिटिश सत्ता का साथ दिया। इसीलिए, हिन्दू राष्ट्रवादी ताकतें कभी भी शहीद भगतसिंह के लेखन व कर्म को अपने अनुनाइयों को बगैर काट–छाँट के पेश करने की हिम्मत नहीं कर सकतीं।

यहाँ 8 अप्रैल, 1929 को शहीद भगतसिंह व बटुकेश्वर दत्त द्वारा इम्पीरियल असेंबली में बम फेंकने के बाद बाँटे गए परचे का भी ज़िक्र करना मौजूँ होगा। इस परचे में ब्रिटिश सरकार द्वारा शासन–सुधार के नाम पर उसके दमनकारी व शोषणात्मक

तंत्र को मजबूत करने के लिए तीन नए कानून थोपने का विरोध प्रकट किया गया है। ये तीन कानून थे—'सार्वजनिक सुरक्षा विधेयक' (पब्लिक सेफ़्टी बिल), 'औद्योगिक विवाद विधेयक' (ट्रेड्स डिस्प्यूट्स बिल) और 'अख़बारों द्वारा राजद्रोह रोकने का कानून' (प्रेस सिडिशन एक्ट)। पहला बिल सरकार को कानून व व्यवस्था बनाए रखने के बहाने किसी भी विरोधी आवाज़ को क्रूरतापूर्वक दबाने या दमन करने का अधिकार देता था। दूसरा बिल मज़दूरों के हड़ताल, धरना-प्रदर्शन आदि के लोकतांत्रिक हकों को छीनता था और तीसरा कानून ब्रिटिश सरकार की किसी भी आलोचना को राजद्रोह घोषित करके कड़े दंड देने का प्रावधान था। यानी, शहीद भगतसिंह ने अपने परचे के ज़रिए पूँजीवादी-साम्राज्यवाद की आर्थिक जड़ों को चुनौती दे डाली थी।

फरवरी 2016 में जवाहरलाल नेहरू विश्वविद्यालय (जनेवि), नई दिल्ली में जो घटा वह हमें शहीद भगतसिंह के उपरोक्त परचे की याद दिलाता है। वहाँ के मुट्ठीभर छात्रों पर ठीक ब्रिटिश तर्ज़ में राजद्रोह का मुकदमा ठोका गया, केवल इसलिए कि उन पर आरोप था कि उन्होंने संसद पर 2001 में किए गए हमलों और अन्य ऐसे एकाध अन्य मसलों के आरोपियों को दी गई फाँसी की सजा के औचित्य पर सवाल खड़े करते हुए उनके पक्ष में नारे लगाए थे। कोई भी लोकतांत्रिक जनप्रेमी सरकार होती तो उन छात्रों के सवालों का उत्तर देकर उनके साथ संवाद स्थापित करती। लेकिन जिस सरकार ने राजद्रोह के आरोप लगाए वह हिन्दू राष्ट्रवादी ताकतों के समर्थन से बनी सरकार है, उन्हें हरेक सवाल, आलोचना से डर लगता है, खासकर इसलिए चूँकि वह वैश्विक साम्राज्यवादी ताकतों के पक्ष में पब्लिक-प्राइवेट पार्टनरशिप (पीपीपी) के बहाने देश के जल-जंगल-ज़मीन-जीविका को नीलाम करवा रही है। जवाहरलाल नेहरू विश्वविद्यालय के जिस कन्हैया और उसके साथियों को राजद्रोह के नाम पर जेल में रखा, वे जब छूटकर बाहर आए तो उन्होंने भुखमरी से आज़ादी, अशिक्षा से आज़ादी, ग़रीबी से आज़ादी और बेरोज़गारी से आज़ादी के नारे लगाए और उनको मनुवाद से आज़ादी, जाति व्यवस्था से आज़ादी, पूँजीवाद से आज़ादी, कॉरपोरेट लूट से आज़ादी और साम्राज्यवाद से आज़ादी आदि नारों से जोड़कर दोनों के बीच के रिश्ते को रेखांकित किया। जवाहरलाल नेहरू विश्वविद्यालय के छात्रों में राजनीतिक अर्थशास्त्र की भगतसिंह जैसी तेज-तर्रार समझ देखकर हिन्दू राष्ट्रवादी ताकतों के तो होश उड़ गए। यही नहीं हैदराबाद केन्द्रीय विश्वविद्यालय और जवाहरलाल नेहरू विश्वविद्यालय के विद्यार्थियों ने देशभर के अनेक विद्यार्थी व युवा संगठनों के साथ मिलकर फरवरी 2016 में एक विशाल संसद मार्च किया जिसमें जाति व्यवस्था को तोड़ने के डॉ. बाबासाहेब अम्बेडकर के दर्शन से प्रेरित नीले झंडे और समाजवादी क्रान्ति के मार्क्सवादी दर्शन से प्रेरित लाल झंडे लहराते हुए एक हो गए। उस दिन भारत के

विद्यार्थियों व युवाओं ने सदियों से हो रहे पितृसत्तात्मक जातिगत उत्पीड़न के सामाजिक-सांस्कृतिक व आर्थिक खाके को तोड़कर पितृसत्ता व जाति व्यवस्था से मुक्त एक नए समाजवादी भारत का निर्माण करने का ऐतिहासिक एलान कर दिया।

उक्त अनपेक्षित उभरती हुई नई राजनीतिक एकजुटता से घबराए हुए राजस्थान के भाजपाई शिक्षा मंत्री ने तो यहाँ तक कह डाला कि 'हम ऐसी शिक्षा व्यवस्था खड़ी करेंगे जो कन्हैया नहीं बनने देगी!' रोहित वेमुला का नाम केवल इसलिए नहीं लिया होगा चूँकि उत्तर प्रदेश के आगामी चुनावों के मद्देनज़र दलितों को नाराज़ करना हिन्दू राष्ट्रवादी ताकतों के लिए खुदकुशी करने जैसा होता। तो हिन्दू राष्ट्रवादी शिक्षा व्यवस्था कैसे नागरिकों का निर्माण करेगी और ऐसा सुनिश्चित करने के लिए कैसे मूल्यों की शिक्षा देगी, कैसा इतिहास या विज्ञान पढ़ाएगी? यह तय है कि मोदी सरकार द्वारा जो नई शिक्षा नीति-2016 बनाई जा रही है उसमें वे सभी प्रावधान गढ़े जा रहे हैं जो ऐसे युवाओं को बनने नहीं देगी जिन्होंने फरवरी 2016 का संसद मार्च निकाला और एक हाथ में नीले व दूसरे हाथ में लाल झंडों को लहराया। इसके विपरीत, उसका मकसद ऐसे युवाओं को गढ़ना होगा जो सदियों से चली आ रही गैर-बराबरी व भेदभाव पर टिकी हुई ब्राह्मणवादी और पितृसत्तात्मक जाति व्यवस्था के अन्धभक्त होंगे, जो हरेक मुस्लिम को तबतक राष्ट्रविरोधी मानेंगे जब तक कि वह हिन्दू राष्ट्रवाद के संकीर्ण विभाजनकारी खाके में अपने देशप्रेमी होने के सबूत न दे दे और जो किसी भी गैर-हिन्दू के द्वारा गोमांस खा लेने के शक भर होने पर बजरंगी नारे लगाते हुए उसकी व उसके परिजनों की पिशाची तर्ज़ पर हत्या कर देंगे। उनके लिए न तो साम्राज्यवाद-विरोधी आज़ादी की लड़ाई का कोई महत्त्व होगा और न ही उससे उपजे उन परिवर्तनकामी मूल्यों का जिन पर भारत का संविधान खड़ा है। हिन्दू राष्ट्रवादी शिक्षा से निकले ये युवा वैश्विक पूँजीवाद की बेतहाशा लूट व शोषण और उसको जारी रखनेवाले दमनचक्र पर कोई सवाल नहीं उठाएँगे चूँकि उनको किंडरगार्डन से ही ऐसी शिक्षा दी जाएगी, और वह भी अंग्रेजी में, जो हर जिज्ञासा, सवाल, तलाश या खोजबीन, बहस, आलोचना और असहमति की प्रवृत्ति और आवाज़ को दबाएगी। ऐसी शिक्षा से ही वर्तमान सरकार का 'कुशल भारत' बनना सम्भव होगा जो अर्ध-कुशल लेकिन सस्ते व गुलाम कामगारों की फ़ौज का निर्यात करनेवाला दुनिया का सबसे बड़ा मुल्क बन पाएगा। अगर इन कामगारों के लिए दुनिया के बाज़ार में जगह नहीं हुई तो उनका इस्तेमाल 'मेक इन इंडिया' में किया जाएगा जिसकी सफलता सस्ते कामगारों से ही सम्भव हो सकेगी। हमें तय करना है कि शिक्षा के इस हिन्दू राष्ट्रवादी दर्शन पर टिका भारत बनाना है या आज़ादी के सपनों से प्रेरित जाति व वर्ग व्यवस्था, पितृसत्ता और हर तरह के भेदभाव से मुक्त बराबरी और इंसानियत पर टिका हुआ भारत।

शायद साम्राज्यवाद और हिन्दू राष्ट्रवाद के बीच गठबन्धन की बात पचाने में दिक्कत हो रही होगी, खासकर संघ परिवार से जुड़े स्वदेशी अभियान, कारीगर पंचायत जैसे आनुषांगिक संगठनों के चलते। इसलिए इस वृत्तान्त पर गौर करें। सन् 2014 में मोदीजी के प्रधानमंत्री बनने के चन्देक हफ़्तों के अन्दर ही 'जनसत्ता' में 'संघ परिवार या तो बदल जाएगा, नहीं तो खत्म हो जाएगा' के दिलचस्प शीर्षक से रिपोर्ट छपी। लेखक ने लिखा कि कुछ दिन पहले राष्ट्रीय स्वयंसेवक संघ प्रमुख मोहन भागवतजी भोपाल में एक युवा प्रशिक्षण कार्यक्रम में आए हुए थे। उन्होंने युवाओं को अपने सम्बोधन में बताया कि जब अटल बिहारी वाजपेयीजी की पहली राजग सरकार थी तब रक्षा क्षेत्र में 26 प्रतिशत प्रत्यक्ष विदेशी निवेश (एफडीआई) का प्रस्ताव सामने आया था। उन्होंने उस प्रस्ताव का विरोध किया था क्योंकि देश की सुरक्षा व्यवस्था में विदेशी पूँजी निवेश की कतई गुंजाइश नहीं होनी चाहिए, देश की सुरक्षा जैसे संवेदनशील क्षेत्र में विदेशी पूँजी के साथ कोई भी समझौता खतरनाक होगा। लेकिन आगे मोहन भागवतजी ने बताया कि अब मोदीजी के अनुसार रक्षा क्षेत्र में कम-से-कम 50 प्रतिशत प्रत्यक्ष विदेशी निवेश की ज़रूरत है। इस पर संघ का विचार है कि आज की ज़रूरत के मुताबिक हमें इसे स्वीकार कर लेना चाहिए। इसके मायने हैं कि देश की सम्प्रभुता व सुरक्षा के बारे में संघ की जो भी समझ रही होगी, वह अब राजसत्ता से जुड़ जाने की वज़ह से तेज़ी से बदल रही है। यानी, संघ वैश्विक पूँजी के वर्चस्व को स्वीकार करने और देश की सम्प्रभुता को गिरवी रखने के लिए तैयार हो गया है। अब तो बात कहीं और आगे बढ़ चुकी है। हाल में ही मोदी सरकार ने रक्षा क्षेत्र में 100 प्रतिशत तक प्रत्यक्ष विदेशी निवेश की छूट देने की घोषणा कर दी है। इस पर भी संघ की चुप्पी का मतलब उसकी स्वीकृति के अलावा और क्या हो सकता है। साम्राज्यवादी पूँजी के आगे हिन्दू राष्ट्रवाद ने घुटने टेक दिए हैं। यह कैसी देशभक्ति है? एक ओर जवाहरलाल नेहरू विश्वविद्यालय के विद्यार्थी कन्हैया के देशप्रेम पर सवाल उठाने के लिए सियाचीन ग्लेशियर में अपनी जान देने वाले बहादुर जवान हनुमनथप्पा की याद दिलाई जाती है और दूसरी ओर रक्षा क्षेत्र में 100 प्रतिशत विदेशी पूँजी के आने पर कोई एतराज नहीं। क्या जो विदेशी कम्पनी देश की रक्षा में पूँजी लगाएगी तो उसके हाथ में पठानकोट एयरबेस का नक्शा नहीं हो सकता? क्या यही है संघ परिवार का राष्ट्रवाद!

मोदी सरकार की विदेशी पूँजी को भारत में आकर्षित करने के लिए की जा रही दौड़धूप जगज़ाहिर है। कौन नहीं जानता कि जब विदेशी पूँजी आएगी तो अपनी शर्तों पर ही आएगी? इस समय संघ परिवार दुनिया के साम्राज्यवाद को भारत पर थोपने की जाने-अनजाने एजेंसी बन गया है, इसके अलावा उसके रवैय्ये की और क्या व्याख्या हो सकती है। इसलिए वह 'समाजवाद ज़िन्दाबाद' और 'साम्राज्यवाद मुर्दाबाद' के नारे लगाने वाले विद्यार्थियों से घबराता है। शहीद भगतसिंह ने जेल की

कोठरी से जो 'कौम के नाम सन्देश' दिया था वह आज तक देश के युवाओं को उद्वेलित और प्रेरित करता है। संघ की शाखाओं में शहीद भगतसिंह को एक देशप्रेमी के रूप में तो पेश किया जाता होगा लेकिन उनकी समाजवाद की सोच को बाहर निकाल कर। संघ परिवार और उसके द्वारा समर्थित राजसत्ता शहीद भगतसिंह की क्रान्तिकारी विचारधारा से डरती है। 'मैं नास्तिक क्यों हूँ ?' शहीद भगतसिंह का एक ऐतिहासिक बेजोड़ आलेख है। यह आलेख दर्शन, इतिहास, समाजशास्त्र व राजनीतिविज्ञान के तथ्यों-तर्कों की ठोस बुनियाद पर सभी मज़हबों की ईश्वर की अवधारणा में अन्धश्रद्धा पर तीखे सवाल खड़े करता है। क्या संघ परिवार में है हिम्मत कि भगतसिंह के 'मैं नास्तिक क्यों हूँ ?' वाले आलेख को अपनी शाखाओं की पाठ्यचर्या में शामिल कर ले ? इसी तरह भगतसिंह का एक आलेख 1928 में 'अछूत का सवाल' शीर्षक से प्रकाशित हुआ। इसमें भगतसिंह ने कहा कि अछूत की समस्या ज़मीन के असमान वितरण से जुड़ी हुई है। यही बात डॉ. बाबासाहेब अम्बेडकर ने भी कही है। क्या संघ परिवार भगतसिंह और डॉ. अम्बेडकर के इन विचारों को अपने एजेंडे में शामिल करेगा ? कतई नहीं, चूँकि संघ परिवार के राष्ट्रवाद में ज़मीन के समतामूलक वितरण, समाज में सभी को बराबरी के अवसर मुहैय्या करने और जाति व्यवस्था को तोड़ते हुए भेदभाव से मुक्त भारत का निर्माण करने के लिए कोई गुंजाइश नहीं हो सकती।

सन् 1946 में डॉ. बाबासाहेब अम्बेडकर ने 'ऑल इंडिया डिप्रेस्ड क्लासेज़ एसोसिएशन' की ओर से संविधान सभा के सामने एक ज्ञापन पेश किया था। इस ज्ञापन में उन्होंने कहा था कि आज़ाद भारत के लिए ज़रूरी है कि देश की खेती-योग्य तमाम ज़मीन का उसको जोतनेवालों के बीच बराबरी से बँटवारा कर दिया जाए। आगे उन्होंने लिखा कि अगर ऐसा करना है तो केवल नीति बनाकर काम नहीं चलेगा चूँकि नीति तो पूँजीपतियों के दबाव में आसानी से बदली जा सकती है, इसलिए इस प्रावधान को संविधान में ही डाल देना चाहिए ताकि उसको पूँजीवादी ताकतें चुनौती न दे सकें। जैसा कि अपेक्षित था, उस प्रस्ताव को नहीं माना गया और ज़मीन का विषमतामूलक वितरण आज तक बना हुआ है। ज़ाहिर है कि अधिकांश भूमिहीन खेतिहर मज़दूर आदिवासी, दलित, अन्य पिछड़े वर्ग (ओबीसी) और मुस्लिम हैं यानी देश के 80 फीसदी से अधिक बहुजन। यानी, ज़मीन की मिल्कियत में गैर-बराबरी और जाति व्यवस्था के बीच ऐतिहासिक रिश्ता है। देश के शासक वर्ग ने न डॉ. अम्बेडकर की बात को तवज्ज़ो दी, न भगतसिंह की बात को। डॉ. अम्बेडकर के नेतृत्व में बने संविधान में भावी भारत के लिए चन्देक पुख़्ता प्रावधान किए गए जिनको बढ़ते क्रम में देश भुलाता जा रहा है या यूँ कहें कि राष्ट्रीय विस्मृति की फ़ाइलों में बन्द कर रहा है। हम संक्षेप में सहज भाषा में इनको याद करेंगे, यहाँ दर्ज़ करेंगे।

अनुच्छेद 14 — 'राज्य' कानून के समक्ष सभी लोगों के लिए समानता सुनिश्चित करेगा।

अनुच्छेद 15 (1) — 'राज्य' किसी भी नागरिक के साथ केवल मज़हब, नस्ल, जाति, लिंग और जन्म स्थल या इनमें से किसी के भी आधार पर भेदभाव नहीं करेगा।

इन दोनों अनुच्छेदों को जोड़कर देखिए। अगर कानून के सामने सब नागरिक बराबर हैं और किसी भेदभाव की इज़ाज़त नहीं है तो फिर यह कैसे मुमकिन हो पाया कि बिहार के ज़िला बेगुसराय के एक गाँव में कन्हैया की माँ को आँगनवाड़ी कर्मी होने के नाते महज रु. 3,000/- पर और शहीद दलित रोहित वेमुला की माँ को गुंटूर (आन्ध्र प्रदेश) में लोगों के घरों में झाड़ू-पोछा करके गुज़र-बसर करने को मजबूर किया जा रहा है। कन्हैया ने भारत माता का राग अलापनेवाले हिन्दू राष्ट्रवादियों से सटीक सवाल पूछा है, 'क्या आपकी भारत माता में मेरी माँ शामिल नहीं है? यदि नहीं तो वे भारत की माता कैसे हो सकती हैं?'

ऐसी नीति कैसे बन गई कि अमीरों व अभिजात तबकों (देश के बमुश्किल 5 फीसदी) को आलीशान महँगे अस्पताल मिलेंगे लेकिन देश की 80 फीसदी से अधिक जनता को न गाँव में प्राथमिक स्वास्थ्य केन्द्र और न शहर में कोई विश्वसनीय इलाज सुविधा मिल पाएगी? ऐसी शिक्षा नीति कैसे बन गई कि अच्छे इंजीनियरिंग या मेडिकल कॉलेज में पढ़ने के लिए नागालैंड, मेघालय व मणिपुर के विद्यार्थियों को दिल्ली, मुम्बई या बेंगलुरु जाना पड़ता है, किराए के कमरे से लेकर महँगी फीसें और खाने-पीने तक के लिए हज़ारों रुपए खर्च करने पड़ते हैं। साथ में, इन युवाओं को नस्लीय ज़लालत भी झेलनी पड़ती है जिसकी भी जड़ें हिन्दू राष्ट्रवाद में मौजूद हैं। इसके मायने हैं कि ऐसे राज्यों के केवल अमीरों के बच्चे ही इंजीनियर-डॉक्टर बन सकेंगे। इन छोटे-छोटे राज्यों में आज तक प्राथमिकता बतौर उम्दा लेकिन मुफ़्त शिक्षा देनेवाले उच्च पेशेवर शिक्षा के संस्थान क्यों नहीं स्थापित किए गए ताकि ग़रीब बच्चे भी इंजीनियर-डॉक्टर बन सकें? क्या ये हालात संविधान के अनुच्छेद 14 व 15(1) का 66 सालों से लगातार उल्लंघन किए बिना सम्भव हैं? तो इस पर 'राष्ट्रीय चुप्पी' क्यों है? वह राष्ट्रवाद किस वर्ग, जाति और नस्ल का राष्ट्रवाद है जो इस चुप्पी में शामिल है?

क्या कारण है कि पहली कक्षा में दाखिला लेनेवाले आदिवासी बच्चों में से महज़ 6 फीसदी 12वीं कक्षा पार करते हैं यानी केवल इतने ही उच्च शिक्षा पा सकते हैं? शेष 94 फीसदी को न इंजीनियर, न डॉक्टर, न वैज्ञानिक, न शिक्षक, न वकील, न कलेक्टर बनने का हक है। दलितों में यह आंकड़ा 8 फीसदी है, मुस्लिमों में 9 फीसदी व अन्य पिछड़े वर्ग (ओबीसी) में 10 फीसदी है। अब तैयार हो रही नई शिक्षा नीति-2016 के तहत ये आंकड़े और भी सिकुड़ने वाले हैं। इसके मायने

हैं कि बहुजन समाज के 90 फीसदी से ज्यादा युवाओं को उच्च शिक्षा से वंचित करके उनके परम्परागत पारिवारिक जातीय पेशों में ही सीमित रहने को बाध्य किया जाता है। केवल यही नहीं, बहुजन समाज के 90 फीसदी से ज़्यादा युवाओं को संविधान के अनुच्छेद 16 के तहत मिलनेवाले आरक्षण यानी सामाजिक न्याय से भी संविधान बनने से लेकर आज तक वंचित किया गया है चूँकि आरक्षण का लाभ भी 12वीं कक्षा के बाद ही मिलता है। वैसे भी नई शिक्षा नीति–2016 में आरक्षण को बरकरार रखने का कोई इरादा तक नहीं दिखता है। कभी आपने सुना कि संविधान के मौलिक अधिकार के खंड तीन के उपरोक्त तीन अनुच्छेदों (क्र–14, 15–1 व 16) का 66 सालों से खुलकर उल्लंघन होने के बावजूद राजसत्ता के गलियारों में कभी जूं भी रेंगी हो ? संविधान वह ग्रन्थ है जिसकी शपथ लिए बिना कोई भी व्यक्ति प्रधानमंत्री, मुख्यमंत्री, मंत्री, सांसद या विधायक नहीं बन सकता है। कहीं ऐसा तो नहीं कि अधिकांश सत्ताधारी ऊपर से संविधान की कसम खाते हैं लेकिन मन में मनुस्मृति की!

संविधान के 39 (ख) और 39 (ग) अनुच्छेदों का तनिक भी पालन करने की कोशिश की जाती तो फोर्ब्स की अन्तरराष्ट्रीय सूची में आए दिन भारत के अरब-खरबपति कैसे शामिल हो पाते? और अगर ये शामिल हो भी गए तो उन पर 'गौरवान्वित' होने की जगह 'राज्य' के ख़िलाफ़ संविधान का उल्लंघन करने के लिए कार्रवाई क्यों नहीं की जाती। अगर 'राज्य' और इन अरब-खरबपतियों के बीच कोई फ़र्क ही नहीं बचा है यानी साँठगाँठ है तो देश का सुप्रीम कोर्ट किस लिए है? क्या सुप्रीम कोर्ट अनुच्छेद 39 (ख) व 39 (ग) के उल्लंघन के लिए प्रधानमंत्री या मुख्यमंत्रियों के ख़िलाफ़ स्वत: संज्ञान नहीं ले सकता था? लेकिन हकीकत यह है कि 66 सालों से नहीं लिया। ज़ाहिर है कि संविधान के हर उदात्त जनपक्षी सिद्धान्त का मखौल उड़ाती मनुस्मृति की ब्राह्मणवादी मान्यताओं का समकालीन भारतीय राष्ट्रवाद के चेतन या अर्धचेतन मानस पर व्यापक और गहरा असर है। विडम्बना यह है कि सामन्ती युग से उपजी उक्त मान्यताओं को नवउदारवादी पूँजीवाद ने और पुख्ता ही किया है।

उपरोक्त दोनों अनुच्छेदों के उल्लंघन के और किस्से सुनिए। पिछले कई सालों से हर साल कॉरपोरेट घरानों के 5–6 लाख करोड़ रुपए का आयकर माफ़ किया जा रहा है। अनुच्छेद 39 (ख) व 39 (ग) का यह उल्लंघन तो सीधे संसद में होता है। इसी तरह कई सालों से हर साल रिज़र्व बैंक खुद ही कॉरपोरेट घरानों द्वारा बैंकों से लिए गए औसतन 60–70 हज़ार करोड़ रुपयों के कर्ज़ माफ़ करके बट्टे खाते में डाल रहा है। आम जनता के लिए तो सरकार न्यूनतम सुविधाओं वाली पर्याप्त ट्रेनें तक नहीं चला पा रही है। लोग छतों पर लदकर और बाहर लटककर अपनी जान जोखिम में डालकर सफ़र करने को मजबूर हैं। लेकिन वही सरकार निहायत

अमीर लोगों (देश के 1 फीसदी से भी कम) के लिए बुलेट ट्रेन चलाने के लिए जापान से लगभग रु. 80,000 करोड़ का कर्ज़ लेने के लिए घुटने टेकती है। शेष 99 फीसदी लोगों के लिए पर्याप्त रेलगाड़ियाँ किस राष्ट्रवाद के तहत चलाई जाएँगी ? यह कैसा राष्ट्रवाद है बशर्ते कि आप देश के 1 फीसदी से भी कम लोगों को ही राष्ट्र मान लें!

देशप्रेम के मायने क्या है ? हमारे देशप्रेम की परिभाषा में देश के मेहनतकश आवाम से प्रेम, देश की धार्मिक, नस्लीय, भाषायी, लैंगिक, भौगोलिक और रहन-सहन, खान-पान व रीति-रिवाज़ों की विविधता के प्रति सम्मान और देश की सम्पदा व प्राकृतिक संसाधनों पर हो रहे कॉरपोरेट पूँजी के हमलों का प्रतिरोध शामिल है। डॉ. अम्बेडकर के आह्वान पर जाति व्यवस्था के विध्वंस के लिए संघर्ष करना भी हमारे देशप्रेम की निहायत ज़रूरी पहचान है। देशप्रेम को उसकी भौगोलिक सरहदों का पर्याय कतई नहीं बनाया जा सकता। लेकिन इन सरहदों के भीतर जो जनता रहती है, उसके सामूहिक हित में संवैधानिक सिद्धान्तों पर आधारित आर्थिक, सामाजिक और सांस्कृतिक नीतियाँ बनवाने और उनको ज़मीन पर उतारने के लिए जनान्दोलन के ज़रिए राजसत्ता पर जनदबाव बनाना ही हमारा असली राष्ट्रवाद है। बहरहाल, 'केजी से पीजी तक' समान शिक्षा व्यवस्था पूरी तौर पर मुफ़्त और ऐसी हो कि उसका फ़ायदा देश के हर तबके को समानता के आधार पर बगैर किसी भेदभाव के मिले, यह सुनिश्चित करना और इसके लिए विश्व बैंक, विश्व व्यापार संगठन (डब्ल्यू.टी.ओ.) और अन्य वित्तपोषक एजेंसियों और इनके नक्शेकदम पर चल रहे एनजीओवालों के नवउदारवादी हस्तक्षेप को रोकना, हमारा देशप्रेम है।

शहीद भगतसिंह की तरह वे सभी विद्यार्थी, आदिवासी, दलित व मज़दूर भी आज खतरे में हैं जो अपनी अभिव्यक्ति की आज़ादी, जल-जंगल-ज़मीन-जीविका को कॉरपोरेट पूँजी की लूट से बचाने के लिए और मजबूत श्रम कानूनों के पक्ष में संगठन बना रहे हैं, लड़ रहे हैं। ऐसे जनान्दोलनों व संघर्षों को रोकने के लिए ब्रिटिश राज ने जिस सिडीशन (राजद्रोह) कानून का इस्तेमाल भगतसिंह और उनके साथियों के ख़िलाफ़ किया था, उसी का इस्तेमाल सरकार जनान्दोलनों व संघर्षों के ख़िलाफ़ भी कर रही है। ऐसा नहीं है कि यह पहली बार हो रहा है। राजद्रोह या देशद्रोह के बारे में शासक वर्ग की समझ जनता की समझ से हमेशा एकदम फ़र्क रही है। शासक वर्ग मानता है कि जो भी कॉरपोरेट भारत या वैश्विक पूँजी के किसी भी हस्तक्षेप के ख़िलाफ़ आवाज़ उठाता है वह देशद्रोही है। भारत की शिक्षा को बर्बाद करनेवाले विश्व बैंक का जब सरकार स्वागत करती है या जब उच्च शिक्षा और खेती को डब्ल्यू.टी.ओ. के हवाले करने के लिए वार्ता होती है तो जो लोग विश्व बैंक और डब्ल्यू.टी.ओ. का विरोध करते हैं वे देशद्रोही कहलाते हैं। कोई पूछे इन सत्ताधारियों से कि सावित्रीबाई व जोतिबा फुले से लेकर दादाभाई नौरोजी

व गांधी तक और शहीद भगतसिंह से लेकर डॉ. अम्बेडकर तक देशद्रोह की यह अजीबोग़रीब परिभाषा किसने दी है? यह संविधान के किस अनुच्छेद से निकली है? दरअसल, यह परिभाषा निकली है कॉरपोरेट पूँजी से, वैश्विक बाज़ार से जिसकी लगाम हमारी संसद के पास नहीं है। इसकी लगाम वाशिंगटन डी.सी. में है। वाशिंगटन डी.सी. से मतलब वैश्विक पूँजीवाद से है जिस पर अमरीकी सरकार का प्रभुत्व है। हालाँकि युरोपीय यूनियन, चीन, जापान, रूस जैसी अन्य पूँजीवादी ताकतें बढ़ते क्रम में अपने-अपने हितों के पक्ष में अपनी मौजूदगी दर्ज कर रही हैं। लेकिन अमरीकी सरकार की मर्ज़ी के बगैर न तो विश्व बैंक का अध्यक्ष बनाया जा सकता है और न डब्ल्यू.टी.ओ. की नीतियाँ ही तय हो सकती हैं। भारत की शिक्षा, स्वास्थ्य, खेती, जंगल, रोज़गार और यातायात व्यवस्था आदि सभी के बारे में वाशिंगटन डी.सी. से पूछा जाता है, चाहे इशारों में ही सही। इसीलिए जब वैश्विक पूँजी के ख़िलाफ़ मज़दूर, किसान और विद्यार्थी आवाज़ उठाते हैं या ग़रीब औरतें धरना देती हैं तो राजसत्ता को लगता है कि देशद्रोह हो रहा है। लेकिन मेहनतकश आवाम और उनके साथ खड़े विद्यार्थी-शिक्षक संगठनों व बुद्धिजीवियों के लिए यह सच्चे देशप्रेम का रास्ता है।

अगर भारत को संविधान के और शहीद भगतसिंह एवं डॉ. अम्बेडकर के सपनों के अनुरूप बनाना है तो हमें हिन्दू राष्ट्रवाद की जगह देशप्रेम सीखना होगा। जब विद्यार्थी कहेंगे कि भुखमरी, अशिक्षा, मनुवाद, जाति व्यवस्था, विश्व बैंक व डब्ल्यू.टी.ओ. और पूँजीवाद से आज़ादी चाहिए तो यह माँग देशद्रोह नहीं है बल्कि भारत की जनता से प्रेम है। इससे राजसत्ता इसलिए घबराती है क्योंकि उसे मालूम है कि अगर विद्यार्थी, किसान या मज़दूर आन्दोलन आगे बढ़ेगा तो कॉरपोरेट हितों को नुकसान होगा। टाटा-बिड़ला, अम्बानी, अडानी आदि जितने फोर्ब्स की सूची में हैं, सब घबरा रहे हैं। दुनिया की तमाम बड़ी कम्पनियों के द्वारा भारत की कम्पनियों के ज़रिए यहाँ प्रत्यक्ष विदेशी निवेश (एफडीआई) किया जा रहा है। इस एफडीआई के बलबूते इन बहुराष्ट्रीय कम्पनियों ने देश में खूब लूटमार मचाई है।

एक और सवाल है। संघ परिवार, भारत के संविधान से ज्यादा मनुस्मृति को महत्ता देता है। मनुस्मृति केवल जाति के सवाल पर ही नहीं वरन् स्त्रियों और विकलांगों को भी समानता के अधिकार देने से इंकार करती है। इसमें दलितों व आदिवासियों के साथ-साथ विकलांगों का भी मखौल उड़ाया गया है। मनुस्मृति एक निरा ब्राह्मणवादी संकीर्ण विचारधारा का ग्रन्थ है। इसका लोकतांत्रिक भारत में कोई स्थान नहीं हो सकता है। इसकी बुनियादी मान्यताएँ भारतीय संविधान और तिरंगे झंडे के मूल्यों के ठीक उलट हैं। हमारा यह कहना कतई नहीं है कि संविधान में कोई गलती नहीं हो सकती लेकिन यह समय संविधान की कमज़ोरियाँ ढूँढ़ने का नहीं है बल्कि इसे जनता का धारदार हथियार बनाकर समाजवाद स्थापित करने और

पितृसत्तात्मक जाति व्यवस्था के विध्वंस की लड़ाई को आगे बढ़ाने का है, नवउदारवादी पूँजीवाद के अन्दरूनी संकट से उभरते हुए फ़ासीवादी हमलों को रोकने व पलटने का है। अगर हम नये हिन्दुस्तान की सच्ची लड़ाई लड़ेंगे तो ढेर सारी आवाज़ें इस लड़ाई में साथ होंगी जिनसे शासक वर्ग खौफ़ खाता है। इसीलिए राजसत्ता हमसे कहती है कि तुम देश को अस्थिर कर रहे हो, तुम विकास को रोक रहे हो। तुम भेदभाव से मुक्ति और बराबरी की बात क्यों करते हो ? तुम पितृसत्तात्मक जाति व्यवस्था का विध्वंस क्यों चाहते हो ? तुम क्यों ज़मीन के समतामूलक वितरण की बात करते हो ? अमीरों के विशेषाधिकारों पर क्यों सवाल उठाते हो ? तुम कॉरपोरेट ताकतों के ख़िलाफ़ क्यों हो ? दरअसल, वे इस बात से डरते हैं कि अगर आवाम की लड़ाई आगे बढ़ती है और आज़ादी की लड़ाई का सपना और संविधान का एजेंडा स्थापित होता है तो नवउदारवादी पूँजीवाद और मनुस्मृति पर टिकी ब्राह्मणवादी जाति व्यवस्था का गठबन्धन चरमराने लगेगा।

नया भारत बनाने की जो आवाज़ें हैं, वे उच्च-वर्गों व उच्च-जातियों का 'सुपरपॉवर इंडिया' नामक राष्ट्र बनाने की कतई नहीं हैं वरन् सुखी, खुशहाल और प्रबुद्ध जनता का समानता पर टिका हुआ है, भेदभाव से मुक्त देश बनाने की आवाज़ें हैं जो संविधान के बुनियादी सिद्धान्तों को मानती हैं। जनता की खुशहाली न तो एटमबम और मिसाइलों का अम्बार लगाकर आएगी, न ही बुलेट ट्रेन व स्मार्ट सिटी का फ़रेब करके आएगी और न ही भारत की स्किल्ड इंडिया, डिजिटल इंडिया, स्वच्छ भारत या मेक इन इंडिया की ब्रांडिंग करके आएगी। खुशहाल व प्रबुद्ध भारत केवल लोकतांत्रिक, धर्मनिरपेक्ष, समतामूलक, न्यायशील व भेदभाव से मुक्त भारत ही हो सकता है। इसलिए फ़िलहाल हमारे सामने भारत के संविधान की प्रस्तावना, मौलिक अधिकार वाले खंड तीन व 'राज्य के नीति निर्देशक सिद्धान्त' वाले खंड चार का राजसत्ता के द्वारा पालन करवाने के अलावा कोई और बेहतर रास्ता नहीं है। इसी रास्ते पर चलकर हम शहीद भगतसिंह के समाजवादी और डॉ. अम्बेडकर के जाति व्यवस्था के विध्वंस के क्रान्तिकारी एजेंडे को जोड़ते हुए लाल-नीले झंडों को मजबूती से थामकर नए भारत का सपना साकार कर सकते हैं। यही हमारे सच्चे देशप्रेम की परिभाषा है, शेष सब फ़िज़ूल है और बेहद खतरनाक भी!

'राष्ट्रवाद' के नारे की असलियत

अनुराग मोदी

एक एक्टिविस्ट होने के नाते देशद्रोह का आरोप हम लोगों पर भी है। 1947 में देश आजाद जरूर हो गया—लेकिन वो आजादी के फायदे आम लोगों तक नहीं पहुँचे। अगर आप असली आज़ादी को आदिवासी, दलित और दबे हुए तबकों तक पहुँचाने के लिए काम करेंगे, तो देश की तथाकथित मुख्यधारा उसे देशद्रोह करार देने के कई तरीके ढूँढ़ लेती है। हमलोग भी इसका दंश झेल रहे हैं, और उम्मीद है, आगे भी झेलेंगे! इसलिए मैं समझ सकता हूँ कि कैसे वीडियो में छेड़छाड़ की जाती है और कैसे इसे मीडिया में चलाया जाता है। कैसे उस पर हल्ला किया जाता है और कैसे उस आधार पर केस लगाए जाते हैं।

यह बड़ी विडम्बना है कि आदिवासी से हमेशा राष्ट्र के नाम पर त्याग माँगा जाता है—कभी बाँध के नाम पर तो कभी खदान के नाम पर। और तो और, इससे नष्ट होने वाले पर्यावरण सुधार के लिए बनने वाले नेशनल पार्क और सैंक्चुअरी के नाम पर भी। यह अलग बात है कि जब राष्ट्र, राष्ट्रवादी और देशप्रेमी महान लोगों की चर्चा होती है, तो उसमें उसका नाम कहीं नहीं होता है। इसलिए आदिवासियों में एक गाना है—"देश भक्त लोग तुमरा, तो त्याग हमा पे काय माँगता?" मतलब जब सारे देशभक्त लोग आप हैं, तो फिर देश हित के नाम पर बाँध और खदान के लिए हमसे त्याग क्यों माँग रहे हो?

चूँकि मैं आदिवासी इलाके से आता हूँ, इसलिए मेरी राष्ट्र की कल्पना बिलकुल अलग है। दरअसल आदिवासी के पास कोई राष्ट्र या देश की कल्पना ही नहीं होती। वह जिस इलाके में रहता है, जहाँ वह अपना जीवन बिताता है उतने ही इलाके को वह अपना देश मानता है क्योंकि उससे बाहर उसका ज्यादा सम्बन्ध नहीं होता। मसलन अगर आप दिल्ली से हमारे इलाके में आएँगे तो वे लोग आपसे पूछेंगे कि आप कौन से देश से आए हैं—आप कहेंगे दिल्ली से हूँ। तो आप दिल्ली देश से आए कहलाएँगे। अगर हम देश के गैर-आदिवासी इलाके को भी देखें, तो हमें समझ आएगा कि उस तरह से आम लोगों के राष्ट्र की कल्पना नहीं है। 9 फरवरी को जब

आपके यहाँ यह घटना हुई, उसके पहले मैं 7, 8 फरवरी को विस्थापन विरोधी जन-विकास आन्दोलन में हिस्सा लेने हैदराबाद गया था। 8 फरवरी को बस्तर में गुंडा धुर का भूमिकाल का जो आन्दोलन हुआ था उसकी याद में यह सम्मेलन किया गया था। जब मैं ऑटो से उतरा, तो ऑटो वाले ने पूछा कि आप कहाँ से आ रहे हैं? मैंने जवाब दिया कि मैं बॉम्बे से आ रहा हूँ। तब उसने पूछा कि क्या दिल्ली और बॉम्बे एक ही हैं? मैंने बताया कि नहीं, ये दोनों अलग-अलग हैं। मैंने सिविल इंजीनियरिंग में डिप्लोमा किया और ये सोच कर बॉम्बे नौकरी करने गया कि कुछ दिन नौकरी का अनुभव लूँगा और बाद में ठेकेदारी करूँगा। हालाँकि मैं ये सब नहीं कर पाया। वहाँ लोग मुझसे पूछते थे कि आप कहाँ से हैं? मैं बताता था कि मध्य प्रदेश से हूँ। वे फिर से पूछते थे कि मध्य प्रदेश कहाँ है? उस समय (1984) दुर्भाग्य से भोपाल में गैस काण्ड हुआ था। उन लोगों के दिमाग में यह घटना थी। जब मैं कहता था कि मैं भोपाल से हूँ तो वे लोग समझ जाते थे। फिर वे कहते थे कि अच्छा, तो आप भइया हैं। बॉम्बे में यह स्पष्ट होता है कि अगर आप उत्तर भारत से हैं तो 'भैया', दक्षिण भारतीय हैं तो आप मद्रासी हैं। अगर आप कहते हैं कि मैं मद्रासी नहीं हूँ, मैं केरल का हूँ तो वे लोग कहेंगे कि अच्छा, आप केरल के मद्रासी हैं। इस तरह से हमारे देश के लोगों की राष्ट्र की कल्पना है। अगर आप देशभर में सर्वेक्षण करने निकलें तो आपको पता चलेगा कि 70-80 प्रतिशत जनसंख्या को नहीं मालूम है कि राष्ट्र क्या है?

पिछले दिनों हम लोगों ने बैतूल जिले में एक कार्यक्रम किया था। वहाँ दो गाँव के आदिवासी लोगों ने परेशान होकर अन्ततः कलेक्टर से यह माँग की—साहब आप हमें वापस गुलाम घोषित कर दीजिए, क्योंकि हमें आजादी का मतलब समझ में नहीं आ रहा है। ऐसी आजादी का क्या मतलब कि आप न किसी कानून को मानें न किसी विधान को। हाईकोर्ट जो आर्डर दे उसे आप नहीं मानें, हमें पीटें, हमें जेल में डालें, हम पर झूठे केस लगाएँ। तो ऐसी आजादी किस काम की! आप हमें गुलाम घोषित कर देंगे तो कम से कम हम उस गुलामी के खिलाफ दोबारा लड़ तो पाएँगे।

भगतसिंह और हमारी लड़ाई में एक फर्क है। भगतसिंह एक विदेशी ताकत के खिलाफ लड़े थे। वहाँ दिक्कत नहीं थी। अब चूँकि हम नई आजादी के लिए लड़ रहे हैं और सत्ता में लोगों के अधिकारों पर जमी यह ताकतें अपने देश की हैं। इसलिए सब दिक्कतें आ रही हैं। एक बात और है। हमें सत्ताहित और देशहित के बीच फर्क समझना पड़ेगा। यह बात बहुत साफ है कि अगर सत्ता किसी संस्था या संगठन, किसी समूह या व्यक्ति को देशद्रोही करार दे, तो आप ये मानकर चलिए कि वह व्यक्ति सत्ता के खिलाफ जरूर है लेकिन जनता के हित में काम कर रहा है। अगर सरकार आपको पद्मश्री या पद्म विभूषण दे दे तो आप ये मान लीजिए कि आप जनता के खिलाफ और सत्ता के हित में काम कर रहे हैं। इसलिए सबसे

पहले तो मैं जेएनयू के छात्रों को बधाई देना चाहता हूँ कि वे सत्ता के आँख की किरकिरी बने हैं। और इस हद तक किरकिरी बने हैं कि उन्हें वह घटना करनी पड़ी जो यहाँ हुई है। देशद्रोह जैसे आरोप में आपके यूनियन के अध्यक्ष को गिरफ्तार किया गया है। मुझे नहीं लगता कि देशप्रेम का इससे बड़ा प्रमाणपत्र हो सकता है! जैसा कि लोग बोलते हैं कि अगर कोई कच्चा क्रिमिनल एक बार गिरफ्तार हो जाए तो वह पक्का क्रिमिनल हो जाता है। ऐसा ही काम सरकार ने किया है। जो थोड़ा-बहुत एक्टीविजम कन्हैया में बाकी रहा होगा, सरकार ने जेल भेजकर उसे पक्का एक्टीविस्ट बना दिया है।

एक बात हमें बिलकुल दिमाग में साफ रखनी चाहिए। मैं अपना अनुभव बताऊँ कि यह सब कैसे किया जाता है। हमारे ऊपर एक आरोप था कि हमने एक माह पूर्व कोई भाषण दिया जिससे भड़ककर आदिवासियों ने चार सरकारी अधिकारियों को जान से मारने के लिए किडनैप कर लिया। उस भाषण की सी.डी. कोर्ट में पेश की गई। सी.डी. कब रिकार्ड हुई, किसने रिकार्ड की, कहाँ रिकार्ड की, इसका कोई ब्यौरा नहीं है। इस बात को समझिए कि उसे कैसे मैन्यूप्यूलेट किया जाता है। हमने बोला था कि 'लाठी चलाएँगे, गोली चलाएँगे, ये हमारी रणनीति नहीं है।' इसमें से 'नहीं' को निकाल दिया गया। अब आप बताइये कि इतने बड़े भाषण के कैसेट से अगर 'नहीं' शब्द निकाल दिया जाएगा तो क्या आप सुनकर इस बात को समझ पाएँगे। न सी.डी. की फॉरेंसिक जाँच हुई और न ही कोई अन्य जाँच हुई। लेकिन उस आरोप में मेरी पत्नी को गिरफ्तार करके जेल में टार्चर किया गया। हमारे खिलाफ चार्जसीट भी दायर कर दी गई। जबकि, अगर आप एविडेंस एक्ट का सेक्शन 65-बी पढ़ेंगे तो आप साफतौर पर देख पाएँगे कि कौन-सा इलेक्ट्रॉनिक ऐविडेंस कोर्ट में मान्य होगा। इसमें एकदम साफ निर्देश दिया गया है कि अगर आप सबूत के तौर पर सी.डी. पेश कर रहे हैं, जैसे कि कन्हैया के मामले में भी हुआ, तो सुप्रीम कोर्ट के एक निर्णय के अनुसार यह जरूरी होगा कि यह बताया जाए कि सी.डी. को किसने रिकार्ड किया? इसकी रिकार्डिंग कब की गई? कैसे रिकार्ड की गई? उसकी ऑथेंटीसिटी (प्रामाणिकता) क्या है? उसका ट्रांसक्रिप्शन क्या है? क्योंकि, अगर ऐसा नहीं किया तो कोई भी, कभी भी, किसी के भी खिलाफ, किसी भी प्रकार का केस पेश करके उसे जेल भिजवा देगा। इस प्रकार यह कानून बहुत साफ है। लेकिन आप कितने भी कानून पेश कर दीजिए, आप कितने भी, सुप्रीम कोर्ट के निर्णय दिखा दीजिए, उन्हें जो कार्यवाही करनी है, करेंगे। वे यह जानते हैं कि कोर्ट में यह केस नहीं टिकेगा। वे यह भी जानते हैं कि आप इस आरोप से नहीं डरेंगे, लेकिन जो लोग फ्रिंज में हैं, वे उन्हें डराना चाहते हैं। जो लोग आपसे सिम्पेथी रखते हैं वे उनको डराना चाहते हैं। वे देश के अन्दर एक ऐसा माहौल खड़ा करना चाहते हैं कि देखिए हम क्या-क्या कर सकते हैं—और वो माहौल खड़ा कर रहे हैं।

मुझे बड़ा आश्चर्य हुआ कि इस पटियाला हाउस कोर्ट में कन्हैया की पहले दिन पिटाई होती है। सुप्रीम कोर्ट एक डॉयरेक्शन देता है। दूसरे दिन सुबह दिल्ली पुलिस के तत्कालीन कमिश्नर बस्सी साहब प्रधानमंत्री मोदी के पास जाते हैं और फिर दूसरे दिन कोर्ट में यह सब हो जाता है। इसलिये मुझे ये सब समझ में नहीं आता कि मोदी जी ने बस्सी जी से क्या कहा था। क्या यह कहा था कि पटियाला हाउस में यह सब मत होने देना, या यह कहा था कि होने देना? दूसरे दिन जो तमाचा कन्हैया के मुँह पर पड़ा वह वास्तव में सुप्रीम कोर्ट के आदेश की खुली अवहेलना कर उसके निर्णय पर तमाचा था। कारण यह है कि सुप्रीम कोर्ट के दिशा-निर्देश के बावजूद कन्हैया को पूरी तरह से सुरक्षा नहीं मुहैया कराई गई।

एक बात और ध्यान रखिए कि जब पूँजीवाद धर्म और जाति के घोड़े पर सवार होकर आता है तब वह सबसे खतरनाक होता है। इस बार भी वही हो रहा है। कन्हैया को लेकर जितना नाटक हो रहा है उसके पीछे हमारे कितने संसाधन लुटाए जा रहे हैं, ये किसी को नहीं मालूम। इंडियन एक्सप्रेस में 15 दिन या महीने-भर पहले एक बड़ी खबर छपी थी कि मोदी सरकार के दौरान कम्पनियों का बहुत बड़ा एनपीए, कर्ज माफ कर दिया गया। इस पर कोई बहस नहीं हुई। 10 साल में 4000 सैनिक मारे गए लेकिन उन्हीं 10 सालों में 2 लाख 14 हजार किसानों ने आत्महत्या की, यह मुद्दा क्यों नहीं उठाया जाता? 1965 में लालबहादुर शास्त्री ने 'जय जवान-जय किसान' का नारा क्यों दिया था? इसलिए दिया था क्योंकि एक तरफ सीमा पर पाकिस्तान से लड़ना था और दूसरी तरफ उस समय देश में सूखे के कारण फैली भुखमरी से लड़ना था। इसलिए उस समय शास्त्री जी ने पाकिस्तान और भुखमरी से लड़ने के लिए, 'जय जवान-जय किसान' का नारा दिया था। कहाँ गया वह नारा? किसानों के मरने पर श्रद्धांजलि की बात छोड़ दीजिए, इस पर पॉर्लियामेंट में डिबेट भी होती है क्या? जिस बैतूल जिले से मैं आता हूँ, उसमें पहली बार इस साल पाँच आदिवासी किसानों ने आत्महत्या की है। जबकि आदिवासी कितना भी कष्ट सह लेगा लेकिन कभी आत्महत्या नहीं करता। वह सबकुछ सहता है। दरअसल उसकी जिन्दगी की फिलॉसफी ही अलग है। वह कभी आत्महत्या नहीं करता। लेकिन इस बार ऐसा हुआ, क्योंकि अब आदिवासी भी आम किसानों की तरह किसानी करने लगा है और किसानी अब फायदे का सौदा नहीं रही। इस मुद्दे पर क्यों बात नहीं होती? यह मसला देशद्रोह का क्यों नहीं है? जिस देश में 70 प्रतिशत लोग गाँव में रहते हैं। जिस देश में सरकारी आँकड़ों के अनुसार 50 प्रतिशत लोग किसानी, स्वरोजगार में लगे हैं, उससे वे अपनी रोजी-रोटी कमाते हैं। इसमें इतने बड़े पैमाने पर अगर किसान आत्महत्याएँ कर रहे हैं, फिर भी यह देश शान्त है। हर साल औसतन 20 हजार किसान आत्महत्या करते हैं। इस पर क्यों कोई सवाल नहीं उठाता? यह सवाल उठाने की जरूरत है।

आदिवासी के लिए सरकार के क्या मायने हैं और आदिवासियों के साथ काम करने वालों के प्रति सरकार किस तरह से यह पूर्वाग्रह रखती है इस बात को समझने के लिए मैं एक उदाहरण आपके सामने रखता हूँ। हम लोग 1994 में बैतूल गए, ये सोचकर कि हम यहाँ काम करेंगे। पहले एक छोटे से गाँव में गए। बाद में हम लोग झोला लेकर गाँव-गाँव घूमने लगे। आदिवासी लोग हमसे डरते थे। कोई समझता ये चोरी करने आए हैं। कोई कुछ और समझता था। हम पहचान ढूँढ़कर जिसके घर में जाते थे, वहीं रुकते थे और खाना खाते थे। किसी को लगता था कि ये लड़का-लड़की घर से भागकर आए हैं। इस तरह की बहुत-सी चीजें हमारे साथ हुईं लेकिन पुलिस बिना बात के यह मानती थी कि हम नक्सली हैं। यह बाकी किसी को मालूम नहीं था। पुलिस ने जैसे ही देखा कि हम यहाँ आए हैं तो उसे समझ में आया कि नक्सली आ गए हैं। पुलिस ने हमें काफी परेशान किया। उस परेशानी ने यह तय करने में आसानी कर दी कि हमें यहीं काम करना है। जब हमने वहाँ काम शुरू किया तो हमें समझ में आया कि आदिवासी गाँव में सरकार को कौन रिप्रजेंट करते हैं? फॉरेस्ट का गार्ड, रेवेन्यू का पटवारी और पुलिस का हवलदार—ये तीन लोग हैं, जो वहाँ की पूरी सरकार हैं। हमने उनको नाम दिया—ब्रह्मा, विष्णु और महेश। इन तीनों देवताओं की जब तक आदिवासी पूजा नहीं करता, जब तक उनको रिश्वत नहीं देता, तब तक वह घर का चूल्हा नहीं जला सकता। तब हमने यह तय किया कि हम इन तीन देवताओं की पूजा नहीं करेंगे। वहाँ से हमारा संघर्ष शुरू हुआ। इस प्रकार आदिवासी के लिए सरकार और राष्ट्र की बस यही कल्पना थी। राष्ट्र और सरकार उन्हें खाली लूटने के लिए हैं। वे अभी भी गुलामी की जिन्दगी जी रहे हैं।

जो बाहर से आदिवासी इलाके में गया—उन्हें लूटने के लिए गया। आदिवासी शेर से नहीं डरता—लेकिन दो-नाली की पतलून पहनने वालों से डरता है। आदिवासियों में बाहरी लोगों के लिए एक शब्द होता है, जैसे सन्थालों में दुक्कू और कोरकू में बवाकू शब्द होता है। बवाकू का मतलब है—बाहर वाला। लोग बताते हैं कि जब आदिवासी जंगल या सड़क पर जाते थे तो जूतों के निशान देखकर रास्ता बदल देते थे। जूता शहरी आदमी पहनता है तो जूतों के निशान का मतलब है कि कोई बाहरी आदमी आया है।

व्यवस्था कैसे पूँजीवाद को पोषती है, उसे समझना होगा। अगर सत्ता को पूँजीवाद लाना है तो क्या उसके लिए आम लोगों की मेहनत और कौशल का शोषण करने वाली व्यवस्था लाना होगी और किसी के कौशल का अगर आपको शोषण करना है तो क्या करना होगा? आम जनता के कौशल और मेहनत के फल को लूटने के लिए जरूरी होता है कि उनमें उनके एहसास के प्रति ही हीनभावना पैदा कर दी जाए, यह रंगभेद, जातिभेद, लिंगभेद अनेक नामों से होता है। ब्राह्मणवाद इसी लूट

का एक हिस्सा है। लेकिन हमें समय के साथ इस ब्राह्मणवाद की परिभाषा भी बदलनी पड़ेगी। आजादी के बाद भी ग़रीब आदमी के कौशल को तराशने की बजाय, हमारी व्यवस्था ने उसे ना सिर्फ नकारा बल्कि दोयम दर्जे का करार दिया। जैसे पारधी समुदाय है। इसको जंगल की इतनी जानकारी है कि इस देश के भीतर वाइल्ड-लाइफ की कोई भी किताब, उसके बिना मदद के नहीं लिखी गई। लेकिन आज उनकी आम छवि जंगल के दुश्मन के रूप में है। जंगल की जितनी जानकारी आदिवासी को है उतनी डीएफओ को नहीं हो सकती—लेकिन आज उसे जंगल में चोर माना जाता है। शेरपा की मदद के बिना कोई भी हिमालय पर नहीं चढ़ सकता। हम देखते हैं कि 'नट' का एक दस साल का बच्चा भी सड़क पर कैसे जिमनॉस्टिक करता है, वो भी सिर्फ दो-चार-दस रुपये कमाने के लिए। लेकिन, उसका देश के खेल जगत में कहीं स्थान नहीं है। अगर वहीं कोई आम बच्चा टी.वी. शो में जिमनॉस्टिक करता है या हमारा कोई बच्चा सीख जाता है तो हम ताली बजाते नहीं थकते। अरे देखो! ये सीख गया। जबकि नट का वह बच्चा जिमनॉस्टिक करके अपना पेट भी नहीं भर पाता। तो हमने क्या किया? जिन लोगों के पास कौशल था, उनके कौशल को नकारा और उन्हें अकुशल करार दे दिया।

इस देश में अगर आपके पास डिग्री नहीं है तो आपको कोई नौकरी नहीं मिलेगी। डिग्री के बाद भी नहीं मिलेगी, यह तो अलग बात है! लेकिन कितने प्रतिशत के पास डिग्री है? पहले हम राष्ट्रीय नमूना सर्वेक्षण के ताजा आँकड़े (2010 के आँकड़े, जो 2013 में जारी किए गए थे) पर नजर डालें जो हमें बताते हैं, आज भी देश की आधी आबादी अनपढ़ है—32 प्रतिशत लोग निरक्षर हैं और 22 प्रतिशत नाममात्र के लिए साक्षर हैं, गाँवों में 3.2 प्रतिशत लोग ही स्नातक और स्नातकोत्तर तक पढ़ाई पूरी कर पाए हैं, ग्रामीण मुसलमान, महिला, आदिवासी युवाओं में तो यह 2 प्रतिशत से भी कम है। शहरों में जरूर यह आँकड़ा 17.3 प्रतिशत तक पहुँचा है। यह व्यवस्था कालान्तर में बेहतर हो जाएगी, यह सोचना एक छलावा ही होगा, क्योंकि आज भी 54 प्रतिशत विद्यार्थी स्कूल-कॉलेज में हाजिरी नहीं दे पाते। यूनीसेफ के अनुसार, 2016 तक हमारे देश में 50 करोड़ लोग अनपढ़ या पाँचवीं कक्षा से कम स्तर की पढ़ाई वाले और अन्य 30 करोड़ हाईस्कूल पास भी नहीं होंगे। मतलब यह है कि आपने 97-98 प्रतिशत लोगों को अकुशल और बेकार घोषित कर दिया। आइंस्टीन ने कहा था कि अगर आप मछली की क्षमता उसके पेड़ पर चढ़ने के कौशल से नापेंगे तो मछली जिन्दगी भर अपने आपको बेवकूफ मानती रहेगी। यही हमारे देश में हो रहा है। यह एक नए तरह का ब्राह्मणवाद है।

लोगों को इस बात का एहसास नहीं है, ऐसा नहीं है। लेकिन उन्हें व्यवस्था ने मजबूर कर दिया है। मैं आपको एक उदाहरण देकर बताता हूँ। मनरेगा का काम जब हमारे इलाके में शुरू हुआ तो, हालाँकि यह एक्ट (अधिनियम) के अन्दर नहीं था,

फिर भी उन्होंने (अधिकारियों) बोला, जितना काम उतना दाम। हम लोग इस बात को लेकर डीएफओ के पास गए कि नहीं साहब 'जितना काम उतना दाम' ठीक नहीं है। एक दिन की जितनी मज़दूरी है उतनी तो मिलनी चाहिए। डीएफओ हमारी रैली में मौजूद एक बुजुर्ग से बोले कि देखो, ये लड़का जवान है। ये जितना गड्ढा खोदेगा, उतना तुम खोदोगे क्या? वो बुजुर्ग मेरसिंग दादा थे। वह उस समय 60 साल के थे। वे बोले, डीएसओ साहब, एक बात बता कि जब तुम बूढ़ा होता है तो तेरी तनख्वाह बढ़ती है या कम होती है? साहब बोले—बढ़ती है। तब फिर दादा ने कहा—तो फिर मेरी क्यों कम होती है? ये कौन-सा न्याय है कि मैं बूढ़ा होऊँगा तो कम पैसा मिलेगा और तू बुड्ढा होगा तो तुझे ज्यादा पैसा मिलेगा। इस प्रकार ये हमने अपने देश के अन्दर किया। एक नए तरह के ब्राह्मणवाद को पोषा है। हमें नए तरह की गुलामी को भी समझना पड़ेगा। यूरोप से लेकर यहाँ तक हमने राजशाही से तो मुक्ति पा ली लेकिन हम सबके सब कैपिटलिज़्म (पूँजीवाद) के चंगुल में चले गए।

हम सब यहाँ (जेएनयू जैसे संस्थानों में) उस पूँजीवाद की मशीन का पुर्जा बनने के लिए तैयार किए जा रहे हैं। हमारी कीमत उस मशीन के अन्दर एक पुर्जे से ज्यादा नहीं है। आपको मशीन में कहीं न कहीं फिट कर दिया जाएगा अगर फिट नहीं हुए तो आप बेकार या देशद्रोही करार दे दिए जाएँगे। मुझे बड़ा आश्चर्य हो रहा था जब मैं टी.वी. पर बहस सुन रहा था कि जेएनयू से कौन पढ़कर निकले हैं? उन्होंने विदेश सचिव और दो-तीन नाम गिनाए। अरे! यह इतना पुराना संस्थान है जहाँ से लाखों विद्यार्थी पढ़कर निकले हैं लेकिन आपके पास दिखाने के लिए वे ही हैं। इस सन्दर्भ में मैं आपको एक वाकया सुनाता हूँ। मेरे एक दोस्त ने 1984 के आस-पास केईएम मेडिकल कॉलेज, मुम्बई से एमबीबीएस किया। उसने सालभर पहले एक लेख लिखा। उसने बताया कि हम लोगों का रीयूनियन हुआ। उसमें जो 100 या 150 जितने भी विद्यार्थी मिले थे, उसने सबका प्रोफाइल निकाला। जो बहुत अमीर परिवारों से ताल्लुक रखते थे, वे पढ़ने के बाद यूएसए चले गए। जितने गाँव से दलित या पिछड़े वर्ग से थे, वे ही गाँव में या छोटी जगहों पर काम कर रहे हैं। मैंने केईएम हॉस्पिटल में मेडिकल ऐथिक्स पर बहस के दौरान यह पूछा कि मैं आदिवासी इलाके से आता हूँ। हमारे इलाके में कोई डॉक्टर क्यों नहीं होता? और यह मेडिकल एथिक्स का मुद्दा है या नहीं? तो वे बोले, केईएम में गाँव में जाने के लिए डॉक्टर नहीं बनाए जाते। यह कड़वी सच्चाई है। हम किस तरह का ब्राह्मणवाद खड़ा कर रहे हैं? हम किस तरह की व्यवस्था बना रहे हैं? यह सवाल तो पूछना ही पड़ेगा।

एक और बात करके मैं अपनी बात खत्म करूँगा। कैसे विचारधारा की लड़ाई लड़ने के अलग-अलग तरीके होते हैं। गांधी की आइडियालॉजी के खिलाफ गोडसे भी था और भगतसिंह भी थे। लेकिन दोनों में अन्तर देखिए। गोडसे ने गांधी को मार

दिया। लेकिन भगतसिंह ने क्या किया? भगतसिंह को जब ये समझ में आया कि अभी कुछ रणनीति बदलने की जरूरत है तो वे गिरफ्तार हुए। मैं कहता हूँ कि उस समय और आज तक के इतिहास में उन्होंने सबसे नॉन-वायलेंट (अहिंसक) बम असेम्बली में फेंका, जिसमें कोई घायल तक नहीं हुआ। वे जेल गए और जेल जाने के बाद उन्होंने और उनकी पूरी टीम ने गांधी से भी ज्यादा ताकत से 119 दिन का उपवास किया। उसके बाद वे फाँसी लगने तक गांधी के समकक्ष आकर खड़े हो गए। उन्होंने गांधी की विचारधारा के सामने एक नयी आइडियालॉजी खड़ी की। आप जिस आइडियालॉजी से सहमत नहीं हैं, उसके विरोध करने के दो तरीके होते हैं। एक तो आप उसको मार दीजिए। दूसरा, अपनी ताकत से अपनी विचारधारा को उस व्यक्ति के सामने खड़ा कर दीजिए और कहिए कि यह सही नहीं है।

आज ये हो रहा है कि अगर मैं आपकी आइडियालॉजी से सहमत नहीं हूँ तो मैं आपको खत्म कर दूँगा। मैं आपको मिटा दूँगा। अरे भाई! आइए और बताइए कि आपकी आइडियालॉजी क्या है। हम भी कुछ समझें कि हम देश के अहित में क्या काम कर रहे हैं? एक बात और आप लोगों को ध्यान रखनी पड़ेगी कि ये लड़ाई लम्बी है। अगर आप जल्दी नतीजे की उम्मीद करेंगे तो निराश होना पड़ेगा क्योंकि सत्ता की ताकत बहुत बड़ी है। सत्ता कभी सीधे सामने नहीं आती। सत्ता के बहुत सारे एजेंट होते हैं। इसलिए आप लोगों को लम्बी लड़ाई के हिसाब से तैयारी करनी पड़ेगी। आपको एक काम और करना पड़ेगा। जब सरकार वर्टिकल जाती है तो आपको हॉरिजेंटल जाना पड़ेगा। आपको अपना आधार बढ़ाना पड़ेगा। तभी आप सरकार के वर्टिकल ताकत के दबाव को झेल पाएँगे। आप लोगों को यह समझना पड़ेगा कि आपको हॉरिजेंटल कैसे जाना है। कैसे अपनी ताकत बढ़ानी है?

1947 के आन्दोलन के दौरान जो ऊर्जा थी उसने बहुत सारे आन्दोलन खड़े किए। देश में अम्बेडकरवादी, समाजवादी और मार्क्सवादी आन्दोलन खड़े हुए। बहुत सारे गांधीवादी भी लड़ते रहे। तेलंगाना आन्दोलन खड़ा हुआ। नक्सलवादी आन्दोलन खड़ा हुआ। जब वह ऊर्जा थोड़ी-थोड़ी मरने लगी तो 1975 में आपातकाल आया। आपातकाल की ऊर्जा बहुत लम्बे समय तक फैलती रही। 80-90 के दशक के आस-पास हमारे जैसे तमाम लोग आए। लेकिन इसके बाद का अगर हम 40 साल का दौर देखें तो देश के स्तर पर कोई बड़ा माहौल खड़ा नहीं हुआ। लेकिन मोदी जी (प्रधानमंत्री) ने छात्रों को छेड़कर देश के स्तर पर एक शानदार शुरुआत कर दी है। इस ऊर्जा पर जितना दबाव बढ़ेगा उससे उतनी ही ऊर्जा निकलेगी और उससे नई क्रान्ति होगी। मैं कभी-कभी बहुत निराश होता था। मेरी उम्र बढ़ती जा रही है और मैं सोचता था कि नई पीढ़ी सामने क्यों नहीं आ रही है। फिर यह समझ में आता था कि अभी माहौल नहीं है। जब देश में माहौल होगा तो अपने आप चीजें बनने लगेंगी। मसलन जब दीवाली का माहौल होता है तो हमारे जैसे नास्तिक लोग

भी थोड़ा-थोड़ा झूमने लगते हैं। यह माहौल खड़ा करने का काम मोदी जी कर रहे हैं। पिछले 30 सालों में छात्रों को इतना अवसर कभी नहीं मिला। वे विश्वविद्यालय आते हैं, पढ़ते हैं और निकल जाते हैं। अपने आपको तराशने की, अपने आपको तौलने की और एक माहौल खड़ा करने की अपारचुनिटी उन्होंने आपको दी है। अन्यथा ऐसा लग रहा था कि इस देश में छात्र आन्दोलन मानो मर-सा गया है। मैं तो सही में मोदी जी का बहुत शुक्रगुजार हूँ और उनसे निवेदन करता हूँ कि वे इस दबाव को और बढ़ाएँ और दूसरे कॉलेजों तक ले जाएँ।

कुछ दिनों पहले मैंने अखबार में पढ़ा था कि अगला नम्बर टाटा इंस्टिट्यूट ऑफ सोशल साइंस मुम्बई का है। मैं उनसे निवेदन करूँगा कि वे वहाँ जरूर जाएँ क्योंकि वह बहुत सोया हुआ संस्थान है। उसको जगाने की जरूरत है। वह संस्थान एकदम सुषुप्त अवस्था में है। इसलिए उसे जगाने की बहुत जरूरत है। पूरे देश में ऐसे जितने भी संस्थान हैं, वे वहाँ पहुँचें। मैं समझता हूँ कि इस देश के अन्दर जो क्रान्ति सोई हुई थी, उसे जगाने का काम मोदी जी कर रहे हैं। मैं दिल से यह बात कह रहा हूँ कि आप लोगों को सही मायने में उनका शुक्रगुजार होना चाहिए। हम लोग बहुत कोशिश कर रहे थे। सोच रहे थे कि क्या करें। जो माहौल हमको मिला था, हम वह आपको नहीं दे पाए। रोहित को जिस निराशा में आत्महत्या करनी पड़ी उसने पूरे माहौल को निर्मित किया और रोहित वेमुला की निराशा का कारण आप सब जानते हैं। हम सब लोग भी उसकी मौत के जिम्मेदार हैं क्योंकि हम सीनियर एक्टिविस्ट लोग उसे लड़ाई की ताकत और माहौल नहीं दे पाए। अब हम यह सुनिश्चित करें कि हम असली राष्ट्रवाद की लड़ाई के लिए प्रेरित युवाओं और देश की आम जनता को जरूरी माहौल दे पाएँ।

हम सब लोग राष्ट्रद्रोही नहीं, बल्कि देश के लिए लड़ने वाले हैं, लेकिन क्या कारण है कि इस राष्ट्रवाद के तमाम हल्ले के बावजूद, इस देश की 95 प्रतिशत आम जनता आज भी हाशिए पर खड़ी है, क्योंकि बुनियादी बदलाव का सपना हमेशा अधूरा रह गया? क्योंकि जहाँ एक तरफ मुख्यधारा की राजनीति पूँजीवाद के कब्जे में है वहीं भारतीय राजनीति का यह दुर्भाग्य है कि यहाँ आन्दोलन के दौरान उत्पन्न वैचारिक ऊर्जा और जमीनी अनुभव से बदलाव का जो 'वैकल्पिक खाका' तैयार होता है वो इस देश की राजनीति से हमेशा परे रहता है और व्यवस्था में एक छोटी से खिड़की खुलने से जब उस 'विकल्प' को आजमाने की बारी आती है, तब 'सत्ता संचालन' करने वाली ताकतें अपने कई रूपों में सक्रिय हो, इस 'विकल्प' को 'अव्यावहारिक' बताने में कामयाब हो जाती हैं। इस तरह हर बार देश के जनांदोलनों से निकली सार्थक ऊर्जा जाया चली जाती है, भगतसिंह और गांधी के दौर से आज तक 100 साल के आन्दोलन में उपजी वैचारिक ऊर्जा को नकारने की अनेक साजिशें हुई हैं।

सत्ता की अपनी व्यवस्था है, जो अपने आदर्श से नहीं डिगते हैं, उन्हें वो बड़े आराम से 'आदर्शवादी' बताकर एक ऐसे ऊँचे स्थान पर बैठा देती है, जहाँ से उनके विचारों को 'व्यक्तिवादी', 'हठधर्मिता' और 'अव्यावहारिक' बताकर नकारने की प्रक्रिया जरूरी लगे। और आन्दोलन की इस ऊर्जा को हाशिए पर धकेलने के बाद, सत्ता संचालकों का यह गिरोह, पुराने नायकों को नकारकर अपनी जरूरत के हिसाब से 'नए नायक' और 'नए आदर्श' गढ़ लेता है। उसे देखते ही देखते जनता के बीच स्थापित भी कर देता है। सत्ता मिलने पर, गांधीजी द्वारा सुझाए गए विकल्प को आजमाए बिना ही नकार दिया गया। इमरजेंसी के आन्दोलन के बाद मिली सत्ता में, न तो जयप्रकाश नारायण की कोई झलक थी और न ही स्थान। इसी तरह, आज प्रसिद्ध समाजवादी चिन्तक किशन पटनायक के 'वैकल्पिक राजनीति' की तपस्या को भ्रष्टाचार के खिलाफ लड़ाई भर बनाकर पेश किया जा रहा है।

अन्त में हम देखेंगे, किस तरह से सैनिकों की मौत के असली कारणों से मुँह मोड़कर उनकी लाशों पर 'राष्ट्रवाद' की राजनीति की जाती है। 1965 में जब एक तरफ देश की सीमा पर पाकिस्तान के साथ युद्ध हो रहा था और दूसरी तरफ देश सूखे और अकाल के संकट से जूझ रहा था, ऐसे समय में तत्कालीन प्रधानमंत्री लालबहादुर शास्त्री ने नारा दिया था—'जय जवान-जय किसान'। लेकिन पिछले दो दशकों में भाजपा और मीडिया के एक वर्ग ने एक ऐसा उन्माद का माहौल खड़ा कर दिया है, जैसे सैनिकों की मौत पर घड़ियाली आँसू बहाना और बात-बात पर 'भारत माता की जय' के नारे लगाना-भर ही राष्ट्रवाद की असली निशानी रह गया है। माहौल इस हद तक बिगड़ गया है कि कल तक जो किसानों, आदिवासियों और छात्रों की मौत पर सवाल उठाना हर जागरूक नागरिक और नेता का कर्तव्य माना जाता था वो आज किसी न किसी बहाने 'देशद्रोह' करार दे दिया जाता है! आपको मीडिया और सरकार कटघरे में खड़ा कर देती है। ऐसा लगता है जैसे देश के निर्माण में लगे आदिवासी, किसान, दलित, मज़दूर, अन्य सरकारी कर्मचारी और बाकी लोग जिस काम को अंजाम देते हैं, न तो उसमें कोई जान का जोखिम होता है और न वो राष्ट्रवाद का हिस्सा होता है। लेकिन अगर हम देश निर्माण में लगे किसानों, सफाई कर्मचारियों और मज़दूरों आदि की मौत के साथ-साथ सैनिकों और अर्द्धसैनिक बल की मौत के असली कारणों पर नजर डालेंगे तो समझ में आएगा कि नेतागण घड़ियाली आँसू बहाकर न सिर्फ इन मुद्दों को छिपाकर सैनिकों की मौत को अपनी ओछी राजनीति के लिए भुनाना चाहते हैं बल्कि, यह देश के आम नागरिकों का ध्यान असली मुद्दों से भटकाने की साजिश है।

हमें ऐसा आभास कराया जाता है, जैसे सारे सैनिक देश की सीमा की रक्षा करते हुए मारे जाते हैं। लेकिन अगर हम 12 अगस्त, 2014 को लोकसभा में

तत्कालीन रक्षामंत्री अरुण जेटली का बयान देखें, देश की सीमा की रक्षा करते हुए, सीज फायर उल्लंघन में 10 साल (2004–2013) में मात्र 27 जवान मारे गए। अब हम अन्य कारणों से होने वाली सैनिकों की मौत के आँकड़ों को समझें, उसके पहले कुछ आँकड़ों पर नजर डालें। हर साल हम लोग जो गन्दगी करते हैं, देश के गटर से उस गन्दगी को साफ करते हुए 22 हजार दलित सफाई–कर्मी मारे जाते हैं। 9 मार्च को राज्यसभा में भाजपा सांसद तरुण विजय का यह बयान है। हर साल अकेले दिल्ली में सीवर साफ करते–करते 100 सफाई कर्मचारी मारे जाते हैं। यह कुल 5000 कर्मचारियों का 2 प्रतिशत है। अब इस प्रतिशत के अनुसार सेना में सैनिकों की मौत होने लगे तो वो 40000 तक पहुँच जाएगी। दु:ख की बात यह है कि सफाई कर्मचारियों की इस मौत की कोई कीमत नहीं है। यह मौत कोई दुश्मन की गोली से नहीं होती है कि जिसे उचित सुरक्षा उपाय उपलब्ध कराकर आसानी से रोका नहीं जा सकता था।

26 नवम्बर, 2012 को तत्कालीन रक्षामंत्री ए.के. एंटनी ने लोकसभा में बताया कि 1999 के कारगिल युद्ध में 530 जवान शहीद हुए, वहीं 2000 से 2012 के बीच 12 साल में 3987 सैनिक मारे गए। जबकि इस दौरान हमने एक भी युद्ध नहीं लड़ा। वहीं राष्ट्रीय अपराध रिकार्ड ब्यूरो के आँकड़े बताते हैं कि पिछले 10 सालों (2004–2013) में खेत में अनाज उगाने में लगे 1,58,865 किसान आत्महत्या करने को मजबूर हुए। इस ब्यूरो के 2014 के आँकड़े बताते हैं कि 955 मज़दूर फैक्ट्री में मशीन पर काम करते हुए, 387 खदान में काम करते हुए, 998 गर्भवती महिलाएँ बच्चे को जन्म देते हुए, 946 लोग ठंड लगने से और 1216 गर्मी में लू लगने से मारे गए। वहीं रेलवे के आँकड़े बताते हैं कि मुम्बई में हर रोज काम पर जाते हुए भीड़ भरी ट्रेन से गिरकर या कटकर 10 लोग मारे जाते हैं।

जितने सैनिक हर साल आतंकवादियों से लड़कर नहीं मरते उससे ज्यादा आत्महत्या करके मरते हैं। 22 जुलाई, 2014 को रक्षामंत्री अरुण जेटली ने लोकसभा में बताया कि 2009 से 2013 के 5 वर्षों में 597 सैनिकों ने आत्महत्या की। एक सूचना अधिकार से मिली जानकारी के अनुसार जम्मू–कश्मीर में 2013 में 24 जवानों ने आत्महत्या की, वहीं 15 जवान आतंकवादियों से मुठभेड़ में मारे गए। आन्तरिक सुरक्षा में लगे केन्द्रीय सशस्त्र पुलिस बल की मौत के बारे में राष्ट्रीय अपराध रिकार्ड ब्यूरो 2014 के आँकड़े बताते हैं कि कुल 1232 जवान मारे गए, उसमें मात्र 7.2 प्रतिशत यानी 89 मुठभेड़ में, उससे दोगुने 175 आत्महत्या करने के कारण, 396 ट्रेन और सड़क दुर्घटना में और आधे अन्य कारणों से अस्वाभाविक मौत मारे गए। सियाचिन में जहाँ उस तरह से कोई सीमा खतरा नहीं है और आजतक कोई युद्ध नहीं लड़ा गया वहाँ 1984 से अब तक 869 सैनिक मारे गए। यहाँ हर दिन 6.8 करोड़ रुपये खर्च किए जाने के बावजूद, सैनिकों को मरने वाली ठंड से बचने

के पर्याप्त साधन नहीं हैं। लगभग यही हाल पाकिस्तान का है। हाँ, सैनिकों को ठंड से बचने के साधन उपलब्ध कराने वाली कम्पनियाँ जरूर हर साल दोनों देशों से हजारों करोड़ रुपये कमा रही हैं। यह आग भी उनकी लगाई हुई है। जब सेना के काम को राष्ट्रवाद से जोड़ा जाता है तो मेरे मन में सवाल उठता है कि इसे मापने का पैमाना क्या होगा? सेना में काम की हालत यह है कि 2009 से 2011 तक 25062 सैन्य कर्मियों ने असामयिक सेवानिवृत्ति ले ली, 2009 में 7499, 2011 में 10317। वर्ष 2009 से 2012 तक 2215 सैन्य अधिकारियों ने असामयिक सेवानिवृत्ति के लिए सरकार को आवेदन दिया, इसमें से 1349 आवेदन मंजूर हुए। अब हम क्या इसका यह मतलब निकालें कि ये सैन्य अधिकारी और कर्मचारी अब 'राष्ट्रवादी' नहीं रहे? या यह मानें कि परेशान होकर वे अन्य बेहतर तनख्वाह वाले काम में चले गए? हमारी सेना में 10,000 से ऊपर सैनिक नेपाली गोरखा हैं जिनकी ईमानदारी और युद्ध क्षमता अतुलनीय है। लेकिन यह हमारे देश के नागरिक नहीं हैं। तो फिर इनका राष्ट्रवाद कैसे तय होता है?

हाल ही में मीडिया में एक समाचार था कि बिहार में सेना में भर्ती के लिए 1000 युवा आए जिन्हें मात्र चड्डी में जमीन पर खुले आसमान के नीचे बैठाकर परीक्षा दिलवाई गई ताकि वे नकल न कर पाएँ। हर साल जब सेना में जवान के 100 पद निकलते हैं तो उसके लिए 10,000 बेरोज़गार युवा आवेदन करते हैं। हर बार भगदड़ मचती है। इसमें अनेक युवा घायल भी होते हैं। अभी 17 मार्च को हैदराबाद में हुई एक भगदड़ में 4 युवा गम्भीर रूप से घायल अवस्था में हैं। अब इन बेरोज़गार युवाओं की देशभक्ति और राष्ट्रवाद को नापने का कौन-सा पैमाना सरकार के पास है? मालूम नहीं।

प्रदेश का देश की जनसंख्या और सेना में भर्ती का अनुपात इस प्रकार है— हिमाचल प्रदेश 0.6-4.66, पंजाब 2.4-16.6, हरियाणा 2.2-7.02। वहीं हर साल इंडियन मिलिट्री अकादमी में पास होने वाले अधिकारियों में सबसे ज्यादा उत्तर प्रदेश और उसके बाद हरियाणा के युवा होते हैं। जैसे 2013 में उत्तर प्रदेश से 121, हरियाणा से 62 और गुजरात से मात्र 1। अब क्या इसका यह मतलब है कि हम राज्यों को उनके यहाँ सेना में भर्ती के अनुपात में राष्ट्रवादी मानें? और यह समझें कि अन्य राज्यों के मुकाबले गुजरात के लोग राष्ट्रवादी नहीं हैं! या हम यह समझें कि वे लोग सेना में जाने की बजाय कोई और काम करके अपना पेट भरना चाहते हैं और देश के निर्माण में अपनी हिस्सेदारी निभाते हैं। सेवानिवृत्त सैनिकों ने अपनी पेंशन को लेकर लम्बा आन्दोलन किया। इसमें से एक गुट अभी भी आन्दोलन पर है। अब क्या हम यह कहें कि वे सेना से सेवानिवृत्त होने के बाद अपने 'राष्ट्रवाद' का इनाम माँग रहे हैं? या हम यह मानें कि अन्य सरकारी कर्मचारियों की तरह उन्हें अपनी माँगों को लेकर आन्दोलन करने का अधिकार है।

इस थोथे राष्ट्रवाद में हमें और हमारे पड़ोसी ग़रीब मुल्कों पाकिस्तान और चीन को हथियारों की दौड़ में लगा दिया है। 2015 में जहाँ चीन ने अपने रक्षा बजट में 10 प्रतिशत की बढ़ोत्तरी की, पाकिस्तान ने 11.6 प्रतिशत और भारत ने 11 प्रतिशत की वृद्धि की। जबकि ये देश ग़रीबी सूचकांक पर क्रमशः 83, 134 और 125वें स्थान पर थे। वहीं 2015 में अमेरिका ने अपने सैन्य खर्च में 6.5 प्रतिशत कमी की। हमें यह समझना होगा कि भारत और पाकिस्तान एक समय में एक थे, जिसे परिस्थिति ने अलग किया। हमारे पड़ोसी चीन, श्रीलंका और नेपाल उस धर्म को मानते हैं जिसका जन्म हमारे यहाँ हुआ है। आज जरूरत थोथे राष्ट्रवाद और सैनिकों की मौत पर उन्माद भड़काने से बचने की है, उनकी और हमारी भलाई उनके और हमारे राष्ट्रवाद को टकराने में नहीं है बल्कि 'वसुधैव कुटुम्बकम' के सूत्र पर अमल करते हुए अपने पड़ोसियों से रिश्ते सुधारने में है। सैन्य सामान बेचने वाले देशों की चाल से बचने की जरूरत है। न पाकिस्तान और चीन की जनता हथियार खा सकती है और न हम।

जेएनयू : गांधी की चिट्ठी का आख़िरी ठिकाना

अपूर्वानन्द

अक्सर दिल्ली यूनिवर्सिटी और जेएनयू के बीच एक प्रतिद्वन्द्विता का रिश्ता रहता है। दिल्ली यूनिवर्सिटी के छात्र इस बीच कई बार और मेरे सहकर्मी मुझसे पूछते रहे कि इतने नकचढ़े जेएनयू वालों के साथ खड़े होने की जरूरत ही क्या है। मेरी क्लास में एक छात्र ने पूछा कि जेएनयू वालों की समस्या यह है कि उनके भीतर बौद्धिकता का अहंकार बहुत है। मैंने कहा कि बौद्धिकता का अहंकार विश्वविद्यालय परिसर में ही होना चाहिए। उससे बाहर नहीं। मैं उसे अहंकार नहीं कहता लेकिन बौद्धिकता का अभिमान जरूर होना चाहिए। खासकर ऐसे समाज में जहाँ चारों तरफ से बौद्धिकता और विवेक पर हमले हो रहे हों। जवाहरलाल नेहरू विश्वविद्यालय जो इस परिसर में है, दरअसल उसे एक खयाल में बदल जाना चाहिए। भला हो इस सरकार का! अगर हम कार्ल मार्क्स को उलटकर कहें तो उसने इस भौतिक यथार्थ को एक खयाल में तब्दील कर दिया है। इस खयाल की एक ताकत है। यह खयाल ही दुनिया को बदलकर रख सकता है। परसों शाम जब हम संसद मार्ग पर खड़े थे, जहाँ जुलूस जाकर रुका। संसद मार्ग थाने पर हमारी ग्यारह दिन और ग्यारह रातें गुजरी हैं। हमारे चार साथी प्रोफेसर निर्मलान्शु मुखर्जी, डॉ. अली जावेद, विजय सिंह और तृप्ता वाही के साथ जिन्हें पुलिस 'राष्ट्रविरोधी सभा' में शामिल होने के कारण पूछताछ कर रही थी। वहीं हम खड़े थे। वहाँ से निकलने के बाद खबर मिली कि कन्हैया को जमानत मिल गई है। मुझे खुशी से ज्यादा राहत मिली क्योंकि हम अपने छात्रों को जेल में नहीं परिसरों में देखना चाहते हैं। लेकिन उसके बाद जब हमें यह पता चला कि यह जमानत नहीं बल्कि अन्तरिम जमानत है, तो कल शाम को हम और कुछ जजेज (न्यायाधीश), कुछ लीगल कॉरेसपॉण्डेंट मिलकर मगजपच्ची कर रहे थे कि अन्तरिम जमानत नाम की चीज क्या होती है। जज साहब ने कहा कि यह एक इनोवेशन है। इसके लिए कन्हैया को मुबारकबाद देनी चाहिए। हिन्दुस्तान के जूरिसपिडेन्स के इतिहास में यह भी आपका एक योगदान है। इसे भी दर्ज कीजिये। यह भी एक जवाहरलाल नेहरू विश्वविद्यालय का ही योगदान है। इसमें

छह महीने के लिए अन्तरिम जमानत दी गई। और उसके बाद, मुझे नहीं पता किसने जमानत ली, सम्भवतः सुबोध मालाकार ने, उन पर जिम्मा दिया गया है कि वे कन्हैया के विचारों को सही रास्ते पर रखें और आप सबके विचारों को भी सही रास्ते पर रखें। कन्हैया को यह कहा गया है कि, खबरदार(!) राष्ट्रविरोधी विचारों की छूत नहीं लगनी चाहिए। छूत लगने पर, तरह-तरह से बताया गया है डाक्टरी जुबान में कि पहले कुछ जुबानी दवा दी जाती है, फिर कुछ और आगे इलाज किया जाता है। मेरे सामने सत्या शिवरमन खड़े हैं। आप एन्टीबॉयोटिक्स के खिलाफ काम करते हैं। लेकिन जज साहिबा ने कहा कि एन्टीबॉयोटिक्स का इस्तेमाल करना पड़ेगा और इसके बाद शायद सर्जरी करनी पड़े! खासा लम्बा काम उन्होंने अपने ऊपर ले लिया है। जब मैं यहाँ आ रहा था तो मुझे कहा गया कि क्या आपने कन्हैया की स्पीच सुनी है। खयाल रखिये, आप वहाँ बोलने जा रहे हैं जहाँ कल कन्हैया बोल चुका है। इसलिए आप उस मैयार को ध्यान में रखकर ही बोलियेगा। यानी आपके लिए कसौटी रख दी गई है। हम सब अध्यापकों को बहुत अच्छा लगता है, जब हमारे छात्र हमारे लिए कसौटी बनते हैं। अध्यापकों को बहुत अच्छी तरह से मालूम होता है कि हर रोज कक्षा में और कक्षा के बाहर उनकी परीक्षा हो रही होती है। भले ही, सिलेक्शन कमेटी में उनको प्रोफेसर या कुछ और बना दिया जाए, लेकिन उनकी परीक्षा तो उनके छात्र ले रहे होते हैं।

कल जज साहिबा का जो जमानत का आदेश आया है उसे पढ़ते हुए और इस बीच में पूरे प्रकरण पर जो बहस हो रही थी, उसमें बार-बार, साथ ही मैंने सुना है कि यहाँ के भी कुछ हमारे सहकर्मियों का खयाल है कि विश्वविद्यालय परिसर में छात्रों को केवल पढ़ने के लिए आना चाहिए, राजनीति करने नहीं। यह बहस का विषय है और इस पर पहले भी बहस चलती रही है। इधर राष्ट्रीय स्वयं सेवक संघ के एक वरिष्ठ कार्यकर्ता और आज के शासक दल के मंत्री ने यह कहा है, 'स्टूडेंट शुड कम कैम्पसेस टू लर्न।'

इस बहस के बीच मेरा ध्यान दिसम्बर 1931 में प्रेमचन्द द्वारा लिखे एक लेख पर जाता है। इसमें प्रेमचन्द ने दो दीक्षांत समारोहों का, पहला इलाहाबाद विश्वविद्यालय व दूसरा लखनऊ विश्वविद्यालय, जिक्र किया है। पहला दीक्षांत भाषण सर सी.वी. रमन और दूसरा दार्शनिक राधाकृष्णन ने दिया था। भारत में तमाम न्यायविद्, राजनीतिज्ञ और अन्य जिनको ये लगता है कि छात्रों को विश्वविद्यालय में सीखने के लिए जाना चाहिए और निगाह कोल्हू के बैल की तरह एकदम सीधी रखनी चाहिए, इधर-उधर नहीं करनी चाहिए, उन्हें प्रेमचन्द का यह लेख पढ़ना चाहिए। प्रेमचन्द सी.वी. रमन को उद्धृत करते हैं, ''हिन्दुस्तान के विद्यार्थियों का ये धर्म नहीं है कि वह इस क्रान्ति और परिवर्तन की गति को और तेज़ बना दें। बल्कि उसका वास्तविक धर्म है कि वह जातीय विकास की इस द्रुत गति के लिए एक ब्रेक का

काम करें।'' सर सी.वी. रमन जो कि एक बड़े वैज्ञानिक हैं वर्तमान व्यवस्था के करीब दिखते हैं। प्रेमचन्द इस पर टिप्पणी करते हैं—''हमारी क्रान्ति अपनी खोई हुई आत्मा को अपना त्याग, सरलता और आदर्शवाद को वापस लाना चाहती है। सहयोग और सहृदयता की इच्छुक है।''

इसके बाद दूसरा दीक्षांत भाषण जो कि दार्शनिक राधाकृष्णन ने दिया। इसे उद्धृत करते हुए प्रेमचन्द कहते हैं—''बुद्धिमान व्यक्ति का ये दावा नहीं होता कि हर एक विषय में वह अपनी राय दे सकता है। न वो किसी लेखक का सार एक वाक्य और न किसी संस्कृति का तत्त्व एक व्यंग्य में प्रकट करता है। बुद्धिमान व्यक्ति में दृष्टि का विस्तार, विचार की स्वाधीनता और अन्य मनोभावों को समझने की शक्ति होती है। वह हमेशा उन विचारों से सहानुभूति रखने को तैयार रहता है जिससे उसके मतभेद हैं। प्राचीन काल में विद्यालयों के संस्कार की उपमा एक मशाल से दी जाती थी, जो एक हाथ से दूसरे हाथ और एक युग से दूसरे युग तक चलती रहती थी। यह मशाल एक भयंकर वस्तु है, इसने कितने आन्दोलनों को उठाया है। कितनी ही हलचल जगाई है। यह क्रान्ति भावना की द्योतक है। वह आग है जो घास-फूस और गन्दगी को जलाकर खाक कर देती है। अगर हम उन राजनैतिक, सामाजिक और आर्थिक आन्दोलनों से भयभीत हो जाएँ जो इस आग के फैलने से पैदा होती है तो हमें विद्यालयों से दूर ही रहना चाहिए।'' इस विषय पर प्रेमचन्द किस व्यवस्था के साथ खड़े हैं यह आसानी से समझा जा सकता है। और उसके बाद प्रेमचन्द कहते हैं—''विश्वविद्यालय में युवावस्था का जोश और सजीवता होनी चाहिए। अगर विश्वविद्यालय ऐसे मनुष्य पैदा करता जो अपनी जान की खैर मनाते हैं, जो ऐशो-आराम के बन्दे हों, जो जोखिम से बचते हैं तो वह विश्वविद्यालय अपने धर्म का पालन नहीं करता। अगर वह उत्साह और पौरुष से भरे हुए युवकों को लेकर उन्हें बोदे, स्वार्थी और अपने आकाओं का गुलाम बना देता है, अगर वह उनके विचारों को कठोर कर देता है और अगर उनके आगे बढ़ने की शक्ति को निर्जीव कर देता है, तो वह अपने धर्म से दूर चला गया है।'' कहा जा सकता है कि जेएनयू के छात्र प्रेमचन्द और राधाकृष्णन के सच्चे वारिस हैं। जेएनयू सी.वी. रमन जैसे वैज्ञानिकों को यह कह सकता है कि, दरअसल हमारा काम आज्ञाकारी लोगों को पैदा करने का नहीं है। हम कोई राष्ट्र या राज्य का उत्पादन बढ़ाने वाले कलपुर्जे नहीं हैं।

आज जब राष्ट्रवाद पर बात हो रही है तब यह समझना जरूरी है कि राष्ट्र की कल्पना हम किस प्रकार से करते हैं? अन्ततः राष्ट्र एक समुदाय है या एक प्रकार की सहमति है। एक रजामन्दी है। जिस रजामन्दी पर हम एक-दूसरे के साथ अलगाव या मतभेद रखते हुए भी पहुँचते हैं। यह रजामन्दी की जगह ऐसी है जिसमें हम एक-दूसरे के साथ इज्जत और बराबरी को बरकरार रखते हुए रह सकते हैं। राष्ट्र का मतलब एक लगाव भी है, एक ठिकाना भी है। वह हमारी जगह है, हमारा पता भी

है। ध्यान आता है बचपन में हमें पढ़ाया जाता था कि गांधी के नाम जो चिट्ठी आती थी उस पर पता कुछ इस तरह लिखा होता था—गांधी या बापू और इंडिया या भारत, वे जहाँ कहीं भी हों। मैं यह सोचने लगा कि अगर आज यह चिट्ठी लिखी जाए और उसके लिफ़ाफे पर पता लिखा हो—गांधी, बापू और इंडिया, भारत। तो वह चिट्ठी कहाँ पहुँचेगी। इस प्रश्न पर ठहर कर विचार किया जा सकता है।

गांधी से हमारे कई प्रकार के मतभेद हो सकते हैं। गांधी को राष्ट्रपिता कहा जाता है। गांधी के इस योगदान को कोई अस्वीकार नहीं करता कि भारत जिस राष्ट्र की कल्पना करता है उसमें काफी कुछ हिस्सा गांधी का है। पर मेरा सवाल यह है कि आज उनके नाम चिट्ठी कहाँ पहुँचेगी? अगर भटकती हुई वह दिल्ली आ पहुँचे तो कहाँ ले जाए डाकिया उसे? अगर हम दिल्ली के बीच में नज़र डालें जो इत्तेफाक से इन्कम टैक्स चौराहे के आस-पास की जगह है, तो उसी रास्ते पर पुलिस मुख्यालय के सामने गांधी की एक मुस्कुराती हुई तस्वीर है, जिसे दिल्ली पुलिस कभी देखती ही नहीं है। उसी के आस-पास ढेर सारे पते हैं जो दावेदारी करते हैं कि गांधी की चिट्ठी यहाँ पहुँचनी चाहिए। यहाँ गांधी के नाम पर बने आश्रमों की बात हो रही है। गांधी ने अपने जीवनकाल में कई आश्रम बनाए, दक्षिण अफ्रीका से लेकर भारत तक। एक तो वह पता हो सकता है गांधी का। दूसरा, गांधी को संस्थाएँ बनाने का बड़ा शौक था। तो दूसरी दावेदारी उन संस्थाओं की हो सकती है। माने, गांधी का पता वे संस्थाएँ हैं। लेकिन गांधी के विचार के साथ जो सबसे बड़ी दुर्घटना हुई, वह यह कि भारतीय राज्य ने सबसे जोरदार दावा पेश किया कि गांधी का असली पता, दरअसल वह है। गांधी के साथ इससे बड़ी नाइंसाफी नहीं हो सकती थी क्योंकि गांधी एक अराजक व्यक्ति थे और राज्य नाम के किसी विचार को अपना ठिकाना बना लेना गांधी के लिए बड़ा मुश्किल या दुविधाजनक था। हालाँकि गांधी के साथ एक विडम्बना यह थी कि गांधी जो काम कर रहे थे उसका एक पड़ाव भारतीय राष्ट्र-राज्य के निर्माण में ही होना था। यह गांधी के पूरे संघर्ष के एक द्वन्द्व या विडम्बना के रूप में देखा जा सकता है। गांधी जो स्वयं किसी जोर-जबरदस्ती के यंत्र के अधीन रहने को तैयार नहीं थे। वे जो संघर्ष कर रहे थे, उसका नतीजा दरअसल एक राष्ट्र-राज्य के निर्माण में होना था, जो आगे चलकर एक जोर-जबरदस्ती के औजार के रूप में प्रयोग होने वाला था। गांधी पर सबसे ज्यादा दावा पेश किया इस राज्य ने। यानी गांधी का सबसे बड़ा वारिस, भारतीय राज्य ने खुद को घोषित कर दिया। जो ये आधिकारिक पते हैं गांधी के, क्या वास्तव में, ये गांधी के पते हैं? इनकी जाँच की जानी चाहिए।

अगर गांधी के आश्रमों को देखें तो गांधी का वह आश्रम ध्यान में आता है, जिसको छोड़कर गांधी निकल गए थे और दोबारा वहाँ वापस नहीं गए—साबरमती आश्रम, जो अहमदाबाद में है। 2002 में जब अहमदाबाद में मुसलमान मार खाते हुए

और अपने कातिलों से बचते हुए साबरमती आश्रम के दरवाजे पर पनाह माँगते पहुँचे तो आश्रम वासियों ने दरवाजा उनके मुँह पर बन्द कर दिया। वह दिन था जबसे कहा जा सकता है कि साबरमती आश्रम अब गांधी का पता नहीं रह गया। फिर वर्धा या सेवाग्राम में गांधी के आश्रम की बात करें। उसे देखने का मौका मुझे 2000 से 2002 के बीच मिला। उस समय केन्द्र में राष्ट्रीय जनतांत्रिक गठबन्धन की सरकार थी। उस समय सेवाग्राम आश्रम के कर्मचारियों को परहेज नहीं था, हेडगेवार भवन जा कर उनके साथ मंच साझा करने में। बापू की हत्या के विचार का समर्थन करने वालों के साथ सेवाग्राम आश्रम के लोग अगर मंच साझा करते हैं तब यह कहना चाहिए कि वह आश्रम भी गांधी का पता नहीं है। अगर दिल्ली के आश्रमों को देखें तो ज्यादातर आश्रम सरकारी आश्रमों में तब्दील हो गए हैं। यानी गांधी की चिट्ठी वहाँ भी नहीं पहुँच सकती। इस तरह गांधी के नाम पर बने आश्रम भी गांधी का ठिकाना नहीं हैं। अगर ये ठिकाना नहीं हैं, तो गांधी का ठीक ठिकाना क्या है? यह जानने के लिए हमें गांधी के आख़िरी दिनों पर नज़र डालनी होगी। आख़िरी दिन, यानी 1946 से 1948 तक के दिनों को याद करने की कोशिश की जाए अथवा उसके पीछे जाकर 1915 में जब गांधी हिन्दुस्तान पहुँचते हैं। उसके बाद से गांधी का कोई भी एक स्थायी ठिकाना नहीं रह जाता है। गांधी उसके बाद एक निरन्तर भ्रमणशील, यायावर या भारत की श्रमण परम्परा के एक महात्मा के रूप में दिखाई पड़ते हैं जो निरन्तर भ्रमण करते हैं और उनका कोई एक ठिकाना नहीं होता। लेकिन गांधी की यात्रा की बेचैनी बढ़ जाती है 1946-1947 और 1948 में। यहाँ वे एक भटकने वाले गांधी के रूप में दिखते हैं, जिसका कोई ठिकाना नहीं और जिसको पता नहीं है कि वह एक जगह रुकेगा भी या नहीं रुकेगा। दिल्ली की बात करें तो दिल्ली आख़िरी बार गांधी पहुँचे 9 सितम्बर, 1947 को।

गांधी बंगाल से आ रहे थे और गांधी को पंजाब जाना था। बंगाल में गांधी आग बुझा कर आ रहे थे। गांधी को शौक था आग के बीच में रहने का। ये कहा जा सकता है कि गांधी में एक तरह की आत्मघाती प्रवृत्ति बन गई थी। वे कह भी रहे थे कि ऐसा लगता है कि मेरे चारों तरफ आग लगी हुई है और मैं उसके बीच बैठा हुआ हूँ। मुझे पता नहीं, मैं इस आग से निकल पाऊँगा या इसमें भस्म हो जाऊँगा। लेकिन मेरे पास इसके अलावा कोई उपाय नहीं कि मैं इस आग में बैठा रहूँ। 1947 में गांधी की यात्रा बिहार, नोवाखाली और कलकत्ता की यात्रा थी। नोवाखाली की यात्रा खासकर ध्यान देने वाली है। इसलिए क्योंकि यह मुस्लिम बहुल इलाका था और यहाँ हिन्दुओं पर हमले हो रहे थे। ऐसा कहा गया कि असंख्य हिन्दुओं का कत्ल हुआ। गांधी ने यह फैसला किया कि वे नोवाखाली जाएँगे। यह मुश्किल फैसला था और जब वे नोवाखाली पहुँचे तो उनका स्वागत नहीं हुआ। उनके मुसलमान दोस्तों ने उन पर आरोप लगाया कि आप नोवाखाली क्यों आए हैं।

नोवाखाली से बदतर घटनाएँ दूसरी जगहों पर हुई हैं और वहाँ मुसलमानों पर हमले हुए हैं। आप वहाँ क्यों नहीं गए। गांधी का उत्तर कभी बहुत जटिल नहीं होता था। बहुत ही निरस्त करने वाला उत्तर होता था जिसमें कोई सैद्धान्तिक जटिलता नहीं जान पड़ती थी। गांधी ने कहा, मेरे लिए इससे कोई फर्क नहीं पड़ता कि हिन्दू मारे जा रहे हैं और मुसलमान नहीं मारे जा रहे हैं। मेरे मन ने ये कहा कि मुझे नोवाखाली जाना चाहिए और वहाँ रहना चाहिए। उन्होंने यह भी कहा कि मैं आपके बुलाने से नोवाखाली नहीं आया हूँ और आपके कहने से मैं नोवाखाली से नहीं जाऊँगा। मैं नोवाखाली में तब तक रहूँगा जब तक मुझे इसका यकीन न हो जाए कि यहाँ अल्पसंख्यक हिन्दू बहुसंख्यक मुसलमानों के साथ रह सकते हैं। नोवाखाली का विवरण समझने लायक है क्योंकि उस समय गांधी ने अपने आप को लगभग असुरक्षित कर लिया था। गांधी को लेकर एक भ्रम है, क्योंकि उन्हें महात्मा कहा जाता है तो हमारे दिमाग में तस्वीर यह आती है कि गांधी की स्वीकृति चारों तरफ थी। जबकि गांधी के जीवन को अगर ध्यान से देखा जाए तो ऐसे शख्स बहुत कम हैं जिनका विरोध इतना ज्यादा हुआ हो। नोवाखाली में गांधी का सफर जो पैदल और नावों पर होने वाला सफर था, यह सफर विरोध के बिना नहीं था। गांधी पर ईंट फेंकी गई, काँच फेंके गए। उन पर पाखाना फेंका गया पर गांधी ने इसका जवाब यह दिया कि अगर आप यह करते हैं तो मैं काँच से भरी इस जमीन पर पैदल चलने के लिए तैयार हूँ, बिना खड़ाऊँ, बिना चप्पल के। गांधी ने एक घर से दूसरे घर और मुसलमान के घर रहते हुए एक लम्बा वक्त नोवाखाली में गुजारा। फिर कलकत्ता के हालात बिगड़े। वहाँ रहना, वहाँ के हालात को सामान्य करना। एस.एच. सोहरावर्दी को याद करें जिन पर ये आरोप था कि उन्होंने सीधी कार्यवाही का आदेश दिया था, जिसमें हजारों हिन्दू कत्ल हुए थे कलकत्ता में। गांधी कलकत्ता गए। वहाँ उन पर हमले हुए। उन हमलों के बीच उन्होंने एक घर को अपना ठिकाना बनाया। वह हिन्दू का घर नहीं था। वहाँ उन्होंने उपवास किया। गांधी ने स्वयं उसके बारे में लिखा है कि मैं सोया हुआ था और मुझे अचानक बाहर से शोर की आवाज सुनाई पड़ी। बहुत ज्यादा शोर और फिर खिड़कियाँ तोड़ने की आवाज सुनाई पड़ी। पहले मैं आँख बन्द कर पड़ा रहा फिर मैं जाकर खड़ा हुआ। हमलावर भीड़ बाहर थी। वहाँ के क्रुद्ध हिन्दुओं का आरोप यह था कि सोहरावर्दी ने हिन्दुओं का कत्ल करवाया है। गांधी ने सोहरावर्दी से पूछा कि क्या आप इस हत्याकांड में अपने हाथ को स्वीकार करते हैं? सोहरावर्दी ने कहा, 'हाँ, मैं स्वीकार करता करता हूँ।' तब गांधी ने कहा, इससे बड़ी कोई आत्मस्वीकृति नहीं हो सकती कि जब कोई खुलेआम अपनी गलती कुबूल कर रहा हो। मैं कहना चाहता हूँ कि आज उस पुराने सोहरावर्दी की मौत होती है और एक नए सोहरावर्दी का जन्म होता है। इसके बाद गांधी और सोहरावर्दी मिलकर कलकत्ते में शान्ति कायम करते हैं।

वह अत्यन्त भावुक करने वाला क्षण है जिसे 'गांधी' फिल्म ने अमर कर दिया है। वह क्षण जब गांधी के चरणों पर आकर लोग हथियार डालते हैं। यह सच्ची घटना थी, जो घटित हुई थी। एक घटना और है जिसमें एक व्यक्ति तमतमाकर गांधी से पूछता है कि उन्होंने मेरे बच्चे का कत्ल कर दिया। गांधी कहते हैं, इसका बदला एक ही तरीके से लिया जा सकता है कि तुम उसी उम्र के एक मुसलमान लड़के को, जो यतीम हो चुका हो, गोद लो और उसे बतौर मुसलमान पाल-पोस कर बड़ा करो। गांधी कलकत्ते से दिल्ली आते हैं। उनका इरादा पंजाब जाने का है जो खासा दुस्साहस से भरा हुआ है। गांधी का कहना ये है कि ठीक है कि हिन्दुस्तान और पाकिस्तान दो मुल्क बन गए लेकिन मुझे पाकिस्तान जाने के लिए किसी पासपोर्ट की जरूरत नहीं है। मैं कोई पासपोर्ट नहीं लूँगा। उन्होंने खुले रूप में पूर्वी बंगाल के कांग्रेसियों से कहा कि अगर पाकिस्तान का झंडा फहराया जाए तो उसको सलाम करो। अवार्ड अवार्ड है, अच्छा हो या बुरा और उसको हमें कुबूल करना चाहिए। इसलिए पाकिस्तान जिन्दाबाद का नारा लगाने में किसी प्रकार का गुरेज नहीं होना चाहिए। ये गांधी के शब्द हैं। जब नारों की बात आती है तो थोड़ा और पीछे जाने की जरूरत है। पिछली शताब्दी के तीसरे दशक में गांधी अली बन्धुओं के दोस्त हैं और खिलाफत आन्दोलन के साथ होते हैं। खिलाफत आन्दोलन में गांधी के साथ देने और शिरकत करने की बहुत आलोचना की गई है। लेकिन उसके पीछे के सिद्धान्त को समझने की कोशिश बहुत कम की गई है। गांधी कहना क्या चाहते हैं? गांधी कहना चाहते हैं कि भौगोलिक सीमाबद्ध राष्ट्रवाद के साथ भौगोलिक सीमा से परे की किसी प्रतिबद्धता को भी स्वीकार किया जा सकता है। ये प्रतिबद्धता मजहब या धर्म के प्रति हो सकती है। या प्रतिबद्धता अन्तरराष्ट्रीय मज़दूर आन्दोलन के प्रति भी हो सकती है। यानी भौगोलिक सीमाबद्ध राष्ट्रवाद किसी व्यक्ति की सीमा नहीं हो सकता। गांधी खिलाफत आन्दोलन के जरिए यह बताने की कोशिश कर रहे थे जिसको यह समझा गया कि गांधी दरअसल धर्म का घालमेल कर रहे हैं। उस वक्त उन्होंने नारों की बात की थी। उस समय नारों को विचार का एक विषय बना दिया गया जो कि महत्त्वपूर्ण विषय है। लेकिन गांधी ने कहा कि जो नारा सबसे पहले लगाना चाहिए, हिन्दुओं और मुसलमानों को साथ मिलकर, वह नारा है—अल्लाहो-अकबर का नारा और वो इसलिए कि इसमें एक उदात्तता की भावना की अभिव्यक्ति होती है। उसके बाद उन्होंने वन्दे मातरम् और भारत माता की जय के नारों की बात कही। फिर उन्होंने कहा कि मैं थोड़ा सा पक्षपाती हूँ। उन्होंने कहा कि मैं इन दो नारों के बीच चुनना चाहता हूँ। मेरा बंगाल के प्रति पक्षपात कुछ ज्यादा है, इसलिए मैं वन्दे मातरम् को दूसरे नारे के रूप में रखना चाहता हूँ। अब तीसरा नारा क्या हो? तीसरे नारे के रूप में वे कहते हैं 'हिन्दू-मुसलमान की जय।' ये तीन नारे वे प्रस्तावित कर रहे हैं। वन्दे मातरम् को लेकर एक लम्बी बहस है जो विषय में भटकाव पैदा करेगी। गांधी जी

उस पर बहस करते हैं। पर यहाँ वे पहला नारा कहते हैं—अल्लाहो-अकबर। इसमें उन्हें कोई संकीर्णता नहीं बल्कि एक फैलाव दिखाई पड़ता है। यह नारा भी राष्ट्रवादी नारा नहीं है। यह उस सीमा से परे जाने वाला नारा है।

हम लौटें 1947 में। गांधी बंगाल से दिल्ली पहुँचते हैं। जब वे शाहदरा स्टेशन पर उतरते हैं तो उनको वल्लभ भाई पटेल लेने पहुँचते हैं। बाद में गांधी अपने एक मित्र को खत लिखते हैं कि जब मैं ट्रेन से उतरा तो मेरे सामने सरदार खड़े थे और सरदार के चेहरे पर मुर्दनी छाई हुई थी। यह वो सरदार नहीं थे जिन्हें मैं जानता था, खुशमिजाज और हमेशा चुटकुले सुनाने वाला सरदार। यह गम से भरा हुआ सरदार था। यह वह दिल्ली भी नहीं थी जिसे मैं जानता था। यह दिल्ली जैसे श्मशान हो गई थी। सरदार ने कहा कि दिल्ली के हालात बहुत खराब हैं। ऐसा लगता है कि यह हमारे सँभाले नहीं सँभलेगी। आपको यहाँ रुकना होगा। गांधी ने पंजाब जाने का इरादा मुल्तवी किया। गांधी का इरादा यह था (जो कि बहुत दुस्साहस से भरा इरादा था) कि जो हिन्दू और सिख अपनी-अपनी जमीन, नए बने मुल्क पाकिस्तान में छोड़कर चले आए हैं उन्हें वे वापस लेकर जाएँ और वहाँ जो मुसलमान चले गए हैं उन्हें वे लेकर यहाँ वापस आएँ। काफी जोखिम भरा कार्य था। लेकिन जब गांधी यह कर रहे थे तो एक शब्द याद आता है जो राष्ट्र के बरक्स रखा जा सकता है। ये दो शब्द हैं एक है वतन और दूसरा है देश। यह शब्द चार दिन पहले फिर याद आया, जब आपकी जद्दोजहद के बीच जेएनयू परिसर के एक अजीज और यहाँ एक नाट्यदल की स्थापना करने वाले (बहुरूप नाट्यदल) शाहिद अनवर, जो जिन्दगी और मौत के बीच उतने ही दिनों तक लड़े जितने दिनों तक जेएनयू की लड़ाई चल रही थी। आख़िरकार उनकी सांस की डोर टूट गई। अब सवाल पैदा हुआ कि शाहिद अनवर को दफन कहाँ किया जाएगा। दिल्ली उनकी कर्मभूमि है पर शाहिद की माँ सासाराम में हैं। उनके भाई और रिश्तेदारों का ख्याल था कि शाहिद अनवर का वतन या देश सासाराम है। ऐसे में गांधी क्या कहना चाह रहे थे यह स्पष्ट हो जाता है। दरअसल गांधी राष्ट्र के बरक्स देश या वतन की कल्पना रख रहे थे। उनका कहना था कि आबादियों का तबादला एक नकली चीज है। मैं इसको कबूल नहीं कर सकता। इंसान अपनी मिट्टी से जुड़ा होता है। उसको उखाड़ कर दूसरी जगह नकली ढंग से स्थापित नहीं किया जा सकता। यह काम अक्सर तानाशाहों ने किया है। यह काम स्टालिन ने भी किया। यह काम दूसरे मुल्कों में भी हुआ, जहाँ आबादियों को बदलकर एक जगह से दूसरी जगह डालकर एक नये राष्ट्र की भावना का निर्माण किया गया। लेकिन गांधी राष्ट्र की इस धारणा से लड़ रहे थे। उसके सामने वे एक स्थानीयता की आत्मा प्रस्तुत कर रहे थे। वतन और देश के इंसान को, वे एक जीवित, आर्गेनिक वस्तु के रूप में प्रस्तुत कर रहे थे। वह किसी सैद्धान्तिक विचार से बँधी नहीं होती है।

यह सच है कि इंसान सफर करता है। यह सच है इंसान अपनी सीमाओं के बाहर जाता है। यह भी सच है कि इंसान लगभग वैसा ही जीव है जिसकी जड़ें होती हैं और पंख होते हैं, जो उड़ना भी चाहता है लेकिन जुड़ना भी चाहता है। इसीलिए गांधी पंजाब जाना चाहते थे, उन लोगों के बीच जिन्होंने सबसे ज्यादा जुल्म और अपमान झेला है। लेकिन गांधी दिल्ली में थे। उन्होंने एक पत्र अपने मित्र को लिखा जिसका सार है कि यह देख रहा हूँ कि मैं एक ऐसी दिल्ली में हूँ जहाँ मुझे शर्म आती है कि मैं तो यहाँ इत्मीनान से चल सकता हूँ लेकिन मेरे दोस्त जाकिर हुसैन नहीं। इसलिए मुझे दिल्ली में रहना ही होगा क्योंकि अगर दिल्ली हाथ से निकल गई तो हिन्दुस्तान हाथ से निकल गया समझो। अगर हिन्दुस्तान हाथ से निकल गया तो समझो दुनिया के लिए कोई आशा नहीं बचती है। यह शब्द गांधी केवल हिन्दुस्तान के प्रति मिथ्या गौरव की भावना से नहीं कह रहे थे। यह वे इसलिये कह रहे थे क्योंकि गांधी और उनके सहयोगियों ने हिन्दुस्तान की जिस कल्पना को सामने रखा था वह एक नयी कल्पना थी। उस कल्पना में एक दुस्साहस था हालाँकि उस कल्पना की प्रतिद्वन्द्विता उसके ठीक बगल की एक कल्पना से थी जो मो. अली जिन्ना पेश कर रहे थे। गांधी या नेहरू का द्वन्द्व मो. अली जिन्ना से इसलिए नहीं था (जैसा कि जन–सामान्य में प्रचारित किया जाता रहा और बहुत सी अन्य विचारधाराओं के लोग जो सोचते रहे—कम्युनिस्ट भी) कि, नेहरू को सत्ता की हवस थी। वे जल्दी से प्रधानमंत्री होना चाहते थे। ऐसा नहीं था। इसलिये जो लोग गांधी और नेहरू पर मुस्लिमपरस्त होने का आरोप लगाते हैं वे इतिहास में जाकर उस बहस को भी देखें।

उनकी पहली बहस मो. अली जिन्ना से होती है। वे मो. अली जिन्ना के जिस सिद्धान्त को चुनौती दे रहे हैं, वह सिद्धान्त यह है कि मुसलमान का प्रतिनिधित्व सिर्फ मुसलमान ही कर सकता है। यह राजनैतिक जमीन पकड़ने की कोशिश नहीं थी। यह दरअसल एक बुनियादी इंसानी उसूल को स्थापित करने की कोशिश थी। मैं अपनी हद से बाहर जा सकता हूँ। मैं नए रिश्ते बना सकता हूँ। मैं अपनी नई पहचान बना सकता हूँ। मैं अपनी दी हुई पुरानी पहचान का कैदी नहीं हूँ और न उससे बँधा हुआ हूँ। इसलिए जिस नए भारतीय राष्ट्र की स्थापना की कल्पना पेश की गई उसे सेक्युलर भारत कहते हैं। गांधी और नेहरू की प्रतिबद्धता इस विचार से थी। प्रश्न यह था कि वह सेक्युलर भारत किस प्रकार का भारत होगा। इसे 1947 में 1 सितम्बर से दिल्ली में रहते हुए, दिल्ली की शरणार्थी बस्तियों में जाते हुए और दिल्ली की अपनी प्रार्थना सभा के वक्तव्यों में गांधी ने स्पष्ट किया। गांधी ने कहा कि सेक्युलर भारत का मतलब यह है कि यहाँ आबादी में भले ही हिन्दू ज्यादा हों पर हिन्दू मुसलमानों के सरपरस्त नहीं होंगे। अक्सर कहा जाता है कि हिन्दुओं को मुसलमानों का ख्याल रखना चाहिए। उन्हें बड़े भाइयों की तरह पेश आना चाहिए।

गांधी इसे नकारते हैं। वे कहते हैं कि हिन्दुओं और मुसलमानों के बीच बड़ा भाई और छोटा भाई जैसा कोई रिश्ता नहीं होगा। संख्या में हिन्दू भले ही ज्यादा हों पर वे सरपरस्त या बड़े भाई नहीं हैं। आप दोनों एक सतह पर खड़े हैं। आप दोनों के सभी नागरिक और इंसानी अधिकार बराबर हैं। गांधी में इस बात को लेकर कोई अस्पष्टता नहीं थी। गांधी ने बताया कि यह बात मैंने अपने एक दक्षिण अफ्रीकी मित्र से सीखी, जिन्होंने कहा कि जब भी चुनना हो तब अल्पसंख्यकों का पक्ष चुनना, बहुसंख्यक का कभी नहीं। उन्होंने कहा कि इस बात को मैंने गाँठ बाँध ली कि अल्पसंख्यकवादी होना अच्छा है। उन्होंने कहा कि मुझ पर ये आरोप लगाया जाता है कि मैं मुस्लिमपरस्त हूँ! तो हाँ, मैं मुस्लिमपरस्त हूँ। मैं भारत या हिन्दुस्तान में मुस्लिमपरस्त हूँ और पाकिस्तान में हिन्दूपरस्त हूँ। ध्यान देने वाली बात यह है कि गांधी उस समय ऐसे व्यक्ति के रूप में बात कर रहे हैं जिनका विश्वास है कि उनकी स्वीकृति पाकिस्तान में भी उतनी ही ज्यादा है जितनी हिन्दुस्तान में। जिसे लेकर दूसरे लोगों को शक हो सकता है लेकिन गांधी को इसका विश्वास है। वे कह रहे हैं कि मो. अली जिन्ना भी ये कह रहे हैं कि हिन्दुओं के साथ कोई नाइंसाफी नहीं होनी चाहिए। हालाँकि मो. अली जिन्ना के साथ दिक्कत भी हुई। यह पुन: गांधी के उस सिद्धान्त की याद दिलाती है (जिसे मजाक के तौर पर देखा जाता रहा है) कि पवित्र साध्य को प्राप्त करने के लिए साधन भी पवित्र होना चाहिए। मो. अली जिन्ना ने पाकिस्तान निर्माण के साथ जिस सेक्युलर पाकिस्तान की अवधारणा प्रस्तावित की, क्या वह प्राप्त किया जा सकता था? क्योंकि जो साधन उन्होंने अपनाया था, वह साधन उसे सेक्युलर पाकिस्तान बनने नहीं देता। इसलिए साधन और साध्य के बीच एकता, अभेदता दोनों की पवित्रता की वकालत जो गांधी करते थे उसे न मानने की विडम्बना जिन्ना के साथ देखी जा सकती है।

जिन्ना अन्तत: एक आधुनिक व्यक्ति थे। उन्होंने राजनीतिक गोलबन्दी के लिए एक सिद्धान्त अपनाया जिसमें शायद उनकी आधुनिकता विश्वास नहीं करती थी। लेकिन जब उससे अलग रास्ते लेने की उन्होंने कोशिश की तो उनके साधन ने ही उनको नीचे खींचकर डुबा दिया। गांधी उसके ठीक उल्टा प्रस्ताव कर रहे थे। इसलिये 1947–48 के वर्षों में जब वे दिल्ली में थे (उस दिल्ली की आप सिर्फ कल्पना कर सकते हैं।), जामा मस्जिद, पुराना किला और ऐसी तमाम जगहें मुसलमानों से भरी हुई थीं। मुस्लिम बस्तियों पर हमले हो रहे थे। दिल्ली और उसके आस-पास के इलाके हिन्दू और सिक्ख शरणार्थियों से भरे पड़े थे। ये शरणार्थी नए बने पाकिस्तान से लुट-पिट कर आए थे। औरतों का अपहरण हुआ था, बलात्कार हुआ था, धर्म परिवर्तन हुआ था, जबरन निकाह हुआ था। अपमान, क्षोभ और गुस्से से भरे हुए हिन्दू और सिक्ख दिल्ली की सड़कों पर घूम रहे थे। इस बात से वे अन्दर से जल रहे थे कि एक तरफ उन्हें अपने वतन से निकाल दिया, वे दरबदर फिर रहे

हैं और यहाँ मुसलमान काबिज बैठे हैं। मुसलमानों पर हमले शुरू हुए और वे इन जगहों पर शरण लेने को बाध्य हुए। गांधी ने कहा कि कनॉट प्लेस की मस्जिद में मूर्ति रख दी गई है और उस पर तिरंगा झंडा फहरा दिया गया है। महरौली की ख्वाजा चिश्ती की दरगाह पर कब्जा कर लिया गया है और वहाँ से खादिमों को भगा दिया गया है। मैं यह कहना चाहता हूँ कि अगर ये मस्जिदें खाली नहीं की गईं और अगर यह दरगाह खाली नहीं की गई तो यह हिन्दुओं के लिए ही अपमान की बात है। लेकिन इसका जवाब 'गांधी मुर्दाबाद' के रूप में मिला। 'बूढ़े को मर जाने दो', 'मरता है तो मरने दो', ये नारे गांधी को रोज-रोज सुनने पड़ते थे। इसलिए यह ख्याल दिमाग से निकाल दें कि गांधी की पूजा इस देश में होती थी। गांधी का विरोध कहीं ज्यादा होता था। गांधी नारों को सुन रहे थे।

गांधी ने इसी माहौल में फैसला किया 12 जनवरी, 1948 को कि वे उपवास करेंगे। यह गांधी के जीवन का आख़िरी उपवास होने वाला था क्योंकि उसके 18 दिन बाद उनकी हत्या होने वाली थी। लेकिन जब उन्होंने उपवास शुरू किया तो उनके सारे सहकर्मी बुरी तरह से हिल गए। उन्हें गांधी की जिद का पता था कि एक बार अगर यह बूढ़ा व्यक्ति ठान ले तो पीछे नहीं हटता। लेकिन इस बार सबसे पहले गांधी को चिट्ठी लिखी उनके बेटे ने। देवदास गांधी ने चिट्ठी लिखी और कहा— आपका यह फैसला गलत है। आप अभी उपवास की बात कह रहे हैं जबकि अभी प्राथमिकता मुसलमानों की जिन्दगी बचाने की है। अगर आप जिन्दा रहेंगे तो हो सकता है लाखों मुसलमान बचें लेकिन अगर आप इस उपवास में गुजर जाते हैं तो उनके लिए उम्मीद खत्म हो जाएगी। गांधी ने देवदास गांधी के इस पत्र का बड़ा औपचारिक उत्तर दिया। उन्होंने कहा कि आप मेरे शुभेच्छु हैं। मैं आपकी शुभकामना समझता हूँ। लेकिन यह फैसला मैंने बहुत सोच-समझ कर लिया है। गांधी के साथ एक दिक्कत यह भी थी कि वे काम इंसानों के बीच करते थे पर उनका वार्तालाप भगवान से चलता था। जब वे ऐसे फैसले पर पहुँच जाएँ तब उन्हें ईश्वर का सहारा लेना पड़ता था कि मेरी उनसे बातचीत हो चुकी है फिर उसमें आप दखलन्दाजी कैसे कर सकते हैं। गांधी ने फैसला किया और कहा (जो पहले भी कहते रहते थे) कि दरअसल मेरे साथ दिक्कत यह है कि मैं अब समझ पा रहा हूँ कि यह जो गुमान मुझे था कि भारत ने अहिंसा का प्रयोग किया है, वह दरअसल गलत था। भारत में अब तक अहिंसा का प्रयोग हुआ ही नहीं। गांधी ने कहा, अहिंसा कमजोरों का हथियार नहीं हो सकता। इसलिए अब तक जो अंग्रेजों के खिलाफ हुआ वह मजबूरी में किया गया निष्क्रिय प्रतिरोध था। चूँकि हम अंग्रेजी फौजी ताकत का सामना नहीं कर सकते थे, इसलिए जब हमारे पास सत्ता आ गई, तब हमने यह दिखा दिया कि हमारा अहिंसा में कोई विश्वास नहीं है। इसका मतलब यह है कि मैं अहिंसा के जिस उपकरण का प्रयोग कर रहा था उसका अब तक सही प्रयोग नहीं हुआ है। दरअसल अहिंसा

इस्तेमाल ही नहीं की गई। अगर यह हो रहा है तो परीक्षा किसे देनी चाहिए? गांधी ने कहा मेरे पास मेरे शरीर के अलावा कुछ नहीं है जिसे मैं दे सकूँ। यह वक्त है जब गांधी दोबारा उस नारे का इस्तेमाल करते हैं जिसका इस्तेमाल 1942 में किया था—'करो या मरो'। वे यह 1947 में कहते हैं और बार-बार कहते हैं। उस समय के उनके वक्तव्यों और चिट्ठियों में इसका प्रयोग किया गया। दिस इज़ द फॉर मी-डू ऑर डाई। इस बीच में कोई रास्ता नहीं है। गांधी ने कांग्रेसी लोगों से पूछा जो अक्सर उनके पास आते थे। दिल्ली से पहले नोवाखाली में चिटगाँव सशस्त्र विद्रोह के एक भागीदार जो बाद में कांग्रेसी हुए उन्होंने बातचीत करते हुए कहा कि दरअसल चिटगाँव सशस्त्र विद्रोह में शामिल लोगों का सम्मान नहीं किया गया। गांधी ने उनसे कहा कि मैं चिटगाँव सशस्त्र क्रान्ति में शामिल लोगों को हथियार नहीं दे सकता था लेकिन मैं कायरता की किसी को सलाह नहीं दे सकता। चिटगाँव सशस्त्र क्रान्ति या विद्रोह में शामिल जो लोग थे उनकी विफलता यह थी कि वे दूसरे लोगों को Ifect (संक्रमित) नहीं कर पाए। पर्याप्त Infaction (संक्रमण) नहीं फैला सके। इसलिये वे कम रह गए, ज्यादा नहीं हुए। यह उनकी कमजोरी थी। गांधी का जो अहिंसा का चुनाव था और हिंसा का विरोध था उसके पीछे एक बहुत बड़ा कारण यही था। यह विषय ठहर कर विचार करने वाला है क्योंकि अक्सर हम अहिंसा और हिंसा पर सरल ढंग से विचार करते हैं। गांधी बहुत ही चतुर और ईमानदार नेता थे। गांधी ने 'हिन्द स्वराज' किताब लिखी। वह किताब ग्राम स्वराज के प्रचार के लिए नहीं लिखी गई थी। दरअसल वह किताब इंग्लैंड में बैठे क्रान्तिकारियों के साथ बहस का नतीजा थी। इसमें गांधी हिंसात्मक सशस्त्र क्रान्ति का विरोध कर रहे थे।

गांधी हिंसा का विरोध क्योंकर कर रहे थे? क्यों इसको समझना हमारे लिए जरूरी है? क्योंकि हिंसा का सहारा लेकर जब हम राजनीतिक परिवर्तन की बात करते हैं या सामाजिक परिवर्तन करने की बात करते हैं तो अन्ततः हिंसात्मक संघर्ष के छोटे होने की बाध्यता है। ज्यादातर सशस्त्र संघर्ष में लगे दल गोपनीय होते हैं। गोपनीय कार्यवाहियों में ज्यादा लोग हिस्सा नहीं ले सकते, ये मजबूरी है। गोपनीय कार्यवाहियों में आपको स्वेच्छा से हिस्सा लेना होता है। इसे समझने के लिए अल्बेयर कामू के नाटक 'न्यायी हत्यारे' को भी पढ़ा जाए। आपको खुद को पेश करना होता है कि मैं इस क्रान्तिकारी कार्यवाही में हिस्सा लूँगा। इस कार्यवाही में हिस्सा लेने का मतलब है आपकी जान का जाना, आपकी गिरफ्तारी होना, फाँसी होना। फर्ज कीजिए, क्रान्तिकारी दल में 50 लोग हैं और कार्यवाही में 7 लोग ही स्वेच्छा से पेश हुए बाकियों ने खुद को पेश नहीं किया। जो पेश नहीं हुए, वे एक तरह से शक के दायरे में आ जाते हैं। अगर वे 7 लोग कार्यवाही में हिस्सा ले रहे हैं तो तय है कि उनमें से कुछ लोग पकड़े ही जाएँगे। मानवीय कष्ट सहने की सीमा है। इसलिए हो सकता है कि उनमें से एक या दो लोग टूट ही जाएँ और अगर वह

मुखबिर बन जाएँ तो क्रान्तिकारी दल की बाध्यता है कि वह मुखबिर को खत्म करे। यह एक दुश्चक्र है क्योंकि जनता यह देख रही है कि आप उसके नाम पर काम कर रहे हैं लेकिन उस काम में शामिल होने की इजाजत जनता को नहीं है क्योंकि जनता उसके योग्य मानी नहीं जाती। इसलिए कोई भी हिंसात्मक संघर्ष अनिवार्यता अपने स्वभाव में जनतांत्रिक नहीं होगा और उसके इस जनतांत्रिक नहीं होने के कारण गांधी को वह संघर्ष का रास्ता स्वीकार नहीं है। हिंसात्मक संघर्ष में एक तरह का अभिजातवाद भी है। यह अभिजातवाद भी गांधी को स्वीकार नहीं था। इसलिए अहिंसा का सिद्धान्त गांधी गढ़ रहे थे और यह गांधी का गढ़ा हुआ अहिंसा का सिद्धान्त है। यह भारतीय परम्परा से लिया हुआ सिद्धान्त नहीं है। यह जो मिश्रण तैयार किया गया है इसमें पश्चिमी स्रोत ज्यादा है, भारतीय स्रोतों के मुकाबले।

गांधी 1947 में दिल्ली में बैठकर अपने अहिंसा के इस सिद्धान्त के विफल होने का एक तरह से प्रायश्चित कर रहे थे। यह भी ध्यान देने की बात है कि 1947 में जब गांधी दिल्ली पहुँचते हैं तो वह उस जगह नहीं रुकते जो उनका ठिकाना होता है, वाल्मीकि बस्ती जिसको आज कहा जाता है। उनको ठहराया जाता है बिड़ला भवन में। दिल्ली के कई विद्यालय अपने छात्रों को राजघाट दर्शन के लिए ले जाते हैं जिनकी संख्या बहुत ज्यादा है। पर यहीं बिड़ला भवन की बात की जाए तो वह संख्या बहुत कम है। बिड़ला भवन गांधी का आख़िरी ठिकाना था। बनारस के एक विद्वान कहते हैं कि बिड़ला भवन जाने से हम सब लोग इसलिए डरते हैं और अपने बच्चों को वहाँ नहीं ले जाते कि वहाँ गांधी का एक प्रेत रहता है जो हमसे पूछता है कि तुमने हमारे हिन्दुस्तान का किया क्या? हम उस प्रेत का सामना नहीं करना चाहते। राजघाट गांधी की राजकीय स्मृति की जगह है। राजघाट में जाकर परेशान करने वाले गांधी से सामना नहीं होता। बिड़ला भवन जाकर आप 30 जनवरी, 1948 के उस क्षण से सामना करने को बाध्य हो जाते हैं जो गांधी की हत्या का क्षण है और यह आश्चर्य नहीं कि हिन्दुस्तान के स्कूलों की तमाम किताबें गांधी की इस हत्या के क्षण से कतरा कर निकल जाती हैं। वे गांधी के जीवन के बारे में तो बात करती हैं लेकिन उनकी मौत के बारे में नहीं। हमारे दिल्ली विश्वविद्यालय में 2 साल पहले Mind, Body और Heart को जोड़ने के लिए एक पाठ्यक्रम बनाया गया। इसके लिए जो सबसे सही व्यक्ति या सबसे सही गोंद मिला वो गांधी के रूप में मिला। पर दिल्ली विश्वविद्यालय द्वारा तैयार किए गए (गांधी पर) पाठ्यक्रम में दर्ज है कि गांधी ने सत्यवादी हरिश्चन्द्र नाटक देखा, बचपन में गलती से चोरी कर ली, झूठ बोला और फिर उस पर पश्चाताप किया। यह पूरी किताब पढ़ने के बाद भी पता नहीं चलता कि गांधी वस्तुतः एक राजनीतिज्ञ थे। जिस वजह से हम गांधी को याद करते हैं वह बात उस किताब से गायब थी। इसलिए गांधी की हत्या का जिक्र अक्सर गायब रहता है।

गांधी को वाल्मीकि बस्ती में नहीं ठहरने दिया गया क्योंकि दिल्ली शरणार्थियों से भरी थी और मसला सुरक्षा का भी था। हालाँकि गांधी सुरक्षा लेने से इंकार कर रहे थे। उन्होंने 12 जनवरी, 1948 में बिड़ला भवन में रहते अपना अनशन शुरू किया। यह उपवास 80 साल की उम्र पर पहुँचने वाले एक व्यक्ति का उपवास था। एक बूढ़ा जो इसके पहले लगातार सफर करते हुए हिंसा को झेलते हुए और हिंसा की आग को बुझाते हुए थक चुका था। थके हुए आदमी का यह उपवास था। एक ऐसे आदमी का उपवास जो 1948 के पहले यह इच्छा रखता था कि वह 125 वर्ष जीवित रहे। पर 1947 के 2 अक्टूबर को गांधी के पास बधाई के सन्देश पहुँचने लगे तो गांधी ने कहा, मुझे मुबारकबाद के सन्देश क्यों भेजते हो। बेहतर है कि मुझे शोक प्रस्ताव भेजो। अब मुझे और जीने की इच्छा नहीं रह गई है। उस समय का ब्योरा पढ़ा जा सकता है क्योंकि गांधी दुनिया के उन चन्द लोगों में से हैं जिनका एक-एक मिनट दर्ज है। उनको चाहने वालों ने उसे रिकार्ड किया है। उसे देखकर यह जाना जा सकता है कि 12 जनवरी से 17 जनवरी तक का सफर बड़ा तकलीफ से भरा सफर था। उनके सारे सहकर्मी विचलित हो गए थे और एक व्यक्ति चुपचाप उपवास कर रहा था। उस समय उन्होंने एक पोस्टकार्ड लिखा और वह पोस्टकार्ड था जवाहरलाल नेहरू के नाम। उन्होंने कहा, ''हिन्द के जवाहर बने रहो उपवास छोड़ो'' अक्सर गांधी और नेहरू को विरोधी ध्रुवों के रूप में पेश किया जाता है। एक जो आधी धोती वाला सन्त है और एक जो कमीज, शेरवानी, गुलाब लगाए एक एय्याश व्यक्ति है(?) नेहरू की तस्वीर इस रूप में पेश की जाती है, यह भूलते हुए कि ये वही नेहरू हैं जिन्हें जब तीन मूर्ति भवन में रखा गया तो उन्होंने एस्टेट डिपार्टमेंट को चिट्ठी लिखी कि बिजली का इतना खर्चा क्यों आ रहा है, मुझे बताया जाए और इन्दिरा गांधी से कहा कि मुझे इतनी बड़ी जगह नहीं चाहिए। मैं इसी में एक छोटी जगह में शिफ्ट करना चाहता हूँ। वह दूसरा व्यक्ति उनके साथ उपवास कर रहा था जिनका नाम जवाहरलाल नेहरू था। ये उपवास बढ़ता गया, क्योंकि गांधी की जिद थी कि जब तक उन्हें दिल से यकीन नहीं हो जाता कि दिल्ली में हिन्दू और सिक्ख मुसलमानों की इज्जत से रहने की गारंटी करते हैं तब तक वह उपवास नहीं छोड़ेंगे। यह आसान नहीं था। पूरी दुनिया हिली हुई थी। चिन्ता के टेलीग्राम और पत्र लगातार आ रहे थे। 12 जनवरी, 1948 से बढ़ती तारीखों के साथ गांधी का स्वास्थ्य बिगड़ रहा था लेकिन उनकी प्रार्थना सभा बाकायदा चल रही थी। उन प्रार्थना सभाओं के विवरण भी बड़े दिलचस्प हैं। गांधी की प्रार्थना सभा एक अजीबो-ग़रीब प्रार्थना सभा थी, जिसमें लगभग सारे धर्मों का मिश्रण था।

एक व्यक्ति एक प्रार्थना सभा में उठकर कहता है, कुरान की आयत नहीं पढ़ी जाएँगी और गांधी कहते हैं कि एक व्यक्ति को भी एतराज है तो नहीं पढ़ी जाएँगी। हालाँकि मुझे इससे तकलीफ है। गांधी का यह सिद्धान्त था और ये नोवाखाली में

भी हुआ और दूसरी जगहों पर भी हुआ कि अगर प्रार्थना को लेकर कोई एतराज हो रहा है तो वे प्रार्थना पढ़ने पर जिद नहीं करते थे या प्रार्थना गाने पर। लेकिन कुरान से आयत नहीं पढ़ी जाएगी या कुरान का उच्चारण नहीं होगा, यह गांधी को स्वीकार नहीं था। इसलिए वे बहस करने को तैयार थे। यदि प्रार्थना सभा के वक्तव्यों और गांधी के लेखों को पढ़ा जाए तो वे इस पर बहस कर रहे हैं कि क्यों इस आयत के बिना प्रार्थना पूरी नहीं। इस बहस को पढ़ने की जरूरत है। 16 जनवरी को आख़िरकार राजेन्द्र प्रसाद उनके पास आते हैं और कहते हैं कि अब दिल्ली में एक प्रकार की राय बनी है जिसमें हिन्दू महासभा, राष्ट्रीय स्वयं सेवक संघ, मुस्लिम लीग और बाकी तमाम संगठनों के लोग और मोहल्लों के सरदार सब तैयार हैं कि वे दिल्ली में अमन कायम करेंगे। एक संकल्प पत्र लिखा जाता है जो 17 तारीख को गांधी को पेश किया जाता है। तब गांधी उपवास तोड़ते हैं। 17 तारीख से 30 तारीख के बीच बहुत कम फासला है। 12 दिनों का फासला है जिसे मैं इस रूप देखता हूँ कि गांधी को ये अच्छी तरह पता था कि वे अपने अन्त की ओर बढ़ रहे हैं। वे एक साल पहले वायसराय को कह चुके थे कि हो सकता है या यह होना ही है कि मैं मार डाला जाऊँ। यह गांधी खुद कह चुके हैं। इसलिए उन्हें ये पता है कि दरअसल वे आग से खेल रहे हैं। गांधी को इसलिए भी पता था क्योंकि 30 जनवरी को जो गोलियाँ चली थीं, यह कोई पहला प्रयास नहीं था, उनकी जान लेने का। इससे पहले गांधी की प्रार्थना सभा में बम से हमला हुआ था। बम अधकचरे तरीके से बनाया गया था। इसलिए उसमें गांधी जी बच जाते हैं। इस हमले में शामिल एक आदमी पकड़ा जाता है। बाकी भाग निकलते हैं। वे भागकर पूना पहुँचते हैं और फिर वापस भी आ जाते हैं। इस पर जेवणलाल कपूर रिपोर्ट में काफी लम्बी चर्चा है। इस पर मराठी में किताबें लिखी गई हैं। दूसरे तमाम अनुसंधान भी हुए हैं। इस पर कई सवाल हैं। एक सवाल यह है कि जब जाँच में पता चल गया था कि यह एक साजिश है तो आख़िर क्यों मोरारजी देसाई सरकार ने जाँच में लापरवाही बरती। एक खुफिया रिपोर्ट साफतौर से बता रही थी कि सावरकर के घर के बाहर साजिश रची जा रही है। तब क्यों कोताही बरती गई? लेकिन इन सवालों को हमने एक सीमा के बाद पूछना ही छोड़ दिया क्योंकि ये सवाल हमने पूछने छोड़ दिए, इसलिए हम इस क्षण में पहुँच गए हैं, जिसमें आज बैठे हुए हैं। हमने उस हत्या का पूरा हिसाब नहीं लिया। नाथूराम गोडसे को तो फाँसी हुई। गोडसे के लिए नेहरू ने कहा कि वह एक पागल हिन्दू था। 'पागल' शब्द का यह साहित्यिक इस्तेमाल था। गोडसे पूरे होशोहवास में यह काम कर रहा था। यह काम एक लम्बी योजना का नतीजा था। नाथूराम गोडसे ने इसका कारण बताया जो उसके अदालती बयान में पढ़ा जा सकता है। वह किताब भारतवर्ष में प्रतिबन्धित नहीं है, क्योंकि वह 'राष्ट्रविरोधी' नहीं है (?) उसे प्रतिबन्धित होना भी नहीं चाहिए। उसे पढ़ा जाना चाहिए। गोडसे की गांधी से शिकायत क्या है?

ध्यान देने की बात है कि गोडसे किस समुदाय से आते हैं। गोडसे जिस समुदाय से आते हैं, वह ब्राह्मण समुदाय है। यह समुदाय षड्यंत्र कर रहा है। इसलिए मुझे यूरोप की नाटककार हेलेन सिक्सू का वह वक्तव्य बिलकुल ठीक लगता है, जो वे गांधी के बारे में कहती हैं कि "भारत के बारे में दरअसल ये गलतफहमी है कि भारत में गांधी के प्रति बहुत श्रद्धा है। वास्तव में, गांधी को लेकर नफरत बहुत ज्यादा है। इस नफरत ने ही गांधी की जान ली।" यह नफरत इसलिए है, क्योंकि गांधी ने उन लोगों का पक्ष लिया जो गटर के लोग थे। उन्हें संवैधानिक भाषा में अनुसूचित जाति कहा जाता है। ब्राह्मण और ब्राह्मणवादियों की गांधी से नफरत दरअसल इस वजह से थी और दूसरी इस वजह से कि वे मुस्लिमपरस्त थे। इस नफरत का नतीजा उन्हें भुगतना पड़ा। नाथूराम गोडसे ने कहा कि जो दिल्ली में सरकार है, दरअसल वह गांधी के शिष्यों की सरकार है। पाकिस्तान पर कोई भी फैसलाकुन कार्यवाही नहीं हो सकती क्योंकि गांधी यह होने नहीं देंगे। उनके शिष्य उनकी बात मानेंगे। भारत सरकार, जो नेहरू और पटेल की सरकार थी, को गांधी ने कहा था कि तुम गलत काम कर रहे हो। पाकिस्तान के साथ करार हुआ है कि 55 करोड़ रुपए हमें पाकिस्तान को देने हैं। तुम्हारी यह नैतिक प्रतिबद्धता है। उस पर दबाव बनाकर तुम उस वादे से मुकर नहीं सकते। ये 55 करोड़ रुपये भारत का आधुनिक मिथक या लोकश्रुति है। लोक में यह रुपया पूरी तरह से घुसा हुआ है। गांधी ने इस 55 करोड़ रुपए के लिए बात की थी और गोडसे को इससे एतराज था। पाकिस्तान को नेस्तनाबूद कर देने की इच्छा के खिलाफ भी गांधी ने बात की थी।

गांधी बँटवारे के खिलाफ थे लेकिन वे इस बात के पूरी तरह खिलाफ थे कि पाकिस्तान को नष्ट कर दिया जाए। गांधी दोनों ही राष्ट्रों के अस्तित्व को स्वीकार करने के पक्ष में थे। यह समझने के लिए गांधी को पढ़ना जरूरी है। इसके बारे में तरह-तरह के मिथक हवा में उड़ते रहते हैं। गांधी ने कहा था कि मेरी लाश पर बँटवारा होगा। बँटवारा नेहरू के लालच के कारण हुआ (?) मेरे दिमाग में एक सवाल उठता है। इसे मैंने कई गांधीवादियों से पूछा है। मुझे सिर्फ एक सवाल का जवाब चाहिए कि गांधी ने नेहरू को अपना उत्तराधिकारी क्यों चुना। अगर दूसरे ढंग से कहें तो गांधी ने नेहरू को अपना ठिकाना क्यों चुना। क्यों गांधी ने कहा कि मेरी चिट्ठी केयर ऑफ नेहरू ही हो सकती है? उस समय ज्यादा बड़े गांधीवादी मौजूद थे। पटेल थे, राजगोपालाचारी थे, जिनकी तीक्ष्ण बुद्धि के बारे में कोई सन्देह नहीं है। कहा जाता है कि उनकी बुद्धि रेज़र की तरह तेज थी। राजगोपालाचारी के बारे में एक समय तक यह ख्याल था कि वे गांधी के वारिस होने वाले हैं। गांधी ने फिर नेहरू को क्यों चुना? गांधी ने नेहरू को इसलिए चुना क्योंकि गांधी दरअसल जिस राष्ट्र की कल्पना कर रहे थे, उस कल्पना को लेकर अन्तिम क्षण तक जो व्यक्ति प्रतिबद्ध रहने वाला था वह नेहरू थे। दो महत्त्वपूर्ण मसलों पर गांधी

की राय लिखित दर्ज है। यह कोई जनश्रुति नहीं है। एक मसला, राजेन्द्र प्रसाद ने उनके समक्ष पेश किया था। राजेन्द्र प्रसाद ने गांधी से कहा कि उनके पास कुछ हजार टेलीग्राम, कुछ हजार चिट्ठियाँ और कई हजार लोग मिलने आए हैं, यह कहने के लिए कि स्वतंत्र भारत में गोहत्या पर प्रतिबन्ध लगना चाहिए। गांधी ने बहुत स्पष्ट शब्दों में कहा कि राजेन्द्र बाबू कहते हैं कि उनके पास इतने लोगों का प्रतिवेदन पहुँचा है। लेकिन मैं कहना चाहता हूँ कि भारतवर्ष में ऐसा कोई कानून नहीं बन सकता। भारतवर्ष सिर्फ हिन्दुओं का और सिर्फ वैसे हिन्दुओं का देश नहीं है जो गोहत्या को गलत समझते हैं। दूसरे मसले पर गांधी ने कहा कि सोमनाथ मन्दिर के निर्माण में भारतीय राज्य की किसी प्रकार की कोई भागीदारी नहीं होनी चाहिए। राजेन्द्र प्रसाद इन दोनों बातों के खिलाफ थे। हालाँकि वे बड़े गांधीवादी थे। कई मानी और वरिष्ठ कांग्रेसी नेताओं को इसे लेकर सन्देह था और इसके पर्याप्त प्रमाण मौजूद हैं कि भारतवर्ष में मुसलमानों को उतने ही हक से रहने दिया जाए या न रहने दिया जाए। गांधी को इस बात का पता था। इसलिए गांधी भारतीय राष्ट्र की कल्पना के रक्षक के रूप में, आख़िरी दम तक जाने वाले जिस व्यक्ति को देख रहे थे, वे नेहरू थे। इसलिए मैं यह कहता हूँ कि गांधी का आख़िरी आधिकारिक, प्रामाणिक व्याख्याकार और उत्तराधिकारी तथा आख़िरी गांधीवादी अगर कोई था तो वह नेहरू थे। यह आश्चर्य की बात नहीं है। 1959 से लेकर 1963 तक नेहरू से आर.के. करंजिया ने जो इंटरव्यू किए हैं, अगर उन्हें पढ़ा जाए ध्यान से तो पता लगता है कि आख़िरी गांधीवादी तो नेहरू ही थे। एक जगह करंजिया कहते हैं कि मैं दरअसल इस शताब्दी के एक बड़े स्टेट्स मैन नेहरू से बात कर रहा हूँ और नेहरू जवाब में कहते हैं कि "नहीं, स्टेट्स मैन तो सिर्फ एक गांधी थे। हम गांधी के युग के बच्चे हैं। हम गांधी युग की सन्तान हैं।" नेहरू ने बड़ी स्पष्टता से कहा कि "इस हिन्दुस्तान की दिक्कत यह है कि इसकी डिफॉल्ट सेटिंग हिन्दू है। इसलिए हमें कोशिश करके सेक्यूलर होना होगा।" जैसा कि निवेदिता मेनन ने अपने भाषण में दोहराया कि यह कोशिश रोजाना होने वाला एक जनमत है। इस प्रकार सेक्यूलर राष्ट्र रोजाना ही बनता है। अगर आप उसमें जरा भी कोताही करते हैं तो सेक्यूलर होने में सन्देह होता है।

आर.के. करंजिया ने नेहरू से कहा कि अगर भारत एक सेक्यूलर और समाजवादी देश है तो आपको राष्ट्रीय स्वयं सेवक संघ जैसे संगठनों पर प्रतिबन्ध लगाना चाहिए। नेहरू ने कहा कि मैं प्रतिबन्धों के विरुद्ध हूँ। किसी भी विचार पर प्रतिबन्ध के मैं खिलाफ हूँ। आप जब विचारों पर पाबन्दी लगाते हैं तो वे जमींदोज हो जाते हैं। फिर वे एक दूसरे तरीके से भड़ककर निकलते हैं। इसलिए जनतंत्र में विचारों की आजादी होनी चाहिए। हम में भी वह कूवत होनी चाहिए कि भयंकर से भयंकर विचारों का सामना विचारों से ही करें। अपने विचारों की ताकत की आजमाइश हम

सत्ता की ताकत का सहारा लेकर न करें, क्योंकि वह एक तरह से विचार का दमन होगा। सवाल यह है कि क्या हम अपने विचार से लोगों को रजामन्द कर सकते हैं? दुर्भाग्य से नेहरू के बाद इस विचार में उतनी प्रतिबद्धता के साथ विश्वास करने वालों की धीरे-धीरे कमी होती गई। इसलिए धर्मनिरपेक्षता का यह विचार भी सन्दिग्ध बन गया। बौद्धिक हलके में धर्म निरपेक्षता के इस विचार को एक आधुनिक विचार कहकर लांछित किया गया। यह कहा गया कि भारत और दक्षिण एशिया जैसे पारम्परिक समाजों में धर्म निरपेक्षता का विचार चल नहीं सकता। इस विचार के पैरोकार एक बड़े विद्वान ने कहा कि धर्म निरपेक्षता इसलिए अप्रासंगिक है क्योंकि यह जनता से जुड़ नहीं सकती। मुझे यह तर्क बौद्धिक रूप से बड़ा समस्याग्रस्त लगा। इसका मतलब है कि मार्क्स का विचार भी अनुपयोगी हो जाएगा क्योंकि जनता उसको नहीं समझ सकती। गांधी जो कर रहे थे वह एक जटिल और मुश्किल प्रयोग था। इसे जनता को समझना मुश्किल था। इस विचार को समझना आसान न था। उसी जनता के लिए हिंसा को समझना आसान है, देशभक्ति को समझना आसान है। जैसा कि हम साहित्य में कहते हैं, जैसा कि रामचन्द्र शुक्ल और मुक्तिबोध ने भी कहा है कि दो तरह की भावनाएँ होती हैं—सरल भावनाएँ, जटिल भावनाएँ। देशभक्ति एक सरल भावना है। क्या हम सरल भावना का पालन करना चाहते हैं या एक जटिल भावना की तरफ बढ़ना चाहते हैं। विश्वविद्यालयों का काम सरलता से जटिलता की ओर बढ़ना है। इसलिए 2016 में जब मैं गांधी के ठिकाने को खोज रहा था तो मुझे लगा कि अगर कोई चिट्ठी गांधी को लिखी जाए उसे जवाहरलाल नेहरू विश्वविद्यालय ही पहुँचना चाहिए। इसलिए भी कि वह उनके प्रिय शिष्य के नाम पर बना है और इसलिए भी कि वह उनके विचार की जटिलता पर ठहरकर सोच सकता है।

कला और स्वतंत्रता

अशोक वाजपेयी

सौभाग्य से वर्षों बाद इन दिनों युवा छात्र बहुत साहस से बोल रहे हैं और उनकी आवाज और बात बहुत ध्यान से सुनी जा रही है। ऐसा पहले नहीं हुआ। युवा छात्र बोलते तो पहले भी थे, लेकिन उनके बोलने का यह असर नहीं होता था। आज उस पर इतना ध्यान दिया जा रहा है। सत्ता उससे विचलित हो रही है। तब जाहिर है कि युवाओं की आवाज ने अपने को केन्द्र में स्थापित कर लिया है। उसके बावजूद अगर आप मुझ जैसे धवल केशी को बुलाते हैं, तो मुझे थोड़ा संकोच होता है। जब ये आवाज इतनी जोर से सुनी ही जा रही है, तो मैं उसमें और क्या जोड़ सकता हूँ। बहरहाल, मैं कुछ बुनियादी और बहुत मोटी-मोटी बातों से अपनी बात शुरू करना चाहता हूँ। आज के माहौल में आख़िर हम तनाव और स्वतंत्रता की बात क्यों कर रहे हैं? ये माहौल क्या है? उसमें क्या हो रहा है? आज जिन चीजों को सन्दिग्ध बनाया जा रहा है या सन्देह के घेरे में लाया जा रहा है, वे हैं—अभिव्यक्ति, वैचारिक बहुलता, ज्ञान की मुक्त रचना, आस्था, खान-पान। इन सभी को एक तरह से सन्दिग्ध बनाया जा रहा है या निरी भावुकता से उसे त्रस्त करने का एक देशव्यापी अभियान चल पड़ा है। दूसरी बात यह है कि बौद्धिक और आध्यात्मिक दोनों ही दृष्टियों से बहुत ही अधकचरे और बौने लोग, इस समय भारतीय परम्परा, भारतीय संस्कृति, भारतीय इतिहास, भारतीय अस्मिता, भारतीय मनीषा आदि की बेहद सँकरी, मनमानी तथ्यों से बेमेल, दुर्व्याख्या कर रहे हैं। इस दुर्व्याख्या का अधिकार उन्हें लोकतंत्र देता है। हम सबको व्याख्या करने का अधिकार है। व्याख्या के साथ-साथ दुर्व्याख्या करने का भी अधिकार है। लेकिन हममें से किसी को भी अपनी दुर्व्याख्या को दूसरे पर थोपने का अधिकार नहीं है। दुर्व्याख्या बौद्धिक और सामाजिक जगत में रहे तो उसको चुनौती दी जा सकती है। उससे मुठभेड़ की जा सकती है। उसका तर्कसंगत प्रत्याख्यान किया जा सकता है। ऐसा पहली बार हुआ कि दुर्व्याख्या ने खुद को सारी व्याख्याओं पर हावी कर दिया है। ऐसा कभी नहीं हुआ था कि दुर्व्याख्या को जबरन मानना पड़ेगा। अगर आप नहीं मानेंगे तो आपके साथ शारीरिक

सुलूक तक हो सकता है। तीसरी बात यह है कि सार्वजनिक जीवन में असहमति, वैचारिक मतभेद, ज्ञान और भारत दोनों की अदम्य और अनिवार्य बहुलता का ऐसा असम्मान पहले कभी नहीं हुआ था। जब मैं मध्य प्रदेश में, भारतीय प्रशासनिक सेवा का अधिकारी होने के कारण, शासकीय कर्मचारी था, कांग्रेस का बहुमत होता था और वहाँ विधान सभा में कुल दो वामपन्थी सदस्य होते थे। जब वामपन्थी सदस्यों में से कोई बोलने को खड़ा होता था और वह अक्सर सत्तारूढ़ कांग्रेस पर गहरा प्रहार करता था, तो सारा सदन चुपचाप सुनता था। उन्हें असहमति सुनने की आदत थी। अब तो खैर संसद ऐसे चलती है, जैसे किसी पिछड़े इलाके के हाईस्कूल में वाद-विवाद प्रतियोगिता हो रही हो। पहले सदन में ऐसे लोग होते थे जिनके बोलने में कुछ तत्त्व होता था, जिनकी बात में बल होता था। सेंट स्टीफन कॉलेज से एम.ए. करने के दौरान अपने मित्र के कहने पर मैं राम मनोहर लोहिया से मिलने गया। उस समय उनके पास कुछ नेता बैठे थे। लोहिया जी ने कहा कि अब तुम लोग जाओ, अब बुद्धिजीवी लोग आ गए हैं। एक नेता थोड़ा ना-नुकुर कर रहा था। उससे लोहिया जी ने कहा, तुम लेखकों और बुद्धिजीवियों के साथ बैठकर क्या करोगे। बाद में पता चला कि वह व्यक्ति राज नारायण था जो आगे चलकर देश के स्वास्थ्य मंत्री बने। मैंने लोहिया जी से पूछा कि आप नेहरू जी के बारे में यह क्यों कहते हैं कि उनके बाबा यानी मोतीलाल नेहरू के पिता किसी सरकारी दफ्तर में चपरासी थे। यह बताकर आप क्या कहना चाहते हैं?

लोहिया जी ने कहा कि 'तुमने पढ़ा होगा कि मोतीलाल नेहरू और जवाहरलाल नेहरू के कपड़े पेरिस धुलने जाते थे। यह कहा झूठ है। लेकिन अगर तुम्हें ये बताया जाए कि एक चपरासी का पोता इस देश का प्रधानमंत्री है, तो सोचो, छोटी-छोटी जगहों के लोगों का भी दिल कितना ऊँचा उठ जाएगा।' इस तरह का स्तर था उस समय के लोगों का। उनके सोचने और बात करने का इतना स्तर होता था। आजकल सार्वजनिक संवाद समाप्त या बेहद घटिया और सतही हो गया है। मैंने टेलीविजन देखना बन्द कर दिया है। आज सार्वजनिकता अपने मुखर दृश्य संवादों में बेहद आक्रामक हो गई है।

आज के समय में हम सब एक बात का और खामियाजा भुगत रहे हैं। सार्वजनिक संस्थाओं का अवमूल्यन हो रहा है। यह सिर्फ जेएनयू या शिक्षण संस्थाओं में ही नहीं हो रहा है। नेशनल बुक ट्रस्ट के जो अध्यक्ष बने हैं, मैंने उनका कभी नाम ही नहीं सुना था। मुझे यह दम्भ है कि मैंने जिसका नाम नहीं सुना, वह कहाँ से आ गया? यह कोई क्लर्क की नौकरी नहीं है। राष्ट्रीय पुस्तक न्यास एक राष्ट्रीय संस्था है जिसके सीताकान्त महापात्र और यू.आर. अनन्तमूर्ति जैसे विख्यात साहित्यकार अध्यक्ष रहे हैं। पता चला कि एन.बी.टी. के अब के अध्यक्ष मध्य प्रदेश में पत्रकार थे। मैंने कई वर्ष भोपाल में सूचना विभाग में भी गुजारे थे। उसका मुखिया भी रहा

और सचिव भी। लेकिन मैंने इनका नाम ही नहीं सुना था। वास्तव में, उनकी कीर्ति इसलिए है कि उन्होंने एक हिन्दुत्व के नेता की जीवनी लिखी है। पुस्तक से सिर्फ उनका इतना ही वास्ता है। इस प्रकार एक अभियान है जिसमें सार्वजनिक संस्थानों को, जो दूसरी सरकारों में स्वायत्त होती थीं, पालतू बनाने की कोशिश हो रही है।

यह बौनों के अभ्युदय का युग है। बौने असंख्य अवतार ले रहे हैं। उनमें से कौन कब और कहाँ पहुँच जाए, कुछ नहीं कहा जा सकता। इनकी मुश्किल यह है कि इनके पास लोग ही नहीं हैं तब लाएँ कहाँ से। हम लोगों ने जब पुरस्कार लौटाए, उसके बाद 400 कलाकारों और 500 वैज्ञानिकों ने हमारा समर्थन किया। सौ-डेढ़ सौ विद्वानों ने भी समर्थन किया। दिलचस्प बात यह थी कि हमारा झगड़ा साहित्य अकादेमी से था। साहित्य अकादेमी से किसी ने कहा नहीं कि वफादारी दिखाइए लेकिन उन्होंने ऐसा किया। अंग्रेजों का एक मुहावरा है, 'मोर लायल दैन द किंग।' राजा कहता नहीं है पर लोग वफादारी दिखाते ही हैं। हम लोगों के लिए कहा गया कि यह सब मैनीफैक्चर्ड पॉलिटिक्स है। लेकिन जिस दिन ये बात कही गई उसी दिन राष्ट्रपति ने कहा कि असहिष्णुता फैल रही है। रिजर्व बैंक के गवर्नर ने कहा कि अगर असहिष्णुता होगी तो विकास नहीं होगा। उसी दिन नारायणमूर्ति नाम के प्रमुख उद्योगपति ने कहा कि देश में असहिष्णुता है। पर सरकारी दल के अनुसार ये सब मैनुफैक्चर्ड पॉलिटिक्स है। इस माहौल में नागरिक समाज को ध्वस्त किया जा रहा है। अब ऐसी हालत है कि हम एक-दूसरे की चौकीदारी कर रहे हैं। चौकसी कर रहे हैं। तुमने फलाने की जय बोली या नहीं। तुमने ये नारा लगाया कि नहीं। जिसकी सत्ता छोटे-मोटे नारों से हिलने लगे तो उस राष्ट्र को अपने देह और दिमाग का फौरन इलाज करवाना चाहिए। ऐसा तो नहीं हो सकता कि एक नारे से आप विचलित होकर पूरी सत्ता को उसके विरुद्ध झोंक दें। दरअसल, आप यह कहना चाहते हैं कि हमारा उभरता हुआ लोकतांत्रिक समाज एक ऐसे समाज में बदल जाए जिसमें न जिज्ञासा बचे, न प्रश्नवाचकता बचे और न असहमति बचे। सभी एक-दूसरे की थैली के चट्टे-बट्टे बन जाएँ!

आप पूछेंगे कि इस अभियान में कलाएँ क्या कर सकती हैं। कलाओं से मतलब सिर्फ कलाएँ नहीं है उनमें साहित्य भी शामिल है। कलाओं और स्वतंत्रता के बीच आख़िर क्या सम्बन्ध हो सकता है? क्या सम्बन्ध रहा है? पहला, यह है कि कलाएँ जन्म ही स्वतंत्रता में लेती हैं। कलाएँ स्वतंत्रता को ही पोसती हैं, बढ़ाती हैं और कई बार वह अपनी स्वतंत्रता, राजनीतिक स्वतंत्रता न रहने पर भी हासिल कर लेती हैं। स्वतंत्रता संग्राम के दौरान, जब हम गुलाम थे, रवीन्द्रनाथ टैगोर, इकबाल, प्रेमचन्द, निराला या अज्ञेय जैसे बड़े-बड़े साहित्यकार स्वतंत्रचेता साहित्यकार थे। इस पर हमने ध्यान नहीं दिया है कि असल में हमें राजनीतिक स्वतंत्रता बहुत बाद में मिली। ऊपर लिखित साहित्यकार ऐसे थे जिन्होंने साहित्यिक स्वतंत्रता पहले अर्जित की।

मैंने एक निबन्ध लिखा था—'फ्री बिफोर फ्रीडम।' उसमें मैंने लिखा है कि राजनीतिक स्वतंत्रता प्राप्त करने से पहले हम, सांस्कृतिक, बौद्धिक और साहित्यिक रूप से स्वतंत्रता का अनुभव करते हैं। दूसरा, यह है कि राजनैतिक स्वतंत्रता अपने आप में अभीष्ट है, लेकिन वह काफी नहीं है। इसीलिए हमारे संविधान में स्वतंत्रता की बात नहीं है बल्कि समता और न्याय की बात है। निर्भया कांड के बाद हुए बहुत बड़े प्रदर्शन में निश्चित रूप से आप लोग शामिल हुए होंगे। उस समय मैंने एक बुनियादी सवाल उठाया था। कि क्या, स्त्री-पुरुष समता को भारतीय समाज मानने के लिए तैयार है। हमारे संविधान ने तो यह प्रावधान किया है लेकिन हमारे धर्म और समाज का जो ढाँचा है, वह स्त्री-पुरुष समता के विरुद्ध है। वस्तुतः इस समय सभी धर्म लोकतंत्र से ही सही पिछड़े हुए हैं। उनमें संशोधन की जरूरत है। आख़िर 2000 साल पहले की कही गई बातें क्यों यथावत होनी चाहिए। धर्म भी तो विकसित होते हैं। अगर मनुष्य के अनेक अनुशासन विकसित होते हैं, साहित्य और कलाएँ विकसित होती हैं या बदलती हैं तो फिर धर्म क्यों नहीं। दूसरी तरफ यह भी सही है कि धर्म बदलते रहे हैं। किसी धार्मिक ग्रन्थ में, अध्यात्म में, आचार-विचार में अगर समता के विरुद्ध कुछ है तो उसे अलग कर देना चाहिए। आप निरे धार्मिक नहीं हैं। आप लोकतंत्र के भीतर हैं। लोकतंत्र के कुछ बुनियादी मूल्य हैं, हर धर्म जाति, समुदाय और सम्प्रदाय में जिनका आपको पालन करना होगा।

स्वतंत्रता की पहली आवाज साहित्य और कलाओं में उठी थी। यह बात केवल भारत के बारे में ही सही नहीं है, बल्कि अनेक देशों और समाजों के बारे में भी सही है। वहाँ स्वतंत्रता की आवाजें पहले उठीं। उन्होंने स्वतंत्रता की चौकसी करने का भी काम किया। स्वतंत्रता को बढ़ाने और पोसने का भी काम साहित्य और कलाओं ने किया। दुनिया में ऐसे भी समाज रहे हैं, जहाँ बहुत सारी बन्दिशें, तानाशाही थी। तानाशाही के चलते साहित्य और कलाओं में अपनी स्वतंत्रता का इजहार करने के कई तरीके खोजे गए। उसमें कुछ अन्तःसलिल थे, कुछ स्पष्ट थे और कुछ भूमिष्ठ थे, कुछ दबे-छिपे होते थे। कई समाजों में इन्हीं कवियों और लेखकों को बड़ा माना गया, जिनमें तानाशाही के जमाने में प्रतिरोध करने की और स्वतंत्रता को बचाए रखने का साहस था। हमारे यहाँ रवीन्द्रनाथ, निराला, प्रसाद, प्रेमचन्द, अज्ञेय आदि अनेक एक गुलाम देश में स्वतंत्रचेता लेखक थे। उन्होंने अपने साहित्य में स्वतंत्रता को रूपायित किया है। ऐसा वक्त आता है, और कई बार हमें लगता है कि अँधेरा बढ़ रहा है, जब हम इस अँधेरे को पहचान नहीं पाते हैं। हमारे समय के अँधेरे में एक नई रोशनी या चकाचौंध निकली है जो अँधेरे को छुपा रही है। ऐसे वक्त में साहित्य और कलाओं ने एक काम किया है, चकाचौंध और उजाले के पीछे छिपे हुए अँधेरे की सच्चाई तक आपको ले जाने का। इस चकाचौंध में आप खुद को बहुत चकित, मुग्ध और जाने क्या-क्या अनुभव करते हैं। साहित्य और कलाएँ

मनुष्य का स्थायी लोकतंत्र हैं। इसका राजनैतिक लोकतंत्र के होने या न होने से कोई सम्बन्ध नहीं है। साहित्य और कलाओं में अब किसी भेद यानी जाति, धर्म या लिंग के आधार पर विचार नहीं होता।

हमारी भारतीय परम्परा की समझ बहुत भोथरी हो गई है। इसका कुछ दोष उदार तबकों पर भी है। उन्होंने भारतीय परम्परा को बहुत रूढ़िवादी मानकर इसे छोड़ दिया। दूसरों ने इस परम्परा को हथिया लिया। हमें उस परम्परा के कुछ मौलिक तत्त्वों पर फिर से ध्यान देना चाहिए। इसमें एक मौलिक तत्त्व यह है कि यह बहुत ही प्रश्नवाचक परम्परा थी। इस परम्परा ने वेदों से लेकर आज तक हमेशा प्रश्न पूछे हैं। इनमें से कई प्रश्न विचलित करने वाले हैं। एक उदाहरण देता हूँ—ऋग्वेद के नासदीय सूक्त में एक ऋषि पहले सृष्टि की वन्दना करता है। फिर कहता है कि जब न अँधेरा था, न उजाला, न उपस्थिति थी, न अनुपस्थिति थी, तब क्या था? पहले वह रटारटाया उत्तर देता है—कि सम्भव है उसे पता हो जिसने इस सृष्टि की रचना की है। फिर रुककर कहता है कि हो सकता उसे भी न पता हो। इसी तरह कौन्त्य नाम के एक ऋषि वेदों के व्याख्याकार थे। यह कहा-माना जाता था कि आप वेद को किसी और भाषा में रख ही नहीं सकते, कुछ बदल नहीं सकते। कौन्त्य ने कहा कि वेद में जो कुछ कहा गया है, वह किसी और तरह से नहीं कहा जा सकता तो इसका मतलब है कि वेद निरर्थक हैं।

यास्क नाम के ऋषि हुए हैं। उन्होंने 'निरुक्त' नाम का एक ग्रन्थ संकलित किया है। इसमें वेद की अनेक व्याख्याएँ संगृहीत हैं। उसमें कौन्त्य की इस व्याख्या को भी शामिल किया गया है। संकीर्ण अर्थ में वेद विरोधी व्याख्या है। इसलिए हम अपनी परम्परा के इस पक्ष को न भूलें कि इस परम्परा ने वेद, उपनिषद से लेकर महाकाव्यों और बहुत से दर्शनों के माध्यम से प्रश्न पूछे हैं। कभी हमारा ध्यान इस ओर नहीं जाता कि भारतीय परम्परा और भारतीय जीवन में एकवचन कुछ भी नहीं है—न धर्म, न ईश्वर, न भाषा, न रीति-रिवाज और न आचार-विचार। भारत में किसी को एकवचन रहने ही नहीं दिया गया। हर एक को बहुवचन में बदल दिया गया। ईश्वर पहले एक था फिर तीन और अन्त में, 33 करोड़ देवता हो गए। तब तो हमारी जनसंख्या भी 33 करोड़ नहीं रही होगी। हमारी देवसंख्या हमारी जनसंख्या से अधिक थी!

हमारे यहाँ इतनी भाषाएँ हैं, धर्म हैं, संस्कृतियाँ हैं। हमें यह पहचान रखना चाहिए कि असली भारत विरोध और देशद्रोह तब होता है कि कोई इस बहुलता से इंकार करे। हमारे मित्र अनन्तमूर्ति कहते हैं कि 'भारत में एक विचित्रता है कि अगर आप विविधता और बहुलता पर जोर देंगे तो एकता पर पहुँच जाएँगे, और अगर आप एकता पर जोर देंगे तो बहुलता पर पहुँच जाएँगे।' हम एक हैं क्योंकि अनेक हैं। हमारे यहाँ सब बहुवचन है। खान-पान, पहनावा, रीति-रिवाज कोई भी

ऐसा क्षेत्र नहीं है जिसे आप एकवचन मान सकें। हमारे यहाँ दो तरह के झूठ इन दिनों पनपते हैं। एक झूठ यह है कि यहाँ सब कुछ अच्छा हो रहा है। कोई न कोई आँकड़ा ऐसा मिल ही जाएगा जिसके आधार पर कहा जा सके कि सब तरफ चमक-दमक है। इस तरह के विचारों ने खुद अपने ही आकलन से मुँह की खाई है। जिस विश्वविद्यालय पर उन्होंने इतना बड़ा हमला किया, वही विश्वविद्यालय उनके ही मंत्रालय द्वारा देश का शीर्षस्थ विश्वविद्यालय साबित हुआ। पर जैसा कि मीर ने कहा है—

'शर्म तुमको मगर नहीं आती'

सरकारों को कुछ तो बेशर्मी से काम लेना पड़ता है, किसी भी आधिकारिक प्रक्रिया में थोड़ी बेशर्मी आवश्यक है। साहित्यकार, विद्वान होने के लिए भी थोड़ी बेशर्मी आवश्यक है। छात्र होने के लिए भी थोड़ी बेशर्मी जरूरी है। लेकिन उससे ज्यादा जरूरी है सच्चाई की पहचान और उस समय सच कहना जब सच जोखिम में डालता हो। सच किससे कहा जाए? साहित्यकार और कलाकार अधसचिए होते हैं। हम आधा सच बोलते हैं। हमारा सच पूरा तब होता है जब रसिक पाठक या दर्शक उसमें थोड़ा अपना सच मिलाता है। इसलिए एक ही रचना की कई व्याख्याएँ सम्भव हैं, क्योंकि हर एक का सच अलग-अलग होगा। ये जो विविधता और बहुलता है, दरअसल अपनी सीमा को भी स्वीकार करना है। हम सच कहते हैं। हम सच कहने की कोशिश करते हैं। लेकिन अपने सच पर सन्देह भी करते हैं। राजनेता, खिलाड़ी या अभिनेता अपने सच पर सन्देह शायद ही कभी करते हैं। मोदी जी वगैरह को तो कोई सन्देह कभी ब्यापता ही नहीं होगा। हमारे इतिहास में उनसे अधिक पूरी तरह से बहिरंग व्यक्ति सार्वजनिक जीवन में हुआ ही नहीं। जिसका कोई आन्तरिक जीवन नजर ही नहीं आता। सारा कुछ आपके सामने बन या बिगड़ रहा है। इस स्थिति में लगातार झूठ बोलना एक आदत बन जाती है। ऐसा कौन है जो इस समय झूठ नहीं बोल रहा है? मेरे व्याख्यान के बाद आप भी यही कह सकते हैं कि मैं भी वही कर रहा हूँ। जब आप अपने किसी वक्तव्य या कथन के कारण मुश्किल में पड़ते हैं तो आप इसका सारा दोष मीडिया को देते हैं। मीडिया भी अद्‌भुत है। जब हम लोगों ने पुरस्कार वापस करके अपना विरोध प्रकट किया तो मीडिया ने इसके पीछे राजनीति खोजने की कोशिश की। एक नेता ने कहा कि यह मेनुफैक्चर्ड पॉलिटिक्स है। किसी ने कहा कि इसके पीछे कांग्रेस पार्टी है। किसी ने कहा कि ये वामपन्थी हैं। खैर, राजनेता हर बात में राजनीति खोजें तो स्वाभाविक है लेकिन दुर्भाग्य से मीडिया भी हर जगह राजनीति खोजता है। मीडिया यह मानने के लिए तैयार नहीं है कि लेखकों-कलाकारों की भी अपनी राजनीति हो सकती है। वे किसी मुद्दे पर स्वतंत्र-स्वायत्त ढंग से निर्णय ले सकते हैं। किसी ने कहा कि आप लोग राजनीति कर रहे हैं। हमने कहा कि जब राजनीति हर क्षेत्र में घुस रही है; धर्म में,

पहनावे में, खान-पान में, शिक्षण संस्थानों में सब जगह घुस रही है तो क्या हम राजनीति में थोड़ी घुसपैठ नहीं कर सकते। हमें भी उतना ही हक है। हम राजनीति में घुसपैठ अपने लिए नहीं कर रहे हैं।

उस लोकतंत्र की निन्दा होनी चाहिए जिसमें पढ़े-लिखे लोगों की बात सुनने की ताब न बची हो। भीष्म पितामह जब शरशैया पर लेटे हुए थे तो दुर्योधन और युधिष्ठिर दोनों उनसे पूछने गए कि राजधर्म क्या है। भीष्म ने दो बातें कहीं। एक, राजा का कर्तव्य है कि वह अपने राज्य में रहने वाले बुद्धिमान व्यक्तियों का आदर करे तथा लोभियों और मूर्खों को राजकाज में शामिल न करे। यह महाभारत का प्रसंग है। तुलसीदास के 'रामचरितमानस' में राम नागरिकों को सम्बोधित करते हुए कहते हैं कि मेरे भाइयो, तुमको लगे कि मैं अनीति कर रहा हूँ तो मुझे बिना डर के बरजना। हम अपनी परम्परा से बहुत सारे ऐसे तत्त्व खोज सकते हैं जो हमारे प्रतिरोध में काम आते हैं। दुर्भाग्य से हमने ये काम बन्द कर दिया है। परम्परा आदि को हमने उन्हें सौंप दिया है जिन्हें परम्परा की बिलकुल भी समझ नहीं है। साहित्य और कलाओं का एक काम आपके लिए परम्परा का पुनराविष्कार करना है। यह पुनराविष्कार कई तरह का होगा, कई तरीके से होगा, कई रूप होंगे उसके। दिलचस्प है कि जब हमने विरोध किया, प्रतिरोध किया तब भारत के किसी बड़े लेखक ने हमारा विरोध नहीं किया। कुछ छुटभैय्ये अनुपम खेर के नेतृत्व में आए। उन्होंने अभद्र भाषा का प्रयोग किया, हमें गालियाँ दीं।

इस स्थिति से हम कैसे बचेंगे? हमें अपनी परम्परा को खँगालना चाहिए। इसे उनके लिए हम न छोड़ें। सार्वजनिक शास्त्रार्थ के लिए हमेशा तैयार रहना चाहिए। हमारे यहाँ बड़े से बड़े विचार को तब तक मान्यता नहीं मिलती जब तक एक खुले शास्त्रार्थ में उसने अपने को सिद्ध न कर दिया हो। शंकराचार्य को करना पड़ा। और भी लोगों ने ऐसा किया। खुले शास्त्रार्थ की परम्परा भारतीय समाज से अधिक कहीं नहीं थी। दूसरे, उम्मीद वहाँ होगी, जहाँ सबसे अधिक हिम्मत होगी और जोखिम लेने की आदत। तीसरा, हमें कुछ बुनियादी मूल्यों के लिए एक बड़ा सार्वजनिक अभियान चलाना चाहिए जो राजनीति से स्वतंत्र लोकनीति को प्रस्तावित करे। मसलन, स्वतंत्रता, समता और न्याय; तीन बुनियादी मूल्य हैं। ये साहित्य और कलाओं के मूल्य हैं। ये हमारे संविधान के भी मूल्य हैं। हमारी परम्परा से भी इनको सत्यापित कर सकते हैं। इन मूल्यों के आधार पर हम सबको जाँचेंगे और खुद को भी। क्या ये मूल्य हमारी स्वतंत्रता को बढ़ाते हैं? क्या ये हमारी परिस्थिति को समता की ओर ले जाते हैं? क्या ये हमें न्याय दिलाने की कोशिश करते हैं? मैं खुलेआम यह स्वीकार करता हूँ कि पिछले कई वर्षों से मैं भारतीय युवाओं से निराश हूँ। मुझे लगता है कि युवा बहुत अनुकरणकर्त्ता हो चुके हैं। ये सब नकल करते हैं। देखने में बहुत चिकने-चुपड़े भले ही हों, लेकिन इनमें कोई हिम्मत नहीं है। आज कोई

विकल्प की सम्भावना नहीं बची है। साहित्य और कलाओं के बुनियादी मूल्यों में विकल्प की सम्भावना है। यह विश्वास है कि इस दुनिया से अलग कोई बेहतर दुनिया सम्भव है।

सोचने का माद्दा और सोचने की शक्ति साहित्य और कलाएँ देती हैं। नोबेल पुरस्कार विजेता ययोसा ने अपने नोबेल भाषण में कहा था कि जो लोग कहते हैं कि दुनिया जैसी दी गई है, वैसी ठीक है, वे झूठ बोल रहे हैं। दुनिया खराब बनाई गई है। इससे अलग दुनिया बनाई जा सकती थी और इससे बेहतर दुनिया बनाई जा सकती है। अगर ये विकल्प बचा रहे और विकल्प की साहसिकता बची रहे और अपनी आवाज पर सन्देह करने की ताब बची रहे तो उम्मीद बनती है। उम्मीद इस समय दो ही जगह नजर आती है। एक, जो युवा आन्दोलित हुए हैं, उन्होंने उम्मीद की नई राह खोली है। इस राह में बहुत जोखिम हैं—काँटे, कीचड़ और पत्थर हैं। अगर किसी तरह से यह आन्दोलन व्यापक बन सके, जैसा कि यह बनता दिख रहा है, सौभाग्य से, अगर यह बन सका तो भारतीय ज्ञान की बुनियादी जिज्ञासा, प्रश्नवाचकता सबका पुनर्वास कर सकेंगे और झूठ के पाखंड दिखा सकेंगे। हम लोग अकेले सच बोलने से बहुत कतराते हैं। सबको भजन-कीर्तन मंडली चाहिए।

मित्रो, दुनिया दो ही तरह के लोगों ने बदली है। एक, जिन्होंने ऐसा सपना देखा था, जो कभी सच होने के नजदीक नहीं था। लेकिन उन्होंने उस सपने से खुद को दूर नहीं किया। दो, वे लोग जो अकेले पड़ने से कभी नहीं घबराते। ऐसे बहुत सारे नाम हैं। मैं यहाँ दो नाम लूँगा। मार्क्स ने एक सपना देखा। इस दुनिया को शोषण-मुक्त बेहतर बनाने का सपना। यह एक महान सपना है। उस सपने की जो दुर्गति हुई, उसे जाने दीजिए। लेकिन मार्क्स में सपना देखने की ललक थी। मार्क्स अकेले थे। उनके एक ही दोस्त थे—एंगेल्स। उनकी कोई भजन-कीर्तन मंडली नहीं थी। दूसरा नाम है, महात्मा गांधी। जब स्वतंत्रता का जश्न मनाया जा रहा था तो गांधी दिल्ली में नहीं थे। वे अकेले पड़ने से घबराते नहीं थे। हमें आन्दोलन तो चाहिए लेकिन अकेले पड़ने की हिम्मत भी चाहिए। साहित्य और कलाओं का बुनियादी सबक ये है कि तुम अपनी स्वतंत्रता बचा सकते हो। तुम जो करते हो, वह तुम्हारे अलावा दूसरों के भी काम का हो। दूसरी बात अगर दूसरे तुम्हारे साथ नहीं हैं, लेकिन तुम्हें अपने सच पर भरोसा है तो अकेले चलने से नहीं घबराना चाहिए। इस समय ये कहना कठिन है कि सच की जीत होगी। झूठ इस कदर हावी है और इतना व्यापक हो गया है। फिर भी हमें उम्मीद नहीं छोड़नी चाहिए। साहित्य और कलाओं का बुनियादी सबक है—जैसा कि गालिब ने कहा—'आदमी को मयस्सर नहीं इंसा होना'। ग़ालिब की पूरी शायरी इस बात का प्रमाण है कि कठिन से कठिन, प्रतिकूल से प्रतिकूल, विरोधी से विरोधी परिस्थिति में भी हम मनुष्य बने रह सकते हैं। मनुष्य होने का अर्थ क्या है? मनुष्य होने का अर्थ हम तब तक नहीं पा सकते, जब तक

हम दूसरों का एहतराम न करें। जब तक हम यह न स्वीकार करें कि हम हैं, क्योंकि दूसरे हैं। आप अपनी जिन्दगी में देखिए कि कितना थोड़ा है जो आप खुद कर सकते हैं और कितना ज्यादा है जो दूसरों के करने पर आपको मिलता है। दुनिया की बड़ी समस्या है कि दूसरों का क्या करें। ऐसे लोग हैं जो कहते हैं कि दूसरों को नष्ट कर दो, उनको हटा दो, उनको पाकिस्तान भेज दो। दूसरों को किसी खाड़ी में फेंक दो। साहित्य और कलाएँ इसका प्रतिरोध करती हैं। ये बताते हैं कि दूसरों को भी सच कहने का अधिकार है। सच उनके पास भी होता है, हो सकता है।

साहित्य और कलाओं ने हमेशा स्थापित नैतिक, राजनैतिक, और सामाजिक व्यवस्थाओं पर प्रश्न उठाए हैं। यह प्रश्नवाचकता साहित्य और कलाओं को हमारे काम का बनाती है। छोटे और बड़े प्रश्न ही नहीं बल्कि सही प्रश्न पूछना भी जरूरी है। हमारी दुनिया में इस समय हिंसा और आक्रामकता है। ये हिंसा और आक्रामकता दिल्ली में कुछ ज्यादा ही है। दिल्ली जितनी अभद्रता दूसरी जगहों पर नहीं हैं। यह राजधानी है। यहाँ राजनीति है। तो इनको अभद्रता का भी परम अधिकार है! नियम भंग करने का बहुत उत्साह दिल्ली में है। बहरहाल, इन सबके बरक्स साहित्य और कलाएँ आपको सिर्फ आश्वासन दे सकती हैं कि सच बचा रह सकता है। अगर आप सपने देखना बन्द न करें तो उम्मीद भी बची रह सकती है। हमें आत्मालोचना भी उतने ही तीखेपन से करनी चाहिए, जितने मुखर होकर हम दूसरों की आलोचना करते हैं। हमें ये हुनर आना चाहिए कि कब बोलना जरूरी है और कब चुप रहना चाहिए। चुप्पी भी चीख हो सकती है और चीख भी चुप्पी में बदल सकती है। यही सबक साहित्य और कलाएँ आपको सिखाते हैं।

हमको एक ही जीवन मिला है। इसी में आन्दोलन करना है। इसी में जेएनयू में एम.फिल. करनी है। पी-एच.डी. में अपने विद्वान निर्देशक की रुचियों का भी ख्याल रखना है। इसी जीवन में सत्ता, आक्रामक धार्मिकता और छद्म आध्यात्मिकता का सामना करना है। एक आध्यात्मिक गुरु ने यमुना के कछार पर एक बड़ा भारी उत्सव किया। उत्सव के विज्ञापन में उसकी तस्वीर थी। मैंने हजारों आयोजन किए लेकिन आयोजक के रूप में अपनी तस्वीर छापने की अश्लीलता कभी नहीं की। लेकिन अश्लील और अभद्र प्रदर्शन करने वाला 'हेकड़ी का अध्यात्म' प्रस्तावित कर रहा है। इन छद्मों के पार देखने की दृष्टि सबसे अधिक युवाओं में ही हो सकती है क्योंकि उनके पास अभी भी थोड़ी ताजगी बाकी है। ऐसा नहीं है कि हम धवल-केशियों की ताजगी बिलकुल चुक गई है, वरना आप मुझे क्यों बुलाते। हालाँकि हमारे पास वक्त कम है, लेकिन न तो हमने उम्मीद करना छोड़ा है और न सपने देखना। हम यह कतई न भूलें कि हमें आँखें सिर्फ सच्चाई देखने के लिए नहीं बल्कि सपने देखने के लिए भी मिली हैं।

राष्ट्रवाद ज़हर हो चुकी पुरानी दवाई है

आनन्द कुमार

दोस्तो ! हम और हमारा देश एक गम्भीर प्रक्रिया से गुज़र रहे हैं। राजसत्ता और उसके पैरोकारों ने हमें अपने लड़ने के कौशल पर एक बार फिर से विचार करने के लिए बाध्य किया है। हम लोकतंत्र की गहराई का फिर से निरीक्षण करें, हम स्वतंत्रता के मतलब का पुनः परीक्षण करें, हम कानून के राज की समीक्षा करें और सामाजिक जीवन में बढ़ते लम्पटवाद पर विचार करें। मैं जवाहरलाल नेहरू विश्वविद्यालय छात्र संघ की बुद्धिमत्ता को सलाम करता हूँ। जैसा कि जवाहरलाल नेहरू विश्वविद्यालय शिक्षक संघ के अध्यक्ष प्रो. अजय पटनायक ने, जेएनयू के शोध छात्र की गिरफ्तारी के बाद पहली बार जो प्रोटेस्ट मीटिंग हुई थी, उसमें उन्होंने बताया कि एक विचार को उससे उच्चतर विचार द्वारा ही चैलेंज किया जाना चाहिए ना कि लाठी, डंडे, गोली, गाली, धोखाधड़ी या झूठ से। पिछले तीन हफ्ते में आप लोगों ने विरोध प्रदर्शन किया है और किसी दमदार आदमी के पीछे एकत्रित हुए हैं जो कि आधुनिक समाज के पथ-प्रदर्शक हैं।

किसी भी सभ्यता के लिए राष्ट्र का निर्माण एक बहुत बड़ी चुनौती होती है। यह चुनौती भारत के लिए भी है। भारत पिछले 200 सालों में साम्राज्यवादी शासन के अन्तर्गत पराजित, अपमानित, विघटित और विभाजित किया गया। अब वह लोकतंत्र की प्रक्रिया के अन्तर्गत अपने भागों (टुकड़ों) को एकत्र करने का प्रयास कर रहा है। लेकिन यह पूरे मन से नहीं हो रहा है। इसको एक करने का विचार पूरी तरह से बदल चुका है। इसमें आमूलचूल परिवर्तन हो चुका है।

हमारी तरह के लोग अनेकता में एकता के सिद्धान्त के उत्तराधिकारी हैं। हमारे जैसे लोग इस सिद्धान्त को आगे बढ़ाने वाले हैं। हम परम्परावाद और आधुनिकतावाद के बीच की बहस को आगे बढ़ाने वाले हैं। हम समाज का विश्लेषण करने की परम्परा को आगे बढ़ाने वाले हैं। हम आशावादी हैं कि भारत में एक सामाजिक परिवर्तन होगा, जाति और सम्प्रदाय की संकीर्णताओं में परिवर्तन होगा, सामाजिक अन्याय को दूर करने के लिए वास्तविकता के साथ एक बहस होगी।

1990 में जब मैं जेएनयू आया था, उस समय इतिहासकार विपिन चन्द्रा, राजनीतिशास्त्र के विद्वान इम्तियाज़ अहमद और समाजशास्त्री योगेन्द्र सिंह यहाँ थे। हमने दूसरे लोगों को इकट्ठा करने और जोड़ने की कोशिश की। उस समय हम लोगों ने राष्ट्रवाद और राष्ट्रीय एकता की बाधाओं के बारे में बताया। राष्ट्रवाद और राष्ट्रीय एकता एक सिक्के के दो पहलू नहीं हैं। अगर हम राष्ट्रवाद के ग़लत पक्ष को आगे बढ़ाएँगे तो यह राष्ट्र के विनाश में काम आएगा। वे सारे देशभक्त चाहे हॉफ पैंट या फुल पैंट वाले हों, उन्हें देश को हल्के में नहीं लेना चाहिए। देश 'हम' की भावना से बनता है। 'हम' की भावना से ही हम एक हो सकते हैं। इस भावना को संस्थाओं के माध्यम से समर्थन दिया जाना चाहिए। वे संस्थाएँ जो कानून के राज्य को कायम कर सकें। 'हम' की भावना को राजनीतिक आर्थिक और सामाजिक न्याय के द्वारा समर्थन मिलना चाहिए ताकि वर्षों से चली आ रही परम्परा को परखा जाए। यह ऐसी परम्परा है जिसने समाज के श्रेणी क्रम को एक जमी हुई व्यवस्था में बदल दिया है। इसने एकीकरण और बहिष्करण को बढ़ावा दिया है। इसको न्यायिक प्रक्रिया से जाँचा जाए। आम आदमी द्वारा जाँचा जाए, सामान्य बुद्धि द्वारा परखा जाए। भारत के सन्दर्भ में तो यह और भी कठिन काम है क्योंकि 1930 और 1940 में इसके लिए जो मॉडल थे, वे यूरोप से लिए गए थे। यूरोप के लोगों में यह साहस था कि वे बार-बार अपनी चीजों का आत्मनिरीक्षण करते थे। जहाँ भी उन्हें अतार्किक लगता था वे पुनः आपस में सामाजिक समझौता करते थे। यही कारण है कि फ्रांस में सामाजिक क्रान्ति और इंग्लैंड में औद्योगिक क्रान्ति हुई। अमेरिका में सिविल बार द्वारा क्रान्ति और रूस में वाल्शेविकों द्वारा क्रान्ति आई। इसकी वजह से लोगों में एकता की भावना पैदा हुई।

यूरोप को एक तरीके का लाभ या हानि प्राप्त था कि वहाँ एक जाति, एक धर्म के लोग रहते थे। उन्होंने बहुलतावाद का हमेशा विरोध किया। यही कारण है कि आज रूसो की जमीन पर सामाजिक समझौता खत्म हो चुका है। अब वहाँ काले और मुसलमानों को दूर भगाने का आन्दोलन चल रहा है। यही दूसरे विश्व युद्ध के दौरान हुआ था। अब वही उनके राष्ट्र का मॉडल हमें भी पसन्द आ रहा है। अब यही बात भारतीय लोगों के दिमाग में है कि यहाँ पर हिन्दुइज्म (हिन्दू धर्म) का बहुमत है तो उपनिवेशवाद की समाप्ति के बाद हम भी क्यों न इसी रास्ते पर चलें और भारत को एक हिन्दू राष्ट्र बनाएँ। इसी तरह से कुछ लोगों का यह भी सोचना है कि हमारी जनसंख्या भी ज्यादा है तो क्यों न हम मुस्लिम राष्ट्र बनाएँ।

आज मैं आपको पहले अम्बेडकर को पढ़ने की सलाह देता हूँ जिन्होंने संविधान बनाया। अभी गांधी, नेहरू के पीछे मत भागिए। अभी टैगोर को मत पढ़िए जिन्होंने एक समन्वित राष्ट्रवाद की बात की। अम्बेडकर के साथ 'बंच ऑफ थॉट' के लेखक गोलवलकर और जिन्ना को पढ़िए। गोलवलकर और जिन्ना, दोनों की

भारतीय सभ्यता और इतिहास के बारे में यह समझ थी कि हिन्दू और मुसलमान दो अलग-अलग धार्मिक पहचानें हैं। उन्होंने दोनों को दो अलग-अलग ईंटों की तरह माना जिनको कि कहीं भी इधर-उधर रखा जा सकता है लेकिन दोनों को कभी एक साथ जोड़ा नहीं जा सकता। अपने इसी विचार और समझ से ये लोग अपने उपनिवेशवादी मालिकों के हाथों में गेन्द की तरह खेले जाते रहे तथा उनकी 'बाँटो और राज करो' की नीति के शिकार होते रहे। यह बहुत दुखद है कि उन लोगों ने भी यूरोपीय मॉडल का अनुसरण किया। उन्होंने राष्ट्र निर्माण के लिए 'हिन्दू, हिन्दी हिन्दुस्तान' जैसे मॉडल को अपनाने की कोशिश की, जो कि यूरोपीय राष्ट्रों की परिभाषा है। इसके अलावा उन्होंने भाषाई समानता पर आधारित सांस्कृतिक राष्ट्रवाद को बढ़ावा दिया। लेकिन जैसे ही दूसरा विश्वयुद्ध आया तो उनके समग्रवादी राष्ट्रवाद की जगह बहुल राष्ट्रवाद की धारणा आ गई। उस समय कोई ऐसा घर नहीं था जहाँ एक दुखी औरत और एक मरा हुआ आदमी नहीं था—चाहे फ्रांस, जर्मनी, रूस, हालैंड, पोलैंड कोई भी देश हो। सभी देशों के सभी घरों में कुछ लोग बलिदान हुए। तब उन लोगों ने इस समूहवाद से तौबा कर ली।

हम सभी के पास पहचान के सात सिद्धान्त हैं। इनमें सबसे पहली है व्यक्तिगत पहचान नाम, पसन्द, नापसन्द आदि। पहचान की यह प्रक्रिया हमेशा आगे बढ़ती रहती है। हमारी व्यक्तिगत पहचान वास्तविकताओं के साथ बदलती रहती है। इसके बाद दूसरी पहचान है, स्थानिकता। आज के वैश्वीकरण में यह पहचान खो गई है। इसके बाद आती है—नृजातीयता। यह बड़ी पहचान है। अक्सर राष्ट्रवाद के चक्कर में हम इस नृजातीयता को कुचलकर रख देते हैं। जैसे अगर कोई कहता है कि वह नागा है तो उसे कहा जाता है कि नागा नहीं तुम अपने को भारतीय कहो। इसी तरह बंगाली को कहा जाता है कि यह बंगाली क्या होता है, अपने को भारतीय बोलो। एक बहुत प्रसिद्ध उदाहरण है, सिन्ध का एक नेता पाकिस्तानी सरकार के पास गया। उससे पूछा गया कि तुम कौन हो। उसने कहा कि मैं इसका उत्तर कैसे दे सकता हूँ। मेरे अन्दर तो ढेर सारे लोग रहते हैं। मैं पाँच हजार साल से सिन्धी हूँ, चौदह सौ साल से मुसलमान हूँ और चौवालीस-पैंतालीस साल से पाकिस्तानी हूँ। देशभक्त होने के लिए/कहलाने के लिए तुम बताओ कि मुझे कौन-कौन सी पहचानों को छोड़ देना चाहिए। मैं किसी को भी नहीं त्याग सकता क्योंकि यह सब मेरी पहचानें हैं। यही हमारे साथ हुआ। जब यहाँ उपनिवेशवाद की स्थापना हुई तो उन्होंने (अंग्रेजों) भी हमसे यही सवाल पूछा कि इंडिया क्या है। यहाँ हजारों जातियाँ, हजारों भाषाएँ, हजारों विश्वास और प्रथाएँ हैं। तुम लोग कहते हो कि एक हो। हम तुम्हें सभ्य बनाने आए हैं।

आपको याद होगा कि बाल गंगाधर तिलक द्वारा जो समाचार-पत्र प्रकाशित हुआ था, उसका नाम मराठा था। लाला लाजपत राय द्वारा प्रकाशित अखबार हिन्द केसरी नहीं बल्कि पंजाब केसरी था। इस प्रकार हम देखते हैं कि हमारी सबसे पहली

पहचान नृजातीयता है। फिर जब उन्होंने देखा कि हमारी चुनौती बड़ी है तब उन्हें राष्ट्रीयता का ख्याल आया। इस प्रकार देखें तो हर व्यक्ति और एक सभ्यता-संस्कृति की अपनी विरासत है। यह विरासत अफ्रीकी लोगों के पास भी है और लैटिन-अमेरिकी लोगों के पास भी। भारत में एक पुरातात्विक विभाग है। उसके सर्वेक्षण को देखने पर ज्ञात होता है कि यहाँ पंजाब से लेकर कश्मीर तक और कश्मीर से लेकर केरल तक हर दस किलोमीटर के बाद एक पुरातात्विक स्थान है। अक्सर हमारे पास रिपोर्ट आती रहती है कि फलाँ जगह पर दो हजार साल पुरानी सभ्यता मिली है। मैंने एक बार मोहनजोदड़ो-हड़प्पा घूमने के बारे में सोचा जो पाकिस्तान में है। फिर मैंने सोचा कि मैं वहाँ कैसे घूम पाऊँगा। तभी मुझे बताया गया कि ठीक उसी तरह के स्थान गुजरात और हरियाणा में हैं, आपको पाकिस्तान जाने की जरूरत नहीं है। मैं खुद बनारस से हूँ और मैं दावा करता हूँ कि मैं उससे भी पुरानी सभ्यता से हूँ। इसी तरह से आप देखेंगे कि भारत के हर भाग की एक सांस्कृतिक पहचान है। यह राष्ट्रवाद की पहचान से ऊपर है।

इसी तरह से फ्रांस और जर्मनी, दोनों के पास सांस्कृतिक विरासत थी। द्वितीय विश्वयुद्ध में दोनों ने एक-दूसरे की विरासत की हत्या की। यह ठीक वैसा ही था जैसे कोई भाई-बहन अपनी प्रॉपर्टी के बँटवारे के लिए लड़ रहे हों। ठीक इसी तरह से भारत, पाकिस्तान, बांग्लादेश आदि दक्षिण एशिया की सांस्कृतिक विरासत के उत्तराधिकारी हैं। सांस्कृतिक विरासत के ऊपर मानवतावाद है, जिसकी रक्षा समय-समय पर मार्टिन लूथर किंग, महात्मा गांधी, नेल्सन मंडेला आदि के द्वारा की गई है। मानवतावाद इस तरीके का घेरा है, जो सभी को अपने में समाहित कर सकता है। लेकिन दुर्भाग्यवश दो महायुद्ध हो चुके हैं और हम लोगों ने सिर्फ संयुक्त राष्ट्र संघ का ही निर्माण किया है। संयुक्त राष्ट्र संघ कभी यह साहस नहीं कर पाया कि एक वैश्विक सरकार की रचना हो सके। लेकिन आपकी पीढ़ी हमारी असफलताओं की गुलाम नहीं रहेगी। आपकी पीढ़ी के अन्दर इतनी ताकत है कि वह राष्ट्रवाद की उत्पत्ति और इसकी मात्रा का परीक्षण कर सकती है। आपकी पीढ़ी की जिम्मेदारी है कि राष्ट्र निर्माण की उन कमियों की ओर ध्यान दे जिसे हमारी पीढ़ी ने आपके सामने छोड़ा है। ठीक उसी तरह से जैसे हम अपनी पिछली पीढ़ी की शेष समस्याओं का समाधान करने के लिए लड़ रहे हैं। यह एक ऐसी सच्चाई है जिसका सामना हम सभी को करना है। इसके सभी स्तर एक-दूसरे से जुड़े हुए हैं। अगर आपका व्यक्तित्व या व्यक्तिगत पहचान खत्म हो जाते हैं तो राष्ट्रीयता किसी काम की नहीं है। अगर आपकी राष्ट्रीयता में नृजातीय विविधता समाप्त हो जाती है तो यह ठीक वैसे ही दमघोंटू होगी जैसे पाकिस्तान का राष्ट्रवाद है। बांग्लादेश के पैदा होने का क्या कारण रहा है? भाषाई विरोध। धर्म उनका समान था किन्तु भाषाएँ अलग-अलग थीं। धार्मिक समानता होने के बावजूद दोनों की भाषाएँ अलग-अलग थीं।

बांग्लाभाषी समझते थे कि उनकी भाषा में प्रार्थना को अल्लाह सुनेगा। पाकिस्तानी कहते थे कि उर्दू हमारी सरकारी भाषा है। इसलिए तुम्हें उर्दू में प्रार्थना करनी होगी। ठीक इसी प्रकार श्रीलंका में हुआ। वे सिंहली भाषा पर जोर देते थे। तो तमिल लोग पूछते थे कि तमिल भाषा का क्या होगा। इसके जवाब में उन्होंने कहा कि आप लोग तमिलनाडु चले जाओ। तब तमिलों ने कहा कि हम सभी ने इस देश को बनाया है। हम यहीं रहेंगे। इसके बाद चालीस साल तक यानी इन्दिरा गांधी के समय तक यह सब चलता रहा। श्रीलंका को नहीं समझ में आ रहा था कि इसका उपाय क्या है? इसलिए जब भी आप पढ़ें तो देखें कि जो लोग राष्ट्रवाद की बात कर रहे हैं, यह उनका उन्नीसवीं सदी का विचार है और बहुत खतरनाक है।

हमारे मुल्क में राष्ट्रवाद को बनाने और पहचानने के लिए कम से कम चार बहसें या विचारधाराएँ चलीं। एक विचार तो यह था कि बिना एक प्रभावशाली अस्मिता के राष्ट्र निर्माण सम्भव नहीं है। यहाँ कोई विद्यार्थी परिषद् का कार्यकर्त्ता नहीं है। अगर कोई होता तो अच्छा रहता। उनके यहाँ यह कहा जाता है कि यहाँ मुसलमान और ईसाई वैसे ही रह सकते हैं जैसे ईरान से परेशान होकर कुछ पारसी लोग एक राजा के दरबार में रहने की गुजारिश करने आए थे। पारसियों ने कहा, ''महाराज हमको रहने की जगह दीजिए।'' राजा ने कहा, ''तुम कैसे रह सकते हो क्योंकि तुम्हारी पूजा अलग है, तुम्हारी पहचान अलग है। तुम यहाँ आकर खिचड़ी में कंकड़ की तरह दाँत में गड़ोगे।'' तब उनके सरदार ने कहा, ''हुजूर, एक गिलास दूध और एक कटोरी चीनी मँगाइए।'' सरदार ने दूध का गिलास लिया और उसमें चीनी डाली और फिर बोला, ''हुजूर जरा इसको चबाकर देखिए।'' राजा ने दूध पीकर कहा, ''अरे यह तो बड़ा मीठा हो गया है। चीनी कहाँ गई, चीनी तो दिखाई नहीं पड़ती?'' सरदार ने कहा कि हुजूर, आप हमको इजाजत दीजिए, हम दूध में चीनी की तरह रहेंगे। इस्लाम और ईसाइअत के सवाल पर आरएसएस के लोग हमसे बहस करते हैं और कहते हैं कि मुसलमान दूध में चीनी की तरह रहें। तब हम पूछते हैं, ''जलेबी का क्या करोगे? शेरो-शायरी का क्या करोगे? कौमी तराने का क्या करोगे? जामा मस्जिद और लाल किले का क्या करोगे? शाहजहाँ और अकबर का क्या करोगे? इस पूरे सूफी सिलसिले का क्या करोगे? ये खूबसूरती आपके पुरखों की दी हुई है। इसे बदसूरत बनाने की कोशिश मत करो।''

गोलवलकर साहब की भारतीय राष्ट्रीयता की परिभाषा हिन्दू राष्ट्र के सपने के इर्द-गिर्द बनी है। इस राष्ट्रीयता के तीन दुश्मन हैं—मुस्लिम, ईसाई और कम्युनिस्ट। ये सब उन्होंने 'बंच ऑफ थॉट्स' में लिखा है। मुसलमानों के बारे में उनकी समझ दर्जा दस पास करने लायक भी नहीं है और हिन्दुओं की समझ तो दर्जा पाँच भी पास करने लायक नहीं है। यह बहुत नादान किस्म की समझ है। भारत में भाषाओं, परम्पराओं, खान-पान, आचार-विचार और सपनों की विविधता है। जो धर्म और

जाति जितनी पुरानी होगी उसमें विविधता उतनी ही अधिक होगी। काल या समय इनके साथ संवाद करता है।

इस्लाम की बात भी कुछ ऐसी ही है। यही बात जिन्ना साहब ने भी कही है। जिन्ना साहब को मैं माफ करना चाहूँगा। अपने पहले दौर में उन्होंने कानून की पढ़ाई की। उन पर सरोजनी नायडू ने पहली किताब लिखी—मोहमद अली जिन्ना : एम्बेसडर ऑफ़ हिन्दू-मुस्लिम यूनिटी। वे सुअर का मांस खाते थे। उन्हें नमाज पढ़ने की भी तमीज नहीं थी। वे शेरवानी से ही मुसलमान लगते थे। बाकी उनका सारा गेटअप एक आधुनिक पश्चिमी बौद्धिक का लगता था। उन्होंने अलीगढ़ मुस्लिम यूनिवर्सिटी से लेकर मुस्लिम लीग के कॉन्फ्रेंस तक में जो भाषण दिए हैं, वे ऐतिहासिक हैं। लेकिन जिन्ना के बारे में उस समय न जाने क्या-क्या कहा गया। जैसे आजकल जेएनयू के बारे में चलाया जा रहा है कि जेएनयू देशद्रोहियों का अड्डा है। जेएनयू आतंकवादियों और अलगाववादियों का गढ़ है। जो ये झूठ फैला रहे हैं, उन्हें बाद में अफसोस होगा। अभी लोग भले ही उनसे मुहब्बत करते हैं लेकिन जैसे ही जेएनयू का सच सामने आएगा, लोग उनसे नफरत करने लगेंगे। इसलिए मैं नरेन्द्र मोदी से कहना चाहता हूँ कि झूठ की हुकूमत मत चलाइए। सच का सामना कीजिए। कल के हिन्दुस्तान के समय के सपने के लिए तुम्हारे सपने और जेएनयू के लड़के-लड़कियों के सपनों में टकराहट हो रही है। ये लड़के और उनके अध्यापक जो सवाल उठाना चाहते हैं, ये सवाल हिन्दुस्तान की सरजमीं पर जिन्दा हैं। ये सवाल मरने का नाम ही नहीं लेते। क्या आपको मालूम है कि पिछले कई बरसों से मणिपुर में इतनी नाराजगी है कि वहाँ हिन्दी फिल्में नहीं दिखाई जाती हैं? क्या आपको मालूम है कि असम के हिन्दुओं की पहचान भी दो भागों में बँट गई है? वहाँ के ब्राह्मण और कायस्थों के बारे में औसत असमिया लोग और वे खुद कहते हैं कि वे कन्नौज और इलाहाबाद से आए थे। दूसरे वाले कहते हैं कि उनके पूर्वज थाईलैंड से आए थे। कुछ दिनों पहले मुझे एक लड़का मिला जिसने मेरी विद्यार्थी से शादी की है। वे दोनों असमी हैं। मेरे पूछने पर उसने बताया कि उसके पूर्वज आठ सौ साल पहले यून्नान (चीन) से आए थे। जब वहाँ पर भुखमरी थी तब हम लोग यहाँ आकर बस गए। हमने उससे मजाक में कहा कि यार, तुम्हारी याद्दाश्त बहुत तेज है। दरअसल ये पहचान का सवाल है। वह लड़का क्यों अपने आपको चीन से जोड़ना चाहता है? कारण यह है कि इस समय असमी अस्मिता विघटित या विखंडित हो रही है। वह लड़का ये भी तो कह सकता था कि 150 साल पहले हम किसी सूखा पीड़ित असमिया इलाके से आए थे। उसने खुद को चीन से जोड़ा क्योंकि चीन इस समय ऊँचाई पर है। भारत की राष्ट्र निर्माण प्रक्रिया में हमें ये भी देखना है कि जो लोग भारतीय अस्मिता से अपनी पहचान अलग रखना चाहते हैं, उनकी कुछ शिकायतें हैं जिनकी सुनवाई नहीं होती। नाराजगी में वे कहते हैं कि

हम तुम्हारे साथ नहीं हैं। हालाँकि दरिया, जंगल और जमीन ने भारत और चीन को अगल-बगल का बनाया है। आप अपने पड़ोसी देश को अपने मुल्क के रूप में नहीं चुन सकते। चुनने के लिए पलायन करना पड़ता है। दुनिया के अलग-अलग इलाकों में करीब दो करोड़ अप्रवासी भारतीय हैं। इनमें से अधिकांश हिन्दू हैं। उन्हें जीने के लिए लगभग रोज-ब-रोज जनमत संग्रह का सामना करना पड़ता है। वे वहाँ हाशिए पर हैं। मिलान कुंदेरा के उपन्यास की तरह उनकी जिन्दगी होती है। मैंने 6 साल अमेरिका में रहकर इस बात को देखा है।

राष्ट्र निर्माण का सूत्र 19वीं सदी का है। इस बात को वे लोग सही नहीं कह रहे हैं बदकिस्मती से जिनके हाथ में हुकूमत आ गई है। भाई साहब! ये बहुत पुरानी दवाई है। यह जहर हो चुकी है। इसका इस्तेमाल मत करना। हिन्दू, मुसलमान, सिख और ईसाई को तो छोड़ दीजिए इसे तो जाट और पटेल भी कुबूल नहीं करेंगे। अब तो हिन्दुओं के बीच भी दरारें आ गई हैं। आर्थिक लूट परिवार के रक्त सम्बन्धों में दरार पैदा करती है। जहाँ पर अन्याय है वे इन रिश्तों को निरर्थक बना रहे हैं। आज हिन्दुस्तान के सामने बहुत सी चुनौतियाँ हैं। आज ढेर सारे विमर्श चल रहे हैं। कई समूह अतिवादी हैं। एक समूह को हिन्दू के अलावा कुछ नहीं दिखाई देता। वे सभी हिन्दुओं को एक जैसा समझते हैं। हिन्दू धर्म में जबरदस्त आत्ममन्थन चलता रहा है। एक छोर पर गांधी हैं तो दूसरे पर कबीर। एक जगह जवाहरलाल नेहरू हैं तो एक जगह अम्बेडकर। और एक स्थान पर सावरकर और गोलवलकर हैं। ये सब अपने-अपने तरीके से हिन्दू होने का दावा करते हैं। हिन्दुओं को सुधर जाने के लिए कहते-कहते अम्बेडकर थक गए। ऐसे बहुत से लोग जो बाबा साहब को मानते हैं फिर भी वे अपनी हिन्दू अस्मिता से समझौता करना चाहते हैं। ऐसा ही हाल मुसलमानों का है। कुछ लोग इस समुदाय को बुद्धिहीन समझते हैं जबकि इनकी प्रतिभा का लोहा यूरोप भी मानता है। अरब देश की मुस्लिम बौद्धिकता इतनी प्रखर थी कि यूरोपीय लोगों को 'अलजबरा' के लिए दूसरा शब्द नहीं मिला। अरब का जुड़ाव यूनान के साथ था और भारत के साथ भी। लेकिन मुसलमानों में भी जाति है। इसको लेकर पसमांदा और सय्यद-साहिबान के बीच बहस चल रही है। औरतों और मर्दों का सवाल केवल हिन्दुओं और सिक्खों का नहीं है, मुसलमानों के बीच भी है। ये तमाम सवाल हैं लेकिन ये सवाल पूछने नहीं दिए जाते। इसीलिए आज इस मुल्क में राष्ट्र निर्माण के लिए अतीत से जुड़ाव की पूर्ति बनी हुई है। लेकिन समाधान तो भविष्य में है अतीत में नहीं। न तो अकबर का दरबार लगाने में समाधान है न अशोक महान के राज्य में वापस लौटने में। मराठा साम्राज्य, सिक्ख साम्राज्य या पृथ्वीराज का साम्राज्य लाने में कोई समाधान नहीं। दुनिया बहुत आगे निकल चुकी है। दुनिया मानवता की तरफ आगे बढ़ रही है। दुनिया जाति की तरफ नहीं चलेगी, जाति का भविष्य राष्ट्रीयता के साथ जुड़ने में है। इसमें अब कोई शक नहीं

रह गया है कि राष्ट्रीयता और जातिवाद में जब-जब विरोध होगा, जाति हारेगी। यही स्थिति साम्प्रदायिकता की भी है।

परम्परागत अस्मिताओं का राजनीतिकरण हो रहा है। धार्मिक अस्मिता और जातीय अस्मिता का राजनीतिकरण हो जाता है। जब पार्टियाँ कमजोर होती हैं तो जातियाँ और सम्प्रदाय मजबूत हो जाते हैं। कांग्रेस पार्टी से हमारी यही शिकायत है। भारत के सपनों को साकार करने के लिए उसे बहुत बड़ा मौका मिला था, लेकिन कांग्रेस पार्टी अपने ही पाले में गोल करके फँस गई। उसका मिशन बदल गया। आज बहुत कुछ जो नयी फसलों के कांटे हमारे पाँव में गड़ रहे हैं अभी जेएनयू में ये कांटे गड़ रहे हैं और तीन साल या पाँच साल बाद भी ये कांटे गड़ेंगे। उसके लिए पिछले 60-65 सालों के छूटे हुए अवसर जिम्मेदार हैं। इसी कारण मुल्क की बनावट में दिक्कतें आ रही हैं। वे इसको स्वीकार नहीं करना चाहते कि भारत एक नए युग की तरफ बढ़ रहा है। कुछ लोग अर्द्ध-औपनिवेशिक और अर्द्ध-सामन्ती दौर में जी रहे हैं। उन्हें लगता है कि ब्रिटिश हमें शक्ति का हस्तान्तरण करके गया है। लेकिन वास्तव में सत्ता का ही हस्तान्तरण नहीं हुआ है। आज बहुत कुछ बदला है, केवल राष्ट्र ही नहीं, यहाँ के नागरिक भी आगे बढ़े हैं। सामान्य लोगों की क्षमताएँ बढ़ी हैं लेकिन 'वे लोग' वहीं ठहरे हुए हैं। मैं भी उसी परम्परा से आता हूँ जिसने भारतीय संविधान सभा को एक नापाक समझौता माना था। पूरी कांग्रेस सोशलिस्ट पार्टी ने गांधी और कम्युनिस्टों की तरह यह घोषित किया था कि वे संविधान सभा में नहीं जाएँगे, क्योंकि इसके लिए उन्हें ब्रिटिश क्राउन की स्वामी-भक्ति की कसम खानी होगी। जवाहरलाल नेहरू, राजेन्द्र प्रसाद, मौलाना आजाद और बाबा साहब अम्बेडकर आदि संविधान सभा में गए। उन्होंने संविधान बनाया। अब तक उस संविधान में 100 से अधिक संशोधन हो चुके हैं। आज प्रजातांत्रिक समाजवादी परम्पराओं को कानून और संविधान में बहुत स्थान मिल गया है। संविधान की कई धाराओं को चुनौती दी गई। जैसे आज 124(A) को आप लोग चुनौती दे रहे हैं। आपातकाल के समय लागू किए गए बहुत से विनाशकारी प्रावधान समाप्त कर दिये। इस प्रकार धीरे-धीरे संविधान को जीने लायक और अपनाने लायक बना लिया गया। जिस प्रकार का इतिहास बोध डॉ. अम्बेडकर का था उसी तरह का इतिहास बोध हम सबका होना चाहिए। मैं लोहियावादी होने के बावजूद ये कहना चाहता हूँ कि लोहिया में यह इतिहास बोध नहीं था। यही बात मैं दूसरों से भी कहना चाहता हूँ कि अगर हिन्दुस्तान को एक शानदार मानव समाज बनाना चाहते हैं जिसकी चाहत सार्वभौमिकता, मनुष्यता और मानवतावाद स्थापित करने की हो, उनके लिए जरूरी है कि वे समय और स्थान के संयोजन को ठीक से समझें। उन्होंने बहुत डरा रखा है कि देश टूटने वाला है। यह बात भी सही है कि हिन्दुस्तान की एक-तिहाई सेना इसकी रखवाली करने में परछाईं की तरह पीछे

खड़ी रहती है। ये इनकी असफलता है। लोकतांत्रिक संस्था की ये सीमा है। संसदीय लोकतंत्र विरोधाभासी हो चुका है। हर चुनाव में काला पैसा, नंगा नाच करता है। प्रत्येक चुनाव के बाद संसद में कुछ और अपराधी बढ़ जाते हैं। ये बात हम नहीं कह रहे हैं। उमर खालिद और अनिर्वान ने भी ये बात नहीं कही। यह तथ्य एसोसिएशन ऑफ डेमोक्रेटिक रिफार्म ने पेश किए हैं। इसके संस्थापक आईआईएम जैसे संस्थान के प्रोफेसर जैसे लोग हैं। अभी असम में चुनाव हो रहे हैं। देखिए किस तरह के नारे लग रहे हैं वहाँ। भारतीय राष्ट्र के निर्माण के लिए अब विकेन्द्रीकरण की तरफ बढ़ने की जरूरत है। हमारी सभ्यता और विरासत भी विकेन्द्रीकरण की जरूरत की तरफ इशारा करती है।

मैंने यहाँ बोलने के लिए जब पढ़ने की कोशिश की तो, पंजाबी सूबे को लेकर मैं बहुत डरा हुआ था। आज पंजाब में क्या हो रहा है? कुछ लोग एक टेलीविजन चैनल की माँग कर रहे थे जिसमें लगातार गुरुवाणी सुनाई जा सके। वहाँ पर एक किसानों की पार्टी अकाली दल है। उसकी परम्परा उपनिवेशवाद विरोधी है। आपातकाल में सिवाय पंजाब के सारा मुल्क डर गया था। अकाली वहाँ रोज सत्याग्रह करते थे। उसके बारे में कहा जा रहा था कि अगर अकाली, सरकार में आकर चण्डीगढ़ में बैठ गए तो ये हमारी नहीं सुनेंगे। ये पाकिस्तान से मिलकर पंजाब को अलग कर देंगे। कैसे-कैसे भूत डराते हैं इनको, आज बार-बार ये पंजाब दौड़ते हैं। आज पंजाब एक मजबूत बाँध की तरह है। हिन्दुस्तान की रक्षा के लिए हर तरह से तैयार है। पंजाब हर तरह से देश को योगदान दे रहा है। मैं तमिलनाडु के रामास्वामी नायकर पेरियार का लेख पढ़ रहा था। यह महत्त्वपूर्ण लेख है 'कम्युनिस्ट घोषणा पत्र' की जैसी इज्जत मार्क्सवादी करते हैं, इसका वैसा ही सम्मान तमिलनाडु में पेरियार को मानने वाले लोग करते हैं। इस लेख में परियार ने धर्म के ढोंग (फ्राड ऑफ रिलीजन) के बारे में लिखा है। वे कहते थे कि 'देश के चार दुश्मन हैं। सबसे बड़ा दुश्मन ब्राह्मण है, दुश्मन नम्बर दो हिन्दी, तीसरी कांग्रेस और चौथे गांधी हैं।' वे कहते थे कि द्रविड़स्तान बनाना है। इसी तमिलनाडु की राजनीति में एक दिन ऐसा आया, जब DMK और AIDMK; दोनों पार्टियों के लोगों ने भारत की केन्द्र सरकार से जाफ़ना (श्रीलंका) में अपने दूसरे तमिल भाइयों और बहनों पर सैन्य हमले की सिफारिश की।

राष्ट्र निर्माण के लिए प्रत्येक व्यक्ति में धैर्य की बहुत जरूरत होती है। धैर्य दूसरे सन्दर्भों को समझने की सामर्थ्य देता है। आज यह धैर्य नहीं है। वे कहते हैं कि हम इतिहास में बेमिसाल हैं। हाँ, ये बात ठीक है कि भारत में स्वाधीनता के बाद पहली बार आरएसएस का सौ फीसदी अनुयायी प्रधानमंत्री है। इसके पहले अटल बिहारी वाजपेयी भी संघ से जुड़े हुए थे। लेकिन उनकी मुस्लिम नफरत पहचान में नहीं आती थी। वे राम मन्दिर के खिलाफ थे। लोग उनके बारे में कहते थे कि यह कहाँ धोती

में नेहरू आ गया है। आरएसएस कैडर में अटल बिहारी की प्रतिष्ठा अच्छी नहीं थी, देश में जरूर रही होगी। मोदी जी की 24 कैरेट प्रतिष्ठा आरएसएस में है। लेकिन ये गलतफहमी में हैं कि ये बेमिसाल हैं। इनसे ज्यादा सादगी वाले प्रधानमंत्री लालबहादुर शास्त्री और चौधरी चरण सिंह थे। न तो ये समझदारी में बेमिसाल हैं। नेहरू ने कई किताबें लिखी थीं। उसके दस पन्ने भी ये नहीं लिख पाएँगे। ये पटना में जाकर तक्षशिला खोज रहे थे! इनकी कैबिनेट भी बेमिसाल है! इनका गृहमंत्री अपनी कुर्सी के नीचे ही आग लगाने में माहिर है। अगर हमारे बनारस वालों को पिटवाया होता या कश्मीर वालों पर हमला किया होता तो चल भी जाता, जेएनयू पर ही हमला कर दिया। और दावा किया कि हम इसको काबू में कर रहे हैं। अब देखो, चार हफ्तों में ही तीन सभाएँ हो गईं और हर सभा पिछली रैली से बड़ी हो रही है।

अब राष्ट्र निर्माण व राष्ट्रीयवाद के सवाल पर राष्ट्रीय कॉन्फ्रेंस करने की जरूरत है। दरअसल, भारत के राष्ट्र निर्माण में पाँच सवाल हैं जिन्हें हम सुलझाने के कगार पर आ गए हैं। पहला सवाल धार्मिक बहुलता का है। एक विशिष्ट धार्मिक संस्कृति लादने में यूगोस्लाविया बरबाद हो गया। टीटो का सपना चूर-चूर हो गया। अब वे धर्मनिरपेक्षता के साथ जीना सीख गए हैं। जेएनयू में तो इफ्तार और होली दोनों का इंतजार रहता है। इफ्तार, बढ़िया बिरयानी खाने के लिए और होली मजे से भांग पीकर नाचने-गाने के लिए। हमें उसमें कोई झगड़ा नहीं लगता। दोनों में गले ही मिलते हैं। किसी में एक-दूसरे को चाकू नहीं मारते। इसे पूरे मुल्क में फैलना है। जेएनयू से जो एक बार गया वह हमेशा जेएनयू बनकर रहा। धीरे-धीरे ये सब जगह फैल रहा है। अब हमें सिक्खों को देखकर डर नहीं लगता कि आतंकवादी चला आ रहा है। अब लगता है कि वह बुल्लेशाह का वारिस चला आ रहा है। यही बात मैं मुसलमानों के बारे में भी कहता हूँ। कितना झूठ बोलोगे भाई, कभी-कभी तो सच जबान पर लाया करो।

इसी तरह से 'जाति' का सवाल है। भारत में रहते हुए, या तो हम जातिवाद के साथ या जाति से बाहर जाकर आज की वैश्विक व्यवस्था में इसे चुनौती दें। जाति के सवाल पर जब एक बार मण्डल कमीशन आया तो गृहयुद्ध जैसे हालात पैदा हो गए। लेकिन जब मण्डल-दो आया तो कुछ खास नहीं हुआ। अभी जो आरक्षण को लेकर बहस चल रही है ये अपने अन्तिम पायदान पर है। लोकतंत्र में एक प्रभुत्वशाली जाति का आरक्षण माँगना मूर्खतापूर्ण राजनीति का एक सुन्दर उदाहरण है। अगर पटेल, जाट, ठाकुर, भूमिहार पिछड़े हैं तो अगड़ा कौन रह गया। पहले भी ये मूर्खतापूर्ण काम किया गया है। अंग्रेजों के समय में साइमन कमीशन मॉयनारटी (अल्पसंख्यक) समुदायों का पता लगाने जब आया तो ब्राह्मणों, ठाकुरों तक ने माँग पत्र प्रस्तुत किया कि वे अल्पसंख्यक समुदाय हैं। सिवाय भारतीय राष्ट्रीय कांग्रेस के कोई दूसरा नहीं था जो यह कहे कि हम अल्पसंख्यक नहीं हैं।

जाति के सवाल के बाद 'लैंगिक न्याय' राष्ट्र निर्माण के लिए तीसरा सवाल है। राजनैतिक रूप से लैंगिक न्याय सही है। सामाजिक दृष्टिकोण से भी हमें इसे सही करना है। राष्ट्र निर्माण के तमाम दावों के बावजूद एक स्त्री के सामने घर से लेकर बाहर तक, एक कैदखाने से दूसरे कैदखाने में गुजरने की मजबूरी है। इसको किसी ने 'औरत होने की सजा' कहा है। औरत के दिल से एक ही चीख निकलती है—'अगले जनम मोहे बिटिया न कीजौ'। इसको ठीक किए बिना कौन-सा मुल्क बन रहा है। अब औरत एक कदम नहीं बढ़ने देगी। वह लड़ के रहेगी। वह जीतेगी और अपना हक लेके रहेगी। राष्ट्र निर्माण में चौथा महत्त्वपूर्ण सवाल है 'क्षेत्रीय असमानता' का। उड़ीसा, तेलंगाना, झारखंड, छत्तीसगढ़ को नक्सल प्रभावित क्षेत्र कहकर खारिज नहीं कर सकते। वे अपना हिसाब माँगते हैं और उनको हिसाब देना पड़ेगा। क्षेत्रीय विषमता भारत के राष्ट्र निर्माण में बहुत बड़ा रोड़ा है। बहुत दिनों तक यू.पी., बिहार के लोग महाराष्ट्र की सड़कों पर पिटने के लिए तैयार नहीं होंगे। बहुत दिनों तक पूर्वोत्तर के लोग दिल्ली और बैंग्लोर में डर-डरकर जीने को तैयार नहीं होंगे। हमें ऐसा राष्ट्र नहीं चाहिए जिसमें डर के जीने की मजबूरी हो। हमें सिर उठाकर चलना है। यही रवीन्द्रनाथ टैगोर का सपना था। आज आप सब ये बात कह रहे हैं और इस पर बहस कर रहे हैं। इसी नाते राष्ट्र विरोधी हो गए हैं। आज की युवा पीढ़ी भारतीय विश्वविद्यालयों में पढ़ने के लिए लड़ाई लड़ रही है। 'ऑकोपाई यूजीसी' से लेकर ओपन यूनिवर्सिटीज की लड़ाई चल रही है। हमारी इस पीढ़ी को इस देश से प्यार है। तभी वह पढ़ने के लिए लड़ रही है। लेकिन ये जो नकली देशभक्त हैं उनके बच्चे-बेटे, बेटियाँ, बहुएँ सब अमेरिका और यूरोप में बस रहे हैं। मीडिया को इस पर शोध करना चाहिए कि हिन्दुस्तान के मौजूदा शासक वर्ग में कितने लोग ऐसे हैं जिनका एक पाँव भारत में और दूसरा अमेरिका या यूरोप में रहता है। कितने लोग हैं जिनका भविष्य विदेशों में पलता है। विदेशों में बसे हुए इनके बच्चों से लेकर विदेशों के बैंक खातों तक इनका भविष्य बन रहा है। ये बिलकुल बनावटी, झूठे और खतरनाक किस्म के देशभक्त हैं।

साथियो, हर किसी को ये चार चीजें चाहिए। पहले चाहिए, न्याय। आप में से कौन ऐसा है जो अन्याय के साथ जीना कुबूल करेगा। कन्हैया हो या नरेन्द्र मोदी सबकी एक सामान्य इच्छा है कि वे एक न्यायपूर्ण समाज में रहें। इसीलिए आजादी की लड़ाई लड़ी गई थी, इसी के लिए तमाम लोग फाँसी के फंदों पर झूल गए थे। उन्हें लगता था कि मौत जिन्दगी से बेहतर है। दूसरी बात जो हम सबको प्यारी है जैसे—हमारी माँ हमें प्यारी है वैसे ही हमें इज्जत प्यारी है। कोई भी इज्जत रहित सोने के पिंजरे में कैद होकर नहीं रह सकता। आदमी अकेला भी इज्जत के साथ रह सकता है। इसीलिए बिहार, उड़ीसा और उत्तर प्रदेश के गाँव के लोग कहते हैं कि आधी रोटी खाएँगे लेकिन इज्जत की रोटी खाएँगे। इन प्रदेशों के कुछ इलाकों में मेरा

आना-जाना रहता है। वहाँ पीने का पानी नहीं है, रहने के लिए घर नहीं है लेकिन लोगों की अपनी इज्जत है। इज्जत के बाद जो चीज हर किसी को चाहिए वह है पहचान। जाहिर है एक व्यक्ति की कई अस्मिताएँ होती हैं। कभी मुझे भोजपुरिया होने में मजा आता है, कभी बनारसी होने में, तो कभी समाजवादी होने में। इसलिए मैं कहता हूँ कि अस्मिताओं के बीच श्रेणीक्रम बनाने की कोई जरूरत नहीं है। न्याय, इज्जत और अस्मिता के बाद जो चौथी चीज सब चाहते हैं वो है शान्तिपूर्ण उन्नति।

कम्युनिस्ट आन्दोलन से जुड़े लोगों को इस बात की खुशी होनी चाहिए कि जबसे जेएनयू का घटनाक्रम हुआ है, तब से सत्ता में बैठे लोगों को बहुत कुछ समझ में आ रहा है। इन्हें न तो मुसलमानों के बारे में कुछ पता है न हिन्दुओं के बारे में। ये सिर्फ इतना जानते हैं कि इनका सत्ता पर कब्जा हो गया है। इसलिए इन्होंने चाहा है कि जहाँ से सवाल उठाए जा सकते हैं उन संस्थाओं को खतरनाक घोषित करके बन्द कर दो। विश्वविद्यालयों पर हमला कर दो, न्यायपालिका को हथिया लो, विपक्षी दलों को हतोत्साहित कर दो। जनाब! ऐसे जनतंत्र नहीं चलता। आप इस मायने में जरूर बेमिसाल हैं कि कालिदास की तरह आप जिस डाल पर बैठे हुए हैं, उसी को काट रहे हैं। जब इस जनतंत्र का ढाँचा ढह जाएगा तो संसद के इर्द-गिर्द रहने वाले घरों में भी अमन-चैन नहीं रहेगा, अराजकता आ जाएगी।

सत्ता, साहित्य और अवाम

गोपाल प्रधान

मैं अम्बेडकर विश्वविद्यालय, दिल्ली में हिन्दी पढ़ाता हूँ और उस नाते से मुझे ये जरूरी लगा कि मैं यहाँ आकर बोलूँ क्योंकि हमारे जो वर्तमान शासक हैं वे अपने आप को हिन्दी का पक्षधर मानते हैं। इसलिए भी मुझे लगा कि हिन्दी क्या है, उसका किस तरह से इस्तेमाल हमारे शासकों द्वारा किया जा रहा है उसके परिप्रेक्ष्य में अपनी बातें रखूँ। आप लोगों को पता चला होगा कि आजकल सरकार की तरफ से ढेर सारी योजनाएँ चल रही हैं। उनमें स्किल इंडिया, मेक इन इंडिया, स्टार्टअप इंडिया आदि हैं, लेकिन भारत कहीं नहीं है उसमें। तो सबसे पहली बात तो यही है कि यह जो हिन्दी अनुराग है वर्तमान शासन का, वह तो है ही नहीं। वह कुल मिलाकर नव-उपनिवेशीकरण या फिर से उपनिवेश बनाने के लिए एक जुमले की तरह धोखा देने के लिए हिन्दी का इस्तेमाल हो रहा है। इसलिए भी मैं हिन्दी और विशेष रूप से साहित्य के पक्ष से अपनी बात रखने आया हूँ क्योंकि यह जो साहित्यकारों की दुनिया है और जिसने स्वाभाविक रूप से, वर्तमान दौर में जब घुटन बढ़ने लगी तो साहित्यकारों और बुद्धिजीवियों ने इस माहौल में बाकायदे एक सामाजिक व्यक्तित्व की तरह से हस्तक्षेप किया।

जेएनयू पर जो हमला है उसके बारे में एक चीज मैं गहराई से मानता हूँ और वह यह कि जो तीन बुद्धिजीवियों की हत्या हुई, गोविन्द पानसरे, नरेन्द्र दाभोलकर, और एम.एम. काल्बुर्गी, उन हत्याओं का यह विस्तार है जो जेएनयू पर आक्रमण हुआ है। क्योंकि ये साहित्यकार लोग थे और इनकी हत्या की गई एक बुद्धि विरोधी वातावरण बनाने के लिए। और उसी हत्या की एक अगली कड़ी है एक संस्था की हत्या करने की कोशिश। यह जो हत्या करने की कोशिश है यह सिर्फ संस्थाओं की हत्या करने की कोशिश नहीं है बल्कि सोचने-समझने और सोचने-समझने वाले लोगों का जो तरीका होता है विरोध करने का जिसे साहित्य भी कहते हैं, ये इन सबकी हत्या है।

संस्कृत में कहा जाता है कि ''अपारे काव्य-संसारे, कविरेव प्रजापति:''। तो यह जो कवियों की दुनिया है वह दुनिया एक वैकल्पिक दुनिया है। वास्तविक

दुनिया के सामानांतर वो एक प्रतिसंसार की रचना करते हैं और बहुत कुछ सिर्फ दुनिया के समानांतर ही नहीं बल्कि इस दुनिया के विरोध में प्रतिरोध की एक दुनिया का निर्माण करते हैं। साहित्यकार और इस नाते से पूरी दुनिया में साहित्य का काम एक हद तक ब्लासफेमी है। पिछले दिनों मैं सुन रहा था कि किसी ने कहा कि सरकार की आलोचना करना ब्लासफेमी है तो साहित्य की जो दुनिया है वो एक तरह से ब्लासफेमी की दुनिया है क्योंकि ये साहित्यकार ईश्वर के बनाए हुए संसार के मुकाबले एक प्रति-संसार की रचना करते हैं और इसीलिए आप जानते हैं कि वशिष्ठ के मुकाबले साहित्यकार अपने आप को विश्वामित्र की सन्तानें मानते हैं। उन्होंने एक प्रतिसंसार की रचना की है जो प्रतिरोध का संसार है और किसी भी सत्ता के खिलाफ वो खड़ा होता रहा है फिर चाहे वह धर्म सत्ता हो या फिर वह पूँजी की सत्ता हो। और ये हिन्दी और उर्दू दोनों साहित्य से सिद्ध होता है—

काबा मेरे पीछे है, कलीसा मेरे आगे (गालिब)
कश्का खेंचा दैर में बैठा, कबका तर्क इस्लाम किया (मीर)

जो सत्ताएँ होती हैं वो आमतौर पर लोगों का गला घोटकर, लोकतंत्र को खत्म करके खड़ा होना चाहती हैं और यहाँ पर तो इतिहास से बहुत सारे लोगों ने बात रखी। प्रसिद्ध इतिहासकार हाब्सबाम ने इस बात को निरन्तर चिह्नित किया है कि लोकतंत्र या सार्वभौमिक बालिग जनमत या मताधिकार के साथ पूँजीवाद कभी भी सहज नहीं रहा है। पूँजीवाद हमेशा से एक अल्पतांत्रिक शासन रहा है और ये पूँजी की सत्ता आमतौर पर लोकतंत्र को ख़त्म करके आती है। हिन्दी साहित्य के बहुत बड़े लेखक रामचंद्र शुक्ल ने एक लेख लिखा कि कविता क्या है और उसमें उन्होंने यही कहा कि कवि का काम शासक की प्रशंसा करना नहीं है, कवि का काम पैसे के सामने घुटने टेक देना नहीं है बल्कि कवि का काम है देश की जनता के जीवन में निहित सृजनात्मकता को पहचानना। इसलिए साहित्य बजाय सत्ता के, लोगों के साथ खड़ा होता रहा है। ब्रेख्त की एक बहुत प्रचलित कविता है।

इस जनता ने सरकार का विश्वास खो दिया है,
सरकार को मेरी सलाह है कि वो इस जनता को भंग कर दे
और अपने लिए दूसरी जनता चुन ले

कहने का मतलब है कि 'जनता बनाम सरकार' हमेशा से ही साहित्यकारों को महसूस होता रहा है। उन्हें लगता रहा है कि सरकार और जनता कभी एक-दूसरे के साथ खड़े नहीं होते हैं। और इसीलिए हरेक सरकार चाहती है कि उसे और देश को एक मान लिया जाए। ऐसी स्थिति में ये जो साहित्यकार लोग हैं जो चुने हुए लोग नहीं हैं लेकिन अन्त:करण के सिपाही होते हैं और इसलिए ये लोग जनता के पक्ष से खड़ा होकर कहते हैं कि सरकार का विरोध करना सबसे बड़ी देशभक्ति है। गांधी ने संसद के बारे में कहा कि संसद ने आज तक जनता के लिए कोई भी फायदेमन्द

कानून पास नहीं किया। उसका कारण ये है कि जो लोग संसद में जाते हैं वो सरकार बनाते हैं और सरकार कभी भी जनता के प्रति संवेदनशील नहीं होती है। सरकार और जनता में हमेशा से विरोध होता रहा है और इस विरोध में साहित्य जनता के साथ खड़ा होता है।

साहित्य हमेशा से छोटी चीजों के पक्ष में खड़ा होता है। वीरेन डंगवाल हिन्दी साहित्य में इसीलिए मशहूर हैं कि उन्होंने छोटे-छोटे लोगों की ताकत को सामने रखा। बड़ी चीजें शासकों को पसन्द आती हैं। वृहदाकार चीजों का जो डिस्कोर्स होता है वो हमेशा शासन का डिस्कोर्स होता है और उसके मुकाबले साहित्य छोटी चीजों का डिस्कोर्स खड़ा करता है। नागार्जुन ने एक कविता लिखी—''नभ में विपुल विराट सी, शासन की बन्दूक''। आज सबकुछ विराट बनाया जा रहा है : सबसे बड़ी मूर्ति, सबसे बड़ा झंडा लगेगा। लेकिन साहित्य छोटे के लिए खड़ा होता है क्योंकि जनता की ताकत उसके छोटेपन में है। जनता की ताकत उसके अनेक होने में है। इन छोटी छोटी ताकतों को मिलाकर ही बड़ी ताकत बनती है।

हावर्ड जिन ने लिखा है कि हमेशा शासक लोग इस बात को कहते हैं कि अब बदलाव नहीं आएगा क्योंकि अब नौजवान आदर्शवादी नहीं रहे और वो बदलाव नहीं कर पाएँगे। लेकिन इतिहास में ये बात इतनी बार झूठी साबित हो चुकी है कि अभी ये बात और भी अनेक बार झूठी साबित होगी। उदाहरण के तौर पर उन्होंने बताया कि चालीस और पचास के दशक में सभी लोगों ने सोच लिया था कि अब नौजवान उपभोक्ता मात्र बन कर रह जाएगा और परिवर्तन अब सम्भव नहीं है पर साठ के दशक में पूरी दुनिया के नौजवान सड़कों पर निकले और समय को अपनी परिवर्तनकामी भावना की गर्मी से भर दिया। इसलिए कुल मिलाकर ये जो लड़ाई है वो परिवर्तन न चाहने वालों और चाहने वालों के बीच में है और इस लड़ाई में साहित्य परिवर्तन के साथ खड़ा है।

आजादी की लड़ाई के समय प्रेमचन्द ने एक लम्बा लेख लिखा—'क्या निर्मल जी वास्तव में राष्ट्रवादी हैं?' और इस लेख में प्रेमचन्द ने कहा कि एक सज्जन हैं जो जाति प्रथा का समर्थन कर रहे हैं। लेकिन जाति प्रथा का समर्थन करने वाला राष्ट्रवादी कैसे हो सकता है? जाति प्रथा से पीड़ित लोग कभी भी अपने आप को इस राष्ट्र का महसूस नहीं कर पाएँगे। कहने का मतलब यह है कि साम्राज्यवाद में विरोध में लड़ते हुए प्रेमचन्द ने इस बात को रखा कि सामन्तवाद का भी विरोध आपको करना पड़ेगा। इसी तरह हिन्दी के कवि थे रघुवीर सहाय जिन्होंने लिखा कि—

राष्ट्रगीत में भला कौन वह भारत भाग्य विधाता है?
फटा-सुथन्ना पहने जिसका गुन हरिचरना गाता है।

हरिचरण इस देश का एक आम नागरिक है जिसके पास पहनने के लिए पाजामा भी नहीं, बल्कि सिर्फ सुथन्ना है और वो भी फटा हुआ है लेकिन वो

अधिनायक का गीत गाता है। यह कविता औपनिवेशिक छवियों के विरोध में लिखी गई है। ऐसे ही नागार्जुन लिखते हैं—

आओ रानी, हम ढोयेंगे पालकी,
यही हुई है राय जवाहरलाल की।

पुनः उपनिवेशीकरण जो आ रहा था इस देश में, उसको नागार्जुन ने उसी समय पहचान लिया था। इसलिए देशभक्ति का जो स्वर उन्होंने उठाया था उसका मतलब था साम्राज्यवाद और सामन्तवाद का विरोध, उस चीज का विरोध जिसने अपने ही लोगों की सृजनात्मकता को रोके रखा है। इस तरह से उन लोगों ने देशभक्ति को परिभाषित किया।

देश कागज पर बना हुआ नक्शा नहीं होता है। कैफ़ी आज़मी लिखते हैं—

ये जो दुनिया का पुराना नक्शा
तुमने मेज पर बिछा रखा है,
इसमें कावाक लकीरों के सिवा कुछ भी नहीं,
तुम मुझमें इसमें कहाँ ढूँढ़ते हो?

इसलिए देश लकीरों से बना हुआ नक्शा नहीं होता है बल्कि लोगों से बनता है। और अगर लोगों के प्रति आपको मोहब्बत नहीं है तो कोई देशभक्ति नहीं हो सकती है। जो देशभक्ति साहित्यकारों ने गढ़ी स्वाधीनता आन्दोलन के दौरान, उसमें मूल बात यही थी कि साम्राज्यवाद और सामन्तवाद विरोध और सामन्तवाद के भी ठोस रूपजातिवाद का गला पकड़ने से ही वे देशभक्ति को परिभाषित कर रहे थे। आजादी के बाद भी उपनिवेशवाद की जो छाया मौजूद थी उसका विरोध करते हुए रघुवीर सहाय ने ऊपर की जो पंक्तियाँ लिखी थीं उन पर आज की तारीख में पन्द्रह सीडीशन के आरोप लग जाते क्योंकि इसमें सीधे राष्ट्रगीत का मजाक उड़ाया गया है। ऐसे ही धूमिल नाम के एक कवि लिखते हैं—

देश क्या तीन थके हुए रंगों का नाम है,
जिन्हें एक पहिया ढोता है
या इसका कुछ खास मतलब होता है?

अब सोचिये कि अगर यह कविता वे आज के समय में लिखते तो उनपर कितना देशद्रोह का मुक़दमा लगता!

आज जिस तरह से राजद्रोह को देशद्रोह में तब्दील कर दिया गया है वह बहुत ही खतरनाक है। वर्तमान निज़ाम का विरोध करना तो हमारा धर्म है क्योंकि बिना उसका विरोध किये समाज में बदलाव आ ही नहीं सकता। मुझे लगता है कि ये जो कुछ दिनों से जेएनयू और अन्य स्थानों पर चल रहा है ये आज़ादी की दूसरी जंग है और इसमें बड़े सवाल हल होने हैं। जो सवाल हल होना है वह यह कि क्या किसी समाज को अपने ही आलोचकों के लिए जगह बनानी चाहिए कि नहीं चाहिए?

कबीरदास ने लिखा है—'निन्दक नियरे राखिये, आँगन कुटी छवाय।' समाज को इस बात की जरूरत होती है कि अपने आलोचकों के लिए वो जगह निर्मित करे और विश्वविद्यालय ऐसी ही एक जगह है जो समाज में बदलाव की दिशा देते हैं और बदलाव की चाहत पैदा करते हैं क्योंकि किसी भी समाज में सभी लोग सुखी नहीं रहते हैं। इसलिए जो लोग वंचित तबके के हैं उनके अन्दर हमेशा इस बात की चाहत रहती है कि समाज की परिस्थिति को बदला जाए। उस बदलाव की इच्छा को आकार देना बिना एक बौद्धिक खुलेपन की जगह के सम्भव नहीं है। इसीलिए मैं इसे दूसरी आज़ादी की लड़ाई कह रहा हूँ क्योंकि पहली आज़ादी की लड़ाई में विश्वविद्यालय हमें बिना आलोचना करने की स्वतंत्रता की लड़ाई लड़े ही मिल गया था। इसलिए हम उसके महत्त्व को समझ नहीं पाए थे। इस आलोचना की रूपरेखा कोई निर्धारित नहीं कर सकता है।

हम चाहते हैं कि पूरा देश जेएनयू हो जाए और लड़ाई इसी बात के लिए है। अर्थात् पूरा देश एक ऐसे लोकतांत्रिक माहौल में ढले जिसमें बहस और बातचीत की गुंजाइश बने। उसके आधार पर जनता के पक्ष में सामाजिक बदलाव की सहमति बने। यह भी देशभक्ति का ही अंग है। इससे बड़ी देश से मोहब्बत नहीं हो सकती है कि देश की अवस्था को सुधार करने के लिए हम देश के वर्तमान की आलोचना करें। यह जो नया प्रतिरोध पैदा हुआ है इसने सृजनात्मकता के तक़रीबन सभी मानदंड तोड़ दिए हैं। यह भी सही बात है कि स्वतंत्रता आन्दोलन के दौरान भी बहुत ही सृजनात्मक ढंग से प्रतिरोध हुआ था। इसीलिए हमने जितने भी साहित्यकारों का ऊपर नाम लिया, उन्होंने उस समय की व्यवस्था का बहुत ही सृजनात्मक ढंग से प्रतिरोध किया। उदाहरण के तौर पर वैकल्पिक क्लास जो आप लोग चला रहे हैं, वह भी तो एक नया सृजन है। यह जरूरी है कि ज्ञान जीवन सन्दर्भों से जुड़े और जीवन सन्दर्भ हमेशा जीवन संघर्षों से पैदा होते हैं। इसीलिए प्रेमचन्द ने एक बात कही थी कि साहित्य की अनेक परिभाषाएँ दी गई हैं लेकिन मुझे सबसे ज्यादा जो परिभाषा पसन्द है वह यह कि साहित्य जीवन की आलोचना है। आप संसद में जो बहस हो रही है उसे देख लीजिए और जेएनयू में जो बहस हो रही है उसे देख लीजिए, आपको पता चल जाएगा कि देश और समाज का आगामी नेतृत्व कहाँ फल-फूल रहा है; जो पुराने नेतृत्व से ज्यादा परिवक्व, ज्यादा जिम्मेदार और ज्यादा गहरा साबित होने वाला है।

गांधी का राष्ट्रवाद

तनिका सरकार

मैं अपने भाषण की शुरुआत राष्ट्र (nation) की विभिन्न परिभाषाओं से करूँगी, जिनसे हम सभी परिचित हैं। एक ब्रिटिश परिभाषा के अनुसार—"Rule Britainia rule the waves" जिसका अर्थ है—"Nationalism driving colonization" ''राष्ट्रवाद उपनिवेशवाद को लाता है।'' इसके अतिरिक्त कुछ अन्य परिभाषाएँ भी हैं, जैसे—''मेरा राष्ट्र सभी राष्ट्रों से ऊपर है तथा मेरा राष्ट्र मानवता, तर्क तथा नैतिकता से भी ऊपर है।'' इसके अतिरिक्त और भी परिभाषाएँ हैं, जो धार्मिक राष्ट्रवाद से सम्बन्धित हैं। यह स्पष्ट करती हैं कि ''यह राष्ट्र उनका है जहाँ एक धर्म को मानने वालों का बाहुल्य हो।'' यह परिभाषा अल्पसंख्यक धार्मिक सम्प्रदाय के लोगों को राष्ट्र से अलग करती है। दूसरी तरफ एशिया तथा अफ्रीका में होते त्वरित उतार-चढ़ाव के फलस्वरूप उपनिवेशवाद विरोधी लोगों के द्वारा भी दी गई परिभाषाएँ हैं। यद्यपि इनके बीच कोई बहुत महत्त्वपूर्ण अन्तर या विभाजन देखने को नहीं मिलता जो इन्हें एक-दूसरे से बिलकुल अलग स्पष्ट कर सके। प्राय: ये परिभाषाएँ आपस से अंशच्छादित (overlaped) रही है। वैसे तो ऐसे बहुत-से लोग हुए हैं जिन्होंने गांधी के राष्ट्रवाद पर बहुत कुछ कहा था, लिखा है, किन्तु मैंने गांधी के राष्ट्रवादी दृष्टिकोण में आए विरोधाभास को कुछ अलग सन्दर्भों में देखने का प्रयास किया है। ये विरोधाभास यह समझने में सहायक हैं कि अपने आलोचकों के साथ हुई खुली बहस के फलस्वरूप किस प्रकार गांधी ने इस सम्बन्ध में अपने विचार स्वयं बदले हैं, ये हमें उनके विचारों में आए अन्तर तथा उनकी समस्याओं को समझने में भी सहायता करता है।

अन्य विश्वविद्यालयों की अपेक्षा इस विश्वविद्यालय की यह परम्परा रही है कि हम सभी विषयों पर आलोचनात्मक एवं विश्लेषणात्मक रूप से कार्य करते हैं, जबकि उन्हें समस्यात्मक आँकड़ों के रूप में देखा जाता है। फिर भी हम इसे अपने आत्मसम्मान का विषय मानते हैं और मैं जो कहती हूँ, वह अपनी आत्मा से कहती हूँ। जैसा कि हमारे पास सीमित समय है। मैं गांधी के दो राष्ट्रवाद सम्बन्धी

अन्तर्बद्ध परिप्रेक्ष्यों पर चर्चा करूँगी जिसमें पहला है 'ग़रीबी' और दूसरा 'जाति'। मैं यहाँ आदिवासियों के बारे में बात नहीं करूँगी क्योंकि गांधी असमझौतावादी धर्मनिरपेक्ष व्यक्ति थे। यहाँ पर हम बहुत संक्षेप में चर्चा करेंगे। हालाँकि इसमें बहुत कुछ सिखाने और याद रखने योग्य है। मैं हम सभी को याद दिलाना चाहूँगी कि गांधी ने अपने नैतिक तथा आत्मिक ज्ञान के लिए ईसाई तथा इस्लाम को अभिस्वीकृति प्रदान की है। वे अपनी अटूट भक्ति के साथ कहते थे कि ईश्वर की दृष्टि में सभी धर्म को मानने वाले व्यक्ति समान हैं। वह यह भी कहते थे कि यद्यपि मैं स्वयं गाय की पूजा करता हूँ फिर भी मैं किसी पर उसकी पूजा करने का दबाव नहीं डालूँगा। और न ही गो-रक्षा के नाम पर होने वाली हिंसा का समर्थन करूँगा। वे कहते थे कि हिन्दुओं को देश में साम्प्रदायिक शान्ति सुनिश्चित करनी चाहिए क्योंकि तुलनात्मक रूप से उनका देश में बाहुल्य है जबकि धार्मिक अल्पसंख्यक असुरक्षित हैं। हालाँकि उन्होंने धार्मिक अल्पसंख्यक जैसे शब्दों के स्थान पर इस्लामिक और मुस्लिम जैसे शब्द प्रयोग किये हैं किन्तु इन दिनों इन्हें हम धार्मिक अल्पसंख्यक कहते हैं। राष्ट्रवादियों के लिए देश अखंड सर्वोच्च इकाई है जिसे सभी पहचानों तथा प्रतिबद्धताओं से ऊपर गिना जाना चाहिए किन्तु एक बड़ी समस्या है कि यह सर्वोपरि सत्ता अपनी विविधता तथा आन्तरिक अन्तर्विरोधों से ग्रसित रही है।

हिन्दुत्व के विचारक वी.डी. सावरकर ने राष्ट्र को प्रशंसनीय रूप से परिभाषित किया था। इसमें निहित है, "दूसरों के खिलाफ निरन्तर विरोध।" इस परिभाषा में 'दूसरे' कौन हैं? यह देश के स्वघोषित अभिभावकों द्वारा निर्धारित किया जाता था। उन्होंने कहा है कि सतत् विरोध राष्ट्रीय पहचान को बनाते तथा मजबूत करते हैं और देश के सामान्य दुश्मन से अधिक ऐसा कोई कारण नहीं है जो हमें इससे ज्यादा मजबूती से बाँध सके। इस प्रकार वी.डी. सावरकर के अनुसार देश में एकता बनाए रखने के लिए देश का एक सामान्य शत्रु होना आवश्यक है। उनकी नज़र में उनका राष्ट्र जिसे उन्होंने प्रशंसनीय रूप से स्पष्ट किया है, एक हिन्दू राष्ट्र होगा इसके सभी सच्चे भारतीयों का विश्वास भारतीय मिट्टी से उत्पन्न होना चाहिए। इस प्रकार इनकी परिभाषा के अनुसार मुस्लिम तथा ईसाइयों को राष्ट्र की अवधारणा के अन्तर्गत आने से वंचित रखा गया है। उन्होंने कहा है कि क्या एक हिन्दू राष्ट्र सम्भव है। क्या यह कल्पनीय है? यहाँ उनके अन्तर्विरोध दिखते हैं। उन्होंने हिन्दुओं के बीच वर्ग विभाजन का उल्लेख किया है। साथ ही कहा है कि उच्च कुलों की शक्ति-सम्पन्नता को ऐतिहासिक आधारों पर स्थापित किया गया है। किन्तु ऐसा कहने के तुरन्त बाद वे ही जाति तथा असमानता को एक समस्या के रूप में नकारते हैं। वे तर्क देते हैं कि सदियों पूर्व उच्च तथा निम्न कुल का रक्त मिश्रित हो गया था। इसके द्वारा एक उत्तराधिकारी के रूप में एक ही परिवार बना जिसमें पाए जाने वाले

अन्तर कोई महत्त्व नहीं रखते। उनका यह परिवार का रूपक सूक्ष्म तथा शक्तिशाली है। वे एक ही क्षण में दोनों बातों को कहते हैं। यहाँ हम देखते हैं कि उन्होंने जो कुछ कहा वे उस पर केन्द्रित/स्थिर नहीं रहे।

अब देखना है कि गांधी कहाँ आते हैं। कई विरोधों तथा विभाजनों के बावजूद उन्होंने बहुत बड़ा उपनिवेशवाद विरोधी आन्दोलन भारतीय समाज में सम्भव हर जाति और हर वर्ग के लोगों के साथ मिलकर चलाया। गांधी की दृष्टि में राष्ट्र के दो आदर्श स्वरूप थे। ये सावरकर के 'सतत् विरोध' की विचारधारा से बहुत भिन्न थे। उन्हें रामराज्य की अवधारणा में विश्वास था। दोनों ने ही बताया कि भारतीय समाज में असमानता है फिर भी शक्तिशाली और कमजोर वर्ग के बीच आपसी सहयोग और प्रेम सम्भव है।

यह आशा दीर्घकाल तक नहीं बनी रह सकती थी, सिवाय उपनिवेशवाद की चरम दशा के, जिसमें सभी विभेद अथवा भेदभाव डूब गए थे। यह देखना बहुत महत्त्वपूर्ण होगा कि वे सामाजिक अन्तर्द्वन्द्व एवं सामाजिक अन्याय जैसी भीषण समस्याओं से किस प्रकार निपटते हैं। हम कहना चाहेंगे कि वे हमेशा कठिनाइयों से लड़े और संघर्ष करते रहे लेकिन कभी आक्रमण (हिंसा) नहीं किया। इस स्थिति में न तो कोई स्थिरता स्पष्ट रूप से देखने को मिलती है और न ही संघर्ष का कोई स्पष्ट तरीका। उनके विचारों में एक साथ अलग-अलग राग बज रहा था। जो कि एक-दूसरे को आच्छादित किये थी। जिनमें समय-समय पर तनाव भी आता रहता था। तात्पर्य यह है कि वे एक ही समय में अनेक अन्तर्विरोधों से संघर्ष कर रहे थे और समय तथा स्थितियों के अनुसार उनसे होने वाले तनावों को झेल रहे थे।

अब आते हैं ग़रीबी और जाति के प्रश्न पर। उन्होंने 1921 में लिखा था जिसका मैं उल्लेख करना चाहूँगी कि भूख से मरते इंसानों के लिए अगर भगवान प्रकट होने की हिम्मत कर सकता है तो वह सिर्फ काम के रूप में, भोजन और मज़दूरी के वादे के साथ। भारत की ग़रीबी की व्यापकता और केन्द्रीयता का ज्ञान होने पर गांधी ने कुछ आश्चर्यजनक मार्ग चुने। उन्होंने ग़रीबों के बीच अपने स्वराज्य में नैतिक भावना की विशेषता उद्घाटित की। मशीनों से बनने वाले अन्धाधुन्ध उत्पादन ने अन्धाधुन्ध लालच को बढ़ावा दिया। इससे ग़रीबी का जन्म हुआ। लोग मशीन निर्मित इन अनावश्यक सामानों के प्रति अपनी रुचि प्रकट करते थे तथा ग़रीब जनता इन्हें और अधिक बहुमूल्य जानकर इनको प्राप्त करना चाहती थी। उनकी यही अयोग्य आकांक्षाएँ उनकी ग़रीबी को और अधिक बढ़ा देती थीं। इस प्रकार ग़रीब लोग अपनी इस दुर्दशा के लिए एक हद तक स्वयं जिम्मेदार थे। जातीय शक्ति अथवा जातीय संघर्ष का प्रश्न इसके सम्मुख कहीं नहीं ठहरता था। गांधी ने ग़रीबी के निराकरण के लिए दो मार्ग अपनाए। पहला ग़रीबों से यह पूछकर कि उनके पास जो कुछ भी है और वे जो कर रहे हैं उनसे वह सन्तुष्ट हैं और दूसरा उनके मालिकों

का नैतिक मूल्यों की ओर पुनः पुनरभिविन्यास (Rearientation) के द्वारा। उनका अभिभावकता सिद्धान्त (Theory of trustyship) मालिकों से कहता है कि वे अपनी सम्पत्ति या न्यास को ग़रीबों की सम्पत्ति के रूप में देखें तथा उनसे उनकी भलाई का काम करें। उनका यह एक महत्त्वपूर्ण कथन है कि पूँजीपति वर्ग जो भी सम्पत्ति अर्जित करते हैं, वह ग़रीबों के शोषण द्वारा और उनके प्रतिद्वन्द्वी उन्हें ऐसा करने के लिए प्रेरित करते हैं। अतः उनके पास जो है वे उसे पाने के हकदार है। मैं पुनः उनके कथन का उल्लेख करूँगी कि "जो योग्य हैं वे कुछ पाने की इच्छा करें यह स्वाभाविक है तथा यह स्पष्ट है कि ग़रीब, जो उन्हें नहीं पा सकते वे कम योग्य हैं।' इस प्रकार उत्पादन और सम्पत्ति के सम्बन्ध में तो कोई संरचनात्मक परिवर्तन देखने को नहीं मिलता किन्तु अमीर तथा ग़रीब दोनों की जीवन–शैली तथा नैतिक प्रथाओं में कुछ नैतिक परिवर्तन अवश्य देखने को मिलता है। ऐसा वहाँ देखने को मिलता है जहाँ वे उन्हें छोड़कर आगे बढ़ते हैं।

सरपरस्ती (trustyship) को तुलसीदास के रामचरितमानस के रामराज्य से अधिक स्पष्ट रूप से समझा जा सकता है, जिसने गांधी को स्वराज्य का विचार दिया। मैं गांधी के शब्दों का उल्लेख करना चाहूँगी कि रामराज्य, जिसमें शासक और उसकी प्रजा के बीच वैसा ही सम्बन्ध होता है जैसा पिता और पुत्र के बीच, जहाँ प्रजा शासक जितनी बुद्धिमान नहीं होती। मैं एक बार फिर कहना चाहूँगी कि यहाँ राजा और प्रजा के बीच श्रेष्ठता और हीनता का भेद होता है। गांधी ने शक्ति का अनुवाद वर्चस्वता के रूप में किया है। वर्चस्वता अधीनस्थ लोगों की सक्रिय सहमति तथा इच्छा पर आधारित होती है। यहाँ तक कि राजा और प्रजा के बीच पदानुक्रम बिलकुल स्पष्ट और स्वाभाविक बना रहता है। इसके लिए गांधी कभी–कभी व्यक्तिगत उदाहरणों से सिद्ध करते थे। उनके आश्रम में कार्य करने वाले मज़दूरों तक का शोषण नहीं किया जाता था। वहाँ उनके अपने कृषक, मोची, नाई, धोबी, सफाईकर्मी आदि सभी उन्हीं मज़दूरों में से होते हैं। इस प्रकार श्रेष्ठ, कुलीन, हीन तथा निम्न कहलाने वाली जैसी रूढ़ियों को उनके आश्रम में त्याग दिया गया था। यह उदाहरण जो आश्रम तक सीमित था, समाज के लिए एक अच्छा स्वरूप हो सकता है। व्यक्तिगत उदाहरण बहुत महत्त्वपूर्ण होते हैं। ये अनुकरणीय हो सकते हैं। ये आदर्श थे किन्तु गांधी तथा उनके अनुगामियों ने जो किया वह यह था कि उन्होंने इस प्रकार के कार्य को करना या न करना लोगों के लिए ऐच्छिक रखा जबकि वास्तविक समाज में ग़रीब लोगों को इस प्रकार के कार्य करने के लिए विवश किया जाता था। इस प्रकार ग़रीबी को ऐच्छिक रूप से चुनने वाले नेताओं ने क्रूर अभावग्रस्त जीवन नहीं देखा था। इसके विपरीत उनके इस चुनाव में उन्हें नैतिक रूप से विशेषाधिकार प्रदान कर उन्हें अलंकृत किया। वे भारत वापस आए ही थे कि उन्होंने बिहार तथा गुजरात में चम्पारण तथा खेड़ा सत्याग्रह का नेतृत्व

किया। उन्होंने अफीम की खेती करने वाले बागान मालिकों को राज्यविनियोग अधिशेष के सम्बन्ध में चुनौती दी। भारतीय उत्पीड़न का असहज सवाल उत्पन्न ही नहीं होता। गांधी ने इन आन्दोलनों से सीखा कि किस प्रकार समाज के दो विरोधी तत्त्वों को एकसमान धरातल पर लाना है–राज्य के विभिन्न वर्गों और जातियों की ठोस साझा शिकायतों के आधार पर। यह विभिन्न जातियों को एक साथ लाता है और सामाजिक संघर्ष को खत्म करता है। दूसरी तरफ उन्होंने कांग्रेस को कभी भी मज़दूरी एवं लगान (कर) के विषय पर जनता को सम्बोधित करने की अनुमति नहीं दी। ये कर भारतीय मज़दूरों पर बागान मालिकों द्वारा लगाए जाते थे। ना ही महाजनों द्वारा हद से अधिक लगाए जाने वाले कृषि कर (लगान) पर जिसे किसानों से जबरदस्ती लिया जाता था, ना ही 1930 में होने वाली भयावह कृषि कर्जदार मन्दी के बारे में जब किसानों ने लगान न दे पाने के कारण अपनी ज़मीन खो दी। गांधी के ग़रीबी के प्रति दृढ़ निश्चय ने गाँव के स्कूल और स्वच्छता के लिए अपनी अल्प आय बढ़ाने में मदद की किन्तु उनकी मदद नहीं की जो अपनी भूमि खो चुके थे। उन्होंने जैसी आशा की थी वैसा किसी पूँजीपति ने बर्ताव नहीं किया।

न्यासिता की नैतिकता भौतिक अर्थव्यवस्था का रूप लेने में विफल रही। गांधी ने उन पूँजीपतियों, जो अपने पितृात्मक दायित्वों को निभाने में असफल रहे, को डाँटने के बजाय उन किसानों और आदिवासियों को डाँटा जिन्होंने विद्रोह किया। गांधी किसानों को जन्मजात सत्याग्रही के रूप में बहुत महत्त्व देते थे। इसी प्रकार वे स्त्रियों को भी मानते थे। दोनों ही दूसरों की सेवा अपने विषय में सोचे बिना करते हैं। दोनों ही अन्त तक दूसरों की सेवा करने के कर्तव्य को स्वीकार करते हैं। किसानों से कैसे बात की जाए इसके लिए गांधी एक संन्यासिनी को बेहतर मानते थे किन्तु वे हमेशा ही किसानों के विषय में बात नहीं करते थे। इसके साथ ही यह रोचक तथ्य है कि गांधी पहले भारतीय नेता थे जिन्होंने राजनीतिक देश में भारतीय किसानों की भूमिका का स्थान माँगा। किसानों की इस प्रकार की भूमिका ने देश में आने वाली लोकतांत्रिक व्यवस्था का मार्ग प्रशस्त किया। इसने बिना किसी बाह्य उपागम के वयस्क विशेषाधिकार को हमारी राजनीति में लाने में सहायता की। यह एक बड़ा परिवर्तन था। गांधी ने शहरी जीवन, शहरी पूँजीपति तथा शहरी ग़रीबों की बराबर निन्दा की। इसके अलावा उन्होंने जाँच की और मिल मालिकों से मज़दूरों के शोषण को रोकने, उनकी मज़दूरी को लेकर मोलभाव करने के लिए तथा वर्ग-संघर्ष के द्वन्द्व से निपटने के लिए हड़ताल को हथियार के रूप में इस्तेमाल किया। यहाँ एक बात पर मैं आपका विशेष रूप से ध्यानाकर्षण कराना चाहूँगी, वह है, चीज़ें बदलीं और उनकी असफल इच्छाएँ उनके जीवन के दुःखद अन्त की ओर चली गईं। 1946 के निराशावादी दिनों में जब वे बंगाल के गाँवों की ओर अपने थके हुए शरीर के साथ साम्प्रदायिक हिंसा के ज्वार को रोकने के लिए कूच कर रहे थे तब

उनका सरपरस्ती में विश्वास भी जीर्ण-शीर्ण हो गया। तब उन्हें ज्ञात हुआ कि किस प्रकार जातीयता और समानता विभिन्न साम्प्रदायिक विभाजनों पर वितरित की गई है। यह वास्तव में एक पूर्व सूचित चोट थी। जून 1947 में लगभग अपनी मृत्यु के निकट समय में उनको अपने पूर्व प्रिय सामाजिक विचारों का स्मरण हो आया। यह विचार बिना हिंसा के वर्ग क्रान्ति का था जिसका उन्होंने पहले कभी उल्लेख नहीं किया था। उन्होंने यह भी कहा कि किसानों को अपने लिए खुद ही संघर्ष करना होगा। जो भू-स्वामी चाहें, उनकी मदद कर सकते हैं। उन्होंने यह भी कहा कि सरपरस्ती की अवधारणा विफल हो चुकी है तथा यह माना कि रामराज्य भी वास्तविकता से परे है। अब बहुत हो चुका था हार मानने के लिए। उन्होंने स्वीकार किया कि उनकी सबसे प्रबल इच्छा विफल हो गई है।

मैं अब जातीयता पर आती हूँ। यह आश्चर्यजनक था कि गांधी ने जातीयता या जातिवाद को अंग्रेजों का सहज गुण नहीं माना है। वे इसे इस प्रकार देखने की बजाय अलग-अलग सन्दर्भों में, अलग-अलग रूपों में किये गए शक्तियों के असमान वितरण के रूप में देखते थे। मैं आपको दो उदाहरण दूँगी। उन्होंने अपनी आत्मकथा में हिन्दू अस्पृश्यता तथा जातीयता में विरोधाभास के साथ अनुरूपता भी देखी है। दक्षिण अफ्रीका में एक नाई ने उन्हें अपनी सेवाएँ देने से मना कर दिया और गांधी क्रोधित भी न हो सके। मैं उनकी आत्मकथा के एक अंश का उल्लेख करना चाहूँगी। वे लिखते हैं कि "हम स्वयं भी अपने नाई को हमारे अस्पृश्य भाइयों को अपनी सेवा देने की अनुमति नहीं देते। मेरे इस दृढ़ विश्वास ने कि यह हमारे अपने पापों का फल है, मुझे क्रोधित होने से बचा लिया।" उन्होंने चौंकाते हुए एक बार फिर अस्पृश्यता तथा जातिवाद को जलियाँवाला बाग हत्याकांड के सन्दर्भ में एक साथ रखा। यहाँ उन्होंने जनरल डायर, जिसने अप्रैल 1919 अमृतसर में उस भीड़ पर गोलियाँ चलाने के आदेश दिये थे तथा माइकल ओडवायर, जो कि पंजाब का तत्कालीन प्रसिद्ध गवर्नर था, के विषय में इस घटना के तुरन्त बाद सन् 1921 में लिखा कि क्या हमें अस्पृश्यता के अपराध के लिए अपरिहार्य दंड नहीं मिलना चाहिए? क्या हम अपने सगे-सम्बन्धियों पर डायरवाद तथा ओडवायरवाद लागू नहीं करते। हमारे यहाँ इसका कोई दंड नहीं है कि ये पराए लोग हमारे सम्मुख अपना मुँह नहीं खोल सकते। यहाँ 'पराया' शब्द अंग्रेजों द्वारा समाज के अस्पृश्य लोगों द्वारा प्रयोग किया जाता था। ये 'पराए' लोग हमारे सम्मुख अपना मुँह नहीं खोल सकते थे और हम अंग्रेजों के सम्मुख। इस प्रकार इन्होंने इस नरसंहार को हमारे द्वारा किये गए उन कृत्यों का दंड अथवा प्रायश्चित माना जहाँ उन्होंने उपनिवेशवाद की खुली हिंसा को अस्पृश्यता के रूप में संरचनात्मक हिंसा के बराबर ठहराया।

जैसा कि हम सभी जानते हैं कि अपने प्रारम्भिक जीवन में जब वे विदेश में थे तो गांधी ने जातीय कट्टरता, जातीय विवाह दंड के रूप में जाति से बहिष्कृत

किये जाने तथा धार्मिक दंड अथवा प्रायश्चित के प्रति विशेष अश्रद्धा प्रकट की। दक्षिण अफ्रीका में उन्होंने निम्न जाति के कुलियों के निकट रहकर कार्य किया तथा उन्हें अपने घर पर समान दर्जा देते हुए आमंत्रित भी किया। इसके साथ ही उन्होंने अपने परिवार एवं सगे-सम्बन्धियों को उनके शौचालय साफ करने, चमड़े का कार्य करने तथा जूते बनाने जैसे हेय कहे जाने वाले कार्यों में व्यस्त रखा। शौचालयों को साफ करने में उनकी तन्मयता जिसे कोई भी व्यक्ति एक सनक कहेगा तथा उच्चकुल के सवर्ण हिन्दू जिस कार्य को सर्वाधिक निन्दनीय मानते हैं, को उन्होंने जीवन-भर जारी रखा। डरबन में एक दलित क्रिश्चियन कर्मचारी इनके घर पर अतिथि के तौर पर ठहरा। इस घटना को हम सभी जानते हैं कि गांधी ने अपनी पत्नी को उसके द्वारा प्रयोग किये गए शौचालय को साफ करने का आदेश दिया तथा उनकी पत्नी ने इस आदेश को मानने से मना कर दिया। फलस्वरूप क्रोध के आवेश में गांधी ने उन्हें घर से लगभग बाहर ही निकाल दिया था किन्तु बाद में उन्हें अपने क्रोध पर पछतावा हुआ। एक बार भारत वापस आने पर एक दलित परिवार ने अहमदाबाद में उनके आश्रम में प्रवेश लिया। इसका उनके संरक्षकों ने विरोध किया। ऐसा सुना जाता है कि उन्होंने गांधी तथा उनके आश्रम का सामाजिक बहिष्कार किया किन्तु गांधी ने बजाय उस परिवार को आश्रम से बाहर निकालने के, अपने आश्रम को अस्पृश्य लोगों के बीच पुनर्स्थापित करने का संकल्प ले लिया था किन्तु तब गांधी को मध्यम मार्ग अपनाना पड़ा क्योंकि वे एक ही समय में दो विरोधी शक्तियों का दबाव झेल रहे थे। एक तरफ कट्टर सनातनी लोग थे तो दूसरी ओर अप्रवासी गैर-ब्राह्मण राजनीति। एक लम्बे समय तक वे सनातन पन्थियों को मनाने के लिए अधिक उत्सुक थे। इन्हें वे एक ही धार्मिक संसार में जीने वाले विरोधी मित्र के रूप में देखते थे। इसके अलावा उन्हें यह भी विश्वास था कि अस्पृश्यता को नैतिक शिक्षा के द्वारा खत्म किया जा सकता है। वे चाहते थे कि वे कुछ अच्छे हिन्दुओं को यह सिखा सकें कि जन्मजात जातीय विभाजन हमारे विश्वास का एक हिस्सा है, यह सच है, अस्पृश्यता नहीं।

हमें एक चीज अच्छे से समझ लेनी चाहिए कि गांधी एक बहुत ही सच्चे और निष्ठावान हिन्दू थे। वे हिन्दू धर्मग्रन्थों के अनुसार संस्कारित थे। असमझौते योग्य (non-negotiable) होने के बिन्दु पर यह देखा जा सकता है कि वे कभी उन लोगों के साथ अथवा बीच में नहीं पड़े। इस प्रकार वे पूरी ईमानदारी के साथ इस बात को नकार नहीं पाते थे कि जाति धर्म का एक महत्त्वपूर्ण हिस्सा है। इस प्रकार वे अन्त तक दो अविजित शक्तियों के बीच कार्य करते रहे। पहला उनका स्वयं का अस्पृश्यता के प्रति घृणा का मनोभाव तथा दूसरा उसके समान ही उनकी धर्मग्रन्थों में दी गई धार्मिक सिद्धान्त के रूप में वर्णाश्रम धर्म के प्रति दृढ़ प्रतिज्ञा। मध्यममार्गी कदम अब अनिवार्य हो चुके थे। दक्षिण अफ्रीका में पूर्णतया नष्ट होने वाले वर्जित प्रदूषण

(सामाजिक कुरीतियाँ) भारतीय आश्रम में घुलमिल गए थे। हालाँकि उनका पालन न करना ऐच्छिक था न कि अनिवार्य। 1918 से उन्होंने वर्णाश्रम और जाति को व्यवस्थित रूप से विभेदित किया। उन्होंने कहा कि वर्णाश्रम अथवा समाज तथा मज़दूर वर्गों का पूर्व अनुवांशिक अनुक्रम विभाजन धर्म का केन्द्र है। इसे नकारा नहीं जा सकता। मैं उल्लेख करना चाहूँगी कि उन्होंने इसे प्रकृति एवं ईश्वर के नियम से जोड़ा है। ब्राह्मणों का स्वर शूद्रों से, जिन्हें सभी निम्नस्तरीय कार्य करने पड़ते थे, से उच्च था। एक तरफ तो शूद्रों द्वारा स्वार्थहीन सेवा को महत्त्व मिलना चाहिए था, वहीं दूसरी ओर एक वर्ण में अनेक जातियों तथा उपभेदों का होना वास्तविक धर्म की दृष्टि से अलग तथा अप्रासंगिक है। फिर भी अस्पृश्यता हिन्दू विश्वास के भयावहता तथा बर्बरता दोनों से परे है। उन्होंने कहा कि सभी प्रकार के कर्मों के लिए सम्मान की दृष्टि होनी चाहिए। चाहे वह कितना ही निम्नस्तरीय हो। कर्मों के आनुवांशिक विभाजन के प्रति भी सम्मान होना चाहिए। यह एक तार्किक सामाजिक सिद्धान्त है। इसकी अनुपस्थिति में अराजकता ही अराजकता फैल जाएगी। उन्होंने अन्तर्वर्णी विवाहों तथा भोजन सम्बन्धी मुद्दे को भी मजबूती से उठाया।

यह आश्चर्यजनक है कि लगभग 1930 के अन्त तक गांधी ने जातिवादिता को अंग्रेजों का स्वभावगत गुण नहीं माना बल्कि इन्होंने इसे अलग-अलग सन्दर्भों में 1930 बल्कि उसके बाद भी मजबूती से उठाया। 1924 के एक महत्त्वपूर्ण क्षण में त्रावणकोर रियासत द्वारा मन्दिर में प्रवेश को लेकर जाति विशेष द्वारा चलाए जा रहे 'वाइकहोम सत्याग्रह' में गांधी व्यस्त थे। मेरी सहकार्यकर्त्री स्वर्गीय श्रीमती पाण्ड्यन से यह ज्ञात हुआ कि उन्होंने ब्राह्मण धर्माधिकारियों से कहा कि निम्न जाति के लोग अपने पिछले जन्मों के गलत कर्मों के लिए ईश्वर द्वारा पहले ही दंडित किये जा चुके हैं तथा मनुष्यों को उन्हें और अधिक कष्ट नहीं देना चाहिए। इस प्रकार वे पदानुक्रम के इस धार्मिक न्याय, कि निम्नजाति के लोग पूर्वजन्मों में किये गए कर्मों के कारण ही समाज में निम्न जीवन व्यतीत कर रहे हैं, को सही मानते थे। मैं पुनः उल्लेख करूँगी कि उन्होंने ब्राह्मणों को हिन्दुत्व तथा मानवता का सुन्दरतम् पुष्प बताया है किन्तु जितना ही वे वर्णक्रम को सौम्य तथा न्यायपूर्ण बताते हुए उसका पक्ष लेते थे उतना ही अस्पृश्यता की कठोरता उभरकर आती थी। इस प्रकार यह संघर्ष तत्कालीन समाज का केन्द्रीय बिन्दु बन गया था। उन्होंने अस्पृश्यों को नया नाम 'हरिजन' दिया। जिसका अर्थ है 'ईश्वर की सन्तानें'। किन्तु राजनीतिक दृष्टिकोण से उनके इस कदम को भी एक राजनीतिक हिस्सा माना गया। उन्होंने (गांधी) उन्हें (अस्पृश्यों को) शारीरिक रूप से साफ रहने के सुझाव के साथ बचा हुआ अन्न न खाने तथा मरे हुए जानवरों के माँस को न ढोने जैसी आदतों, जो कि गन्दी होने के साथ-साथ पापपूर्ण भी मानी जाती थी, को छोड़ने का सुझाव दिया। उन्हें जानवरों के मृत शरीरों को नहीं छूना चाहिए और नियमित रूप से नहाना एवं अपने कपड़े बदलने चाहिए।

उनका मानना था कि इन लोगों के द्वारा अपनी शारीरिक शुद्धता का ध्यान न देना ही इन्हें संसार की दृष्टि में गन्दा बनाता है। यही बात इस गन्दगी की जड़ में है और एक बार यदि ये अपने शरीर को स्वच्छ करने की आदत डाल लें तो उनके ऊपर लगा ये अशुद्धता का कलंक मिट जाएगा। चाहे उसके बाद भी वे वही कर्म करते रहें किन्तु अछूत बच्चों ने उन्हें बताया कि यदि वे अपशिष्ट भोजन न ग्रहण करें या मृत जन्तुओं के माँस को न ढोयें तो वे भूखे मर जाएँगे। उनके पास नहाने के लिए उचित मात्रा में न जल है और न ही बदलने के लिए कपड़े। अत: यह तो तय था कि सुधार लाना आसान नहीं है। इस निराशा के समय में वे अल्टेकर जो कि हिन्दुत्व के महान ज्ञाता थे, की ओर मुड़े और ज्ञात करने का प्रयास किया कि क्या इन सामाजिक रूढ़ियों से बचने के लिए स्मृतियों का पुन:अध्ययन किया जा सकता है।

उन्होंने लिखा है कि वे जानते थे कि स्मृतियों में कर्मकांडों तथा रूढ़ियों को परिहार्य किए जाने का समर्थन किया गया है और वेदों में भी। इसीलिए उन्होंने अल्टेकर को स्मृतियों का अनुवाद करने के योग्य पाया ताकि वे सिद्ध कर सकें कि समाज को प्रदूषित करने वाली यह रूढ़ियाँ शाही तथा निम्नवर्ग के बाह्य क्रियाकलापों के फलस्वरूप हैं, न कि जन्म के। एक बार फिर उन्होंने अशुद्धतावादी रूढ़ियों को अशुद्ध कार्यों से जोड़ा। इस प्रकार उन्होंने उन्हें (निम्नवर्ग के लोगों को) एक अल्पकालिक अनुकूल दशाएँ दान करने का प्रयास किया न कि पूर्णकालिक। अत: कार्य तथा शुद्धता-अशुद्धता को उनके द्वारा अलग-अलग रखा गया। उनके अनुसार कोई भी कार्य किसी भी जाति द्वारा किसी एक ढंग से किया जा सकता है, किन्तु अशुद्धता जानी चाहिए। नयी दलित राजनीति में उनकी परिभाषाओं और तरीकों को बहुत बुरी तरह से क्षतिग्रस्त किया गया है क्योंकि दलित नेता शासकों के साथ दलितों को अलग मताधिकार देने की शर्त पर समझौता करने को तैयार हो रहे थे तथा अब वे अपनी हिन्दू पहचान को नकारते हुए जातिवाद को बढ़ावा देने को सम्बन्ध में कांग्रेस की अपनी इच्छा से आलोचना कर रहे थे। अम्बेडकर को भय था कि हिन्दुओं का यह अवगुण समाज में उनके जैसे लोगों का स्थान संकुचित कर देगा। अम्बेडकर ने गांधी के स्वीकार्य वर्णधर्म तथा अस्वीकार्य अस्पृश्यता के अलगाव को त्याग दिया क्योंकि वे जानते थे कि ये दोनों एक-दूसरे से अन्दर से जुड़े हुए हैं। उन्होंने जाति तथा उससे जुड़े सामाजिक आर्थिक तन्त्र तथा उसके अन्तर्गत होने वाले वैचारिक कर्मकांडों के उन्मूलन की बात की। उन्होंने वितरण तथा पहचान की राजनीति की माँग की। किन्तु साथ ही साथ उन्होंने यह भी स्वीकार किया कि गांधी पहले व्यक्ति थे जो अस्पृश्यता को राष्ट्रीय राजनीति के मंच पर पहली बार लेकर आए और किसी ने भी ऐसा नहीं किया जैसा गांधी ने किया।

गांधी अम्बेडकर की बातों का उत्तर अत्यन्त जटिल रूप से देते थे। प्रारम्भ में अम्बेडकर की शैक्षिक उपलब्धियों तथा सामाजिक आत्मविश्वास के कारण गांधी

उन्हें उच्च जाति का व्यक्ति समझते थे क्योंकि उनके दिमाग में दलितों की अत्यन्त दीन-हीन-सी छवि थी। अम्बेडकर के विषय में गांधी का प्रथम अभिभाषण काफी सहानुभूतिपूर्ण था। मैं एक उद्धरण देना चाहूँगी कि "उन्होंने उदारतावादी शिक्षा ग्रहण की है। वे एक औसत शिक्षित भारतीय से अधिक प्रतिभावान हैं। वे बाह्य रूप से स्वच्छ हैं किन्तु उनका अन्त:करण एक रहस्य है।" यह आश्चर्यजनक रूप से विचारणीय है कि उन्होंने उनकी सफाई को इस प्रकार से उद्धरित क्यों किया? उन्होंने लोगों को समझाने का प्रयास किया कि अस्पृश्यों को अम्बेडकर की जरूरत नहीं है, क्योंकि उनका नेतृत्व करने के लिए कांग्रेस है। मैं उनके (गांधी) द्वारा द्वितीय गोलमेज सम्मेलन में इससे और आगे जाते हुए कहे गए वक्तव्य आप के सामने रखती हूँ। "मैं स्वयं को इस सम्पूर्ण देश के दलितों का प्रतिनिधि मानते हुए उनके विषय में बोलूँगा।" गांधी ने दलितों को उनकी अपनी शिकायतों को भूलकर राष्ट्र तथा राष्ट्रीय आन्दोलन की सेवा करने को कहा। अब उन्होंने अस्पृश्यों का नेतृत्व करने के लिए अपने स्वयं के नेताओं को उतारा। वहीं दूसरी तरफ गांधी 1930 के दशक के मध्य तक स्वतंत्र राजनीति से भयग्रस्त थे। जिससे न तो उन्हें (दलितों) विधिक समानता प्राप्त हो, न ही राजनीतिक स्वतंत्रता और न ही अपनी दुर्दशा के प्रति सक्रियता। जबकि सामाजिक रूपान्तरण का बोझ अवश्य बढ़ गया। इसके लिए गांधी ने उच्चवर्गीय लोगों को जिम्मेदार माना और कहा कि पहले वे अपने कर्मों का पश्चाताप करें और फिर देश और समाज का सुधार।

वास्तव में यह बोझ एक सौभाग्य था। इसने न केवल उच्चजातियों की गलतियों को उभारा बल्कि इसे अधिक शक्तिशाली और आवेषित बनाया। इस प्रकार इसने दलितों को एक निष्क्रिय मार्ग पर ले जाते हुए अनेक राजनीतिक निकायों को स्वयं में समाहित कर लिया। उच्च वर्ग के धर्माधिकारियों द्वारा सचेत तथा जागृत किए जाने के पश्चात् उच्च वर्ग के लोग निम्न जाति के सुधार के लिए स्वयं के अभिभावक दर्जे के लिए अधिकारपूर्ण माँग कर रहे थे। यह पदानुक्रम की एक उच्चस्तर पर वापसी थी। किन्तु न तो सनातनपन्थियों को और न ही उच्चजाति के लोगों को इस पर खेद या पछतावा था। अब उन्हें अपना विश्वास अधिक महत्त्वपूर्ण लगने लगा क्योंकि उनका अपना सम्पूर्ण जीवन संकट में था। उन्होंने (गांधी) 1933 में यह स्पष्ट रूप से लिखा जो एक हिला देने वाला उद्धरण है कि "इस सम्पूर्ण संसार में अस्पृश्यता से बुरा कुछ भी नहीं है।" यह बात वे उपनिवेशवाद विरोधी आन्दोलन के उत्कर्ष के समय कहते हैं। जब वे उसका नेतृत्व कर रहे थे। मेरा जीवन मेरे लिए एक बोझ होगा अगर हिन्दुवाद ने मुझे हरा दिया किन्तु मैं अस्पृश्यता के सामने इसे बर्दाश्त नहीं करूँगा। उन्होंने यह कहना प्रारम्भ किया कि "दबे-कुचले और दासों की तरह रहने से कहीं अच्छा है कि हम इन सवर्णों के प्रति लड़ें।" उन्होंने आगे कहा कि "यदि अस्पृश्यता धर्म का अविभाज्य अंग है तो ऐसे धर्म का मेरे लिए कोई

मतलब नहीं।'' गांधी बदल रहे थे। अपने जीवन के अन्तिम समय में अस्पृश्यता पर कानूनी रूप से निषेध लगाने के लिए तैयार हो गए थे। प्रारम्भ में उन्होंने अन्तर्वर्णी तथा अन्तर्जातीय विवाह का कभी समर्थन नहीं किया था किन्तु अब उन्होंने उच्च जाति की लड़कियों से प्रतिलोम विवाह पर लगे प्रतिबन्ध की अवज्ञा करते हुए निम्न जाति के पुरुषों से विवाह करने का परामर्श दिया। उनका यह परामर्श हिन्दू कट्टरवादियों को उचित न लगा। आशीष नन्दी लिखते हैं कि 'ये वो कारण थे जिन्होंने उन्हें (गांधी) उनके शत्रुओं के प्रति एक खतरनाक व्यक्ति बनाया। साथ ही उनकी मुस्लिम तथा ईसाई सम्प्रदाय के लोगों के लिए भी समान अधिकार की वकालत ने भी उन्हें ऐसा बनाने में सहयोग किया। उन्होंने (आशीष नन्दी) नाथूराम गोडसे का मूल्यांकन किया है, जैसा कि हम सभी को पता है कि वह एक उच्चतम वर्ग का कट्टर महाराष्ट्रीयन ब्राह्मण था। गांधी का उपनिवेशवाद विरोधी आन्दोलन एक प्रकार से राष्ट्र की संकल्पना के चारों ओर घूमता है, जिसमें कि विभिन्न जातियों और वर्गों के लोग हों, जिनमें से किसी के भी पास किसी से भी कम राजनीतिक अधिकार न हो अर्थात् समान राजनीतिक अधिकार हों। इसका तात्पर्य है कि वे देश में लोकतांत्रिक व्यवस्था चाहते थे। जो सबसे अहम बात मुझे उनकी राष्ट्र की परिकल्पना में दिखती है वह यह कि उनका देश अपने विरोधाभासों और कर्मों को पहचान सकेगा तथा अपने द्वारा किये गए गलत कर्मों पर उसे पछतावा भी होगा। आत्मान्वेषण कर अपने अन्दर की कमियों को पहचानना गांधी के देश का सबसे बड़ा गुण होगा। एक देश जो अपनी गलतियों को मानने से इंकार करता है, वह देश सदैव भयग्रस्त रहता है।

(अनुवाद : प्रतिष्ठा मिश्रा)

राष्ट्रवाद बनाम जनवाद

निवेदिता मेनन

मोदी सरकार द्वारा विश्वविद्यालयों पर हुए हमलों से एक बड़ा लाभ यह है कि देश-भर के कैम्पसों में एक नई एकजुटता दिख रही है, नयी स्फूर्तियाँ, जो वामपन्थी, अम्बेडकरवादी और नारीवादी ताकतों के बीच संवाद से उभर रही हैं।

लेक्चर शुरू करने से पहले मैं यह स्पष्ट कर दूँ कि आज मैं हिन्दी में बोलूँगी—इसलिए नहीं कि हिन्दी राष्ट्रभाषा है। यह राष्ट्रभाषा नहीं, महज़ राजभाषा है। यह वो भाषा है, जिसमें राज्य के अंगों और अफसरशाही के बीच वार्तालाप होता है। मैं हिन्दी में इसलिए बोलूँगी क्योंकि हिन्दी यहाँ की स्थानीय भाषाओं में से एक है, और हम सब के लिए अपनी मातृभाषा के अलावा एक अन्य भाषा भी जानना ज़रूरी होना चाहिए। मैं यह भी जानती हूँ कि दक्षिण और उत्तर-पूर्व के जो हमारे साथी यहाँ मौजूद हैं, उनको कम से कम हिन्दी समझ में आती तो होगी। जबकि तथाकथित देशभक्तों को उन प्रदेशों की एक भाषा भी नहीं आती होगी।

ऐसा नहीं है कि मेरी हिन्दी बड़ी दुरुस्त है, खासकर जेंडर के बारे में काफी डाँवाँडोल है। इसीलिए राष्ट्रवाद की बात सबसे पहले भाषा से ही शुरू करना उचित होगा। कल प्रो. आइशा किदवई के लेक्चर के बाद किसी ने यह सवाल उठाया था कि एक राष्ट्र बनने के लिए क्या एक भाषा की जरूरत नहीं है? लेकिन असली सवाल यह है कि अगर राष्ट्र में एकता लाने के लिए एक भाषा होनी चाहिए, तो वह भाषा कौन-सी होगी? कौन-सी जुबान होगी? कौन यह तय करेगा कि इस देश की भाषा या जुबान कौन-सी होगी? होता क्या है कि जब भी निर्णय लिया जाता है कि एक देश के लिए किसी एक चीज की जरूरत है, चाहे वह भाषा हो, सिविल कोड हो या कुछ और, तब वो एक चीज ताकतवर तबकों की संस्कृति और रहन-सहन के तरीकों से उठाई जाती है। हमारे देश में जब किसी एक चीज को घोषित किया जाता है कि यह भारतीय है, तो वह ज्यादातर सवर्ण तबकों की ही होती है और उसमें भी हिन्दी भाषी क्षेत्र की संस्कृति और मूल्यों को ही भारतीय माना जाता है। उदाहरण के तौर पर अगर आप हिन्दू कोड बिल के दौरान हुई संसदीय बहस को देखें, तो

बार-बार पाएँगे कि संसदीय सदस्य जिनके नाम सुब्रमण्यम, श्रीनिवासन वगैरह हैं, यानी कि वे दक्षिण से हैं, या जो बंगाल के घोष आदि हैं, वे कहते हैं कि हमारे यहाँ लड़कियों की शादी के बाद लड़कियों के घर जाना या मिलना हमारे लिए वर्जित नहीं है। तब कोई श्रीवास्तव या अग्रवाल उठकर खड़ा हो जाता है (ये संसदीय बहस की बात है) और कहता है, यह आपके बंगाल में होता होगा, आपके तमिलनाडु में होता होगा, लेकिन यह भारतीय नहीं है क्योंकि हमारे यहाँ किसी ब्याही हुई लड़की के यहाँ हम पानी तक नहीं पीते।

इसी तरह हिन्दी को भी हमारी राष्ट्रभाषा कहलवाने के लिए काफी संवेदनाओं के साथ खेलना पड़ा है। कितने लोग या कितने प्रतिशत लोग जनगणना के दौरान बताते हैं कि हिन्दी उनकी मातृभाषा है ? बस 20 प्रतिशत लोग। अब इस 20 प्रतिशत को 50 प्रतिशत बनाया जाता है, करीब 50 अन्य भाषाओं को हिन्दी मानकर। इसमें भोजपुरी, ब्रज, अवधी, बुन्देली, मैथिली जैसी जो भाषाएँ हैं, उनकी अपनी संस्कृति है, अपना साहित्य है, इनको हिन्दी के अन्तर्गत लाया गया है, यह दर्शाने के लिए कि यह स्वायत्त भाषाएँ नहीं हैं और भारत में 50 प्रतिशत लोग हिन्दी बोलते हैं। हम ये भी जानते हैं कि सरकारी हिन्दी का गठन राष्ट्रीय आन्दोलन के दौरान इन्हीं तबकों ने किया था। हिन्दुस्तानी से उर्दू, फारसी के शब्द निकालकर बोल-चाल की हिन्दुस्तानी को साफ किया गया और सरहद के उस पार उर्दू को भी उसी तरह साफ किया गया। तो हम देखते हैं कि देश या राष्ट्र शुद्धता माँगता है हमसे, और शुद्धता के पैमाने या शुद्धता के मापदंड तय करते हैं वही ताकतवर तबके जिनकी एक खासियत यह भी है कि वे घोर पुरुषवादी होते हैं। जब ये तबके उस शुद्धता को परखने की बात करते हैं तो जाहिर है, उस पैमाने पर कम ही लोग खरे उतर पाते हैं—हम सब अशुद्ध निकलेंगे।

घर में हम हिन्दी नहीं बोलते थे, मेरी मातृभाषा मलयालम है। हम फिल्मों से हिन्दी सीखते थे। लेकिन हिन्दी की क्लास में अगर मैंने मोहब्बत लिखा तो उसे काटकर प्रेम लिखा जाता था। अगर मैंने मुश्किल कहा तो उसको कठिन कर दिया जाता था। एक कठोर किस्म का संस्कृतकरण जो हिन्दी के साथ हुआ है वो भी एक वजह है कि हम जैसे लोग जिनकी मातृभाषा हिन्दी नहीं है, हम उस तरह से ठीक और शुद्ध हिन्दी नहीं बोल सकते। हिन्दी बोलने का हौसला मेरा तब बढ़ा जब मैं पोलिटिकल एक्टिविजम में उतरी, तब मैंने देखा कि बिहार और राजस्थान से भी कामरेड आते हैं, उनकी मातृभाषा भी हिन्दी है, लेकिन उनमें कोई झिझक नहीं है शब्दों के लिंग वगैरह के बारे में, वे हिन्दी जैसी उनके यहाँ बोली जाती वैसी ही बोलते हैं। हिन्दी बोलने का साहस मुझे उन्हीं से मिला।

उन्नीसवीं सदी के इतिहासकार एर्न्स्ट रेनान ने कहा था "Nation is a Daily Plebiscite" यानी कि ''राष्ट्र एक रोजाना रायशुमारी है''। इसका अर्थ है कि राष्ट्र

कोई प्राकृतिक चीज नहीं है। राष्ट्र का एक इतिहास है। जब से धरती पे इंसान रहे हैं, तब से लोग तरह-तरह के समुदायों में साथ-साथ रहते रहे हैं। राष्ट्र उनमें से एक समुदाय है, जो एक खास ऐतिहासिक क्षण में जन्म लेता है। यूरोप में 18वीं सदी के आख़िर से और भारत में 19वीं सदी से राष्ट्र के गठन की प्रक्रिया शुरू होती है। हमारे यहाँ राष्ट्रीय आन्दोलन के दौरान साम्राज्यवाद के खिलाफ राष्ट्र के निर्माण के कई स्रोत रहे हैं, चाहे वो 'सेक्युलर नेहरूवादी' हों या 'हिन्दुत्ववादी' हों। इंडिया नामक आईडिया का स्वरूप 19वीं सदी में उभर कर आता है, जब से यह कहा जाने लगा कि इंडिया या भारत हजारों साल पुराना है।

जब साम्राज्यवाद को हटाकर देश को आजादी मिल जाती है, तब से यह माना जाने लगता है कि अब राष्ट्र के बारे में कोई सवाल उठाना बिलकुल नाजायज है। राष्ट्रीय आन्दोलन के दौरान कई सारे प्रश्नों पर विवाद होता रहा, मसलन इंडिया क्या है, भारतीय कौन हैं, अर्थव्यवस्था किस तरह होनी चाहिए, वगैरह। लेकिन 15 अगस्त 1947 की तारीख जब आ गई, आजादी मिल गई, तो उसके बाद न्याय-अन्याय के बारे में सवाल उठाना, हमारे संसाधनों पर किसका हक हो, यह पूछना, या पर्यावरणीय स्थिरता को लेकर कोई भी सवाल उठाना, अचानक एन्टी-नेशनल यानी देशद्रोह करार दिया जाने लगा। यह राष्ट्र-राज्य का एक बहुत ही महत्त्वपूर्ण खेल है। इसके बाद आप सवाल नहीं उठाएँगे। यदि आप सवाल उठाते हैं तो आप देशद्रोही हैं। इसलिये राजद्रोह या सेडीशन का कानून मौजूद है, section 124A, जिसके अन्तर्गत हमारे दोस्तों को एन्टी-नेशनल कहा जा रहा है। ये पहली बार नहीं है। राजद्रोह का चार्ज पहले भी उन पत्रकारों पर और देशभर में कई लोगों पर लगे हैं, जिन्होंने सरकार की आलोचना की है। स्वतंत्र भारत की सरकारों को इस उपनिवेशवादी कानून को बिलकुल भी बदलने की कभी कोई जरूरत नहीं महसूस हुई। इस कानून में से कुछ शब्द निकाले गए जोकि स्वतंत्र भारत के सन्दर्भ में अप्रासंगिक लगे, जैसे कि 'हर मेजेस्टी', 'क्राउन रिप्रेजेन्टेटिव', 'ब्रिटिश इंडिया', 'ब्रिटिश बर्मा'। बस यही शब्द निकाले गए। 150 साल पुराना ये वही कानून है जिस बूते पर एक साम्राज्यवादी सरकार ने इस देश को चलाया था। उसी कानून के ज़रिये अब एक तथाकथित स्वायत्त, स्वतंत्र राष्ट्र इस देश को चला रहा है। बिलकुल सतही या 'कास्मेटिक' परिवर्तन हुए हैं उस साम्राज्यवादी क़ानून में।

जब हम कहते हैं कि राष्ट्र एक 'रोजाना रायशुमारी' है, तब हम क्या कर रहे हैं? हम जनतंत्र को ज्यादा प्राथमिकता दे रहे हैं। हम कह रहे हैं कि सबसे बड़ा मूल्य है, जनतंत्र। जनतंत्र एक प्रक्रिया है जो जारी रहती है, चलती रहती है और वो कभी खत्म नहीं होती। जब आपको लगेगा कि सभी तबके इसमें आ गए हैं, तभी एक नयी 'पहचान' खड़ी हो जाएगी, यह दावा करते हुए कि आपने हमारे बारे में नहीं

सोचा। तरह-तरह की चुनौतियाँ आएँगी। जनतंत्रीकरण एक हमेशा आगे बढ़ती हुई प्रक्रिया है, जबकि राष्ट्र-राज्य एक ऐसी संस्था है जिसको समझा जाता है कि वो बन चुकी है, उसकी प्रक्रिया खत्म हो चुकी है। वो एक तरह से जम गया है—ये भारत राष्ट्र है, अब इसके बारे में कोई सवाल नहीं उठाया जाएगा। इसीलिए हमारे कई जाने-माने लेखक और चिन्तक, जो साम्राज्यवाद के खिलाफ खड़े हुए, जैसे टैगोर से लेकर गांधी, अम्बेडकर, पेरियार तक, सभी ने राष्ट्रवाद और राष्ट्र-राज्य को शक की नजर से देखा।

टैगोर ने कहा, "The Nation should not become all powerfull at the cost of a higher social life." अम्बेडकर 'साइमन कमीशन' से मिलकर आए, जबकि बाकी सारे राष्ट्रवादी 'साइमन कमीशन' का बहिष्कार कर रहे थे। अम्बेडकर को पता था कि इस उभरते हुए राष्ट्र-राज्य में जो भी प्रभावशाली तबके हैं, जो ब्राह्मणवादी तत्त्व हैं, वही राष्ट्र को अपने हित में कर लेंगे। अम्बेडकर समझते थे कि अगर 'साइमन कमीशन' से दलितों और पिछड़ी जातियों को कुछ सहारा मिले तो उन्हें उनसे मिलने के लिए तैयार होना चाहिए। इसी को लेकर अरुण शौरी ने अम्बेडकर को एन्टी-नेशनल कहा। क्या सम्मान मिल रहा है हमको, जेएनयू को, कि हमें वो उपाधि दी जा रही है जो बाबा साहेब अम्बेडकर को मिली। पेरियार ने भी राष्ट्रवाद को शक की नजर से देखा था। वे भी यही समझते थे कि यह एक प्रक्रिया है जिसे कभी खत्म नहीं होना चाहिए। इस पर सवाल उठेंगे और सामाजिक परिवर्तन होता रहेगा।

सावित्री बाई फुले ने पुणे में सबसे पहला स्त्री शिक्षा के लिए स्कूल खोला था। उसमें ग्यारह साल की एक दलित छात्रा मुक्ताबाई पढ़ती थीं। 1855 में मराठी पत्रिका 'ज्ञानोदय' में उनका लिखा हुआ एक रोचक पैसेज सुना रही हूँ :

''पहले, गोखले, आप्टे, त्रिम्काजी (ये सारे ब्राह्मण नाम हैं) अपने घर में चूहों को मारकर अपनी बहादुरी दिखाने वाले, बिना वजह हम पर अत्याचार करते थे, गर्भवती महिलाओं को भी नहीं छोड़ते थे। ये सब अब बन्द हो गया। पेशवाओं के ज़माने में महार और माँग (दलित जाति) लोगों का शोषण आम बात थी, अब वो नहीं होता। किलों और महलों की नींव डालते वक़्त (दलितों का) मनुष्य बलिदान जैसी कुरीति अब नहीं रही। अब हमारे लोग आबाद हैं। पहले, अगर महार और माँग अच्छे कपड़े पहनते, तो ब्राह्मण कहते कि उनका ही हक बनता है ढंग के कपड़े पहनने का, और इस जुर्रत के लिए दलितों को सज़ा देते, पेड़ों से बाँधकर पीटते। पर अब, ब्रिटिश शासन में, जिसके पास पैसे हैं, वो अच्छे कपड़े खरीद के पहन सकते हैं।''

मुक्ताबाई की समझ में, दरअसल, ब्रिटिश शासन के रहने से ब्राह्मणवाद को बहुत बड़ी चोट पहुँची। उनको कोई भी हिचकिचाहट नहीं है यह कहने में कि अब,

ब्रिटिश के रहने से, ब्राह्मणवाद पर प्रहार हुआ है, देश आगे बढ़ा है। संक्षेप में, मेरे कहने का मतलब है कि राष्ट्रविरोधी होने की हमारी बहुत गौरवशाली परम्परा है।

राष्ट्र-राज्य और जनतंत्र में एक गहरा अन्तर्विरोध है और यह अन्तर्विरोध अधिक गहरा होता जा रहा है क्योंकि जैसे-जैसे लोग जनवादी आवाजें उठाते हैं, उनको राष्ट्र-राज्य राष्ट्रहित के नाम पे कुचलने की कोशिश करता है। राष्ट्रहित सिर्फ एक इलीट तबके के नज़रिए से समझा जाता है। जाहिर है कि कोई भी सवाल उठाएगा तो उस पर राष्ट्रद्रोही होने का लेबल लगाया जाएगा।

अब मैं तीन कहानियाँ सुनाऊँगी। इनसे ये समझ सकते हैं कि राष्ट्र वास्तव में कितना नाजुक है। हमें लगता है कि राष्ट्र-राज्य बहुत ही मजबूत चीज़ है। लेकिन अगर इतना ही मजबूत होता तो दो लड़कों या पाँच लड़कों ने कोई नारा लगाया भी होता तो इस तरह नहीं डरता। उस बात को हवा में उड़ा देता जैसे मक्खी को उड़ाते हैं। 26 जनवरी को राजपथ पर जो हम हथियारों की परेड देखते हैं, वो ही है साक्षात राष्ट्र-राज्य! और इतना डर कि चार लड़कों ने कोई स्लोगन उठाया और राष्ट्र-राज्य हिल गया? तो जाहिर है राष्ट्र-राज्य इतना मजबूत नहीं है जितना हम समझते हैं। उस मजबूती को बनाए रखने के लिए उनको हर टैंक, हर बन्दूक, हर कानून की जरूरत पड़ती है।

पहली कहानी सादिया की है। एक पाकिस्तानी लड़की जो हमारी दोस्त बन गई, दिल्ली में रह रही थीं, ओडिसी नृत्य सीखने के लिए। जाहिर है पाकिस्तान में, वहाँ के जो देशभक्त हैं वे सादिया को बहुत बड़ा देशद्रोही समझते होंगे, क्योंकि वह भारत आकर ओडिसी सीख रही थी। सादिया के घर में जो औरत काम करती थी, उसे कभी समझ में नहीं आया कि सादिया कहाँ से है। वह कभी-कभी सादिया से पूछती थी—''दीदी आप कहाँ से हैं?'' तो सादिया कहती थी—''पाकिस्तान से।'' उसे जब समझ में नहीं आई बात, तो सादिया कहती थी कि मैं यहाँ से नहीं हूँ। मैं और एक देश से हूँ। तब वो औरत पूछती थी, ''यहाँ मतलब दिल्ली? आप दिल्ली से नहीं हैं?'' सादिया कहती कि मैं हिन्दुस्तान से ही नहीं हूँ। लेकिन उस औरत को कभी समझ में नहीं आता था कि पाकिस्तान-हिन्दुस्तान हैं क्या चीज! कि भारत 'हमारा' देश है और सरहद पार एक दुश्मन देश भी है!

इससे हम क्या समझ सकते हैं? ये औरत घरेलू काम करके अपना गुजारा कर रही थी। जाहिर है वह ज्यादा पढ़ी-लिखी नहीं थी। उसे समझ में ही नहीं आ रहा था कि ये भारत या हिन्दुस्तान क्या है, हिन्दुस्तान से न होने का मतलब क्या है। यानी, ये चीज कोई प्राकृतिक ज्ञान नहीं है, जैसे कि बच्चा पैदा होते ही माँ से दूध पीना जानता है, वैसे ही वह राष्ट्र को फौरन पहचान जाता हो। हमें हर चीज सीखनी पड़ती है। आख़िर हमें मर्द और औरत बनना भी हर रोज सीखना-सिखाना पड़ता है। जेंडर भी एक रोजाना रायशुमारी है। खैर।

जब हमें हर दिन सीखना पड़ता है कि कैसे मर्द बनके रहें, कैसे औरत बनके रहें, जब इतनी प्राकृतिक चीज हमें सीखनी पड़ती है, तो जाहिर है कि राष्ट्रवाद भी सीखना पड़ता है। इसीलिए बेनेडिक्ट एंडर्सन ने राष्ट्र को 'इमैजिंड कम्युनिटी' कहा है। उनका मतलब यह नहीं था कि राष्ट्र महज काल्पनिक कम्युनिटी है, यह असली नहीं है। उनका मतलब यह था कि इसका गठन करना पड़ता है। कल्पना में लाकर इसका गठन करना पड़ता है। इस गठन में तरह-तरह की आशाएँ होंगी। तरह-तरह की उम्मीदें होंगी। तरह-तरह की माँगे होंगी। अगर हम इन सभी चीजों को साथ लेकर नहीं चलते तो राष्ट्र का गठन नहीं होगा। लेकिन जितने लोगों को इसके अन्दर शामिल करने की कोशिश रहती है, उतनी ही कोशिश लोगों को बाहर रखने की होती है। कोई भी राष्ट्र-राज्य नहीं कहता कि सारी दुनिया इस देश के नागरिक हैं। इसीलिए टैगोर को राष्ट्र पर सन्देह था।

राष्ट्रवाद का खेल इस तरह है कि पहले किसी तबके को, या ख़ास किस्म के लोगों को, राष्ट्र में नहीं शामिल होने देंगे, और जब वे आपके देश से प्यार नहीं करते तो उनको एन्टी नैशनल कहेंगे। तो लीजिए दूसरी कहानी। मैं दिल्ली विश्वविद्यालय के छात्रों के बीच एक बहस के दौरान की गई टिप्पणी की बात करती हूँ। वे हैरानी में कह रहे थे कि नागा विद्यार्थी जब दिल्ली आते हैं, तो कहते हैं इंडिया जा रहे हैं। वे नागालैंड को भारत का भाग नहीं मानते हैं। मुद्दा क्या है? हम नागालैंड को इंडिया का भाग मानते हैं मगर वे लोग अपने आपको इंडियन नहीं मानते। गौर कीजिये, कि 'हम' और 'इंडिया' में सम्मिश्रण हो रहा है। दिल्ली के कुछ विद्यार्थी 'हम' कह सकते हैं ये मानते हुए कि वे इंडिया की आवाज़ में बोल रहे हैं। यहाँ सबसे अहम बात है कि नागालैंड की टेरीटरी को वे अपना मानते हैं। लेकिन जो नागा विद्यार्थी कह रहे हैं, वह सुनने के लिए वे तैयार नहीं हैं। उनसे पूछिए, आप दिल्ली को 'इंडिया' क्यों कह रहे हैं, सुनिए उनकी बात, तो इतिहास समझेंगे आप नागालैंड का।

नागालैंड हमारा है, कश्मीर हमारा है, लेकिन कश्मीरी, नागा, हमारे नहीं हैं? यह माना जा रहा है कि नागालैंड और कश्मीर की धरती पहले से 'भारत' नामक प्रदेश में शामिल है, भारत के लोग बाद में आए। ऐसे में ये माना जा रहा है कि राष्ट्र लोगों से पहले है या राष्ट्र का जन्म लोगों से पहले हुआ है। ऐसे राष्ट्रवादियों के दिमाग में 'मुर्गी या अंडा' वाला सवाल है ही नहीं! उनके दिमाग़ में बहुत स्पष्ट है कि इंडिया, जिस तरह हम उसका नक्शा बनाते हैं, वो इंडिया किसी ईश्वर ने दिया है, या जैसे बारिश धरती पर पड़ती है, उसी किस्म के प्राकृतिक नियम या तरीके से बना है।

यदि आपने 'हिमाल' पत्रिका पढ़ी है तो देखा होगा कि उन्होंने एक नक्शा बनाया है जिसमें भारत को उल्टा दिखाया गया है। श्रीलंका ऊपर है, कश्मीर नीचे।

उस नक्शे को देखते ही लोग कहते हैं कि ये उल्टा नक्शा आप क्यों रख रहे हैं। लेकिन हम सब जानते हैं कि धरती गोल है। उल्टा कुछ भी नहीं है। उल्टा इसलिए लगता है, क्योंकि नक्शा बनाने के लिए कुछ कनवेंशन्स हैं। उत्तर ऊपर, दक्षिण नीचे, दिखाया जाता है। लेकिन उत्तर को नीचे करने से दुनिया की तस्वीर गलत नहीं हो जाती है, सिर्फ अजनबी सी हो जाती है। यह हमें तथ्यों के बारे दुबारा सोचने पर मजबूर करता है।

अब आप ये सोचें कि उस आम नक़्शे पर, जिसे हम सब पहचानते हैं, उस पर कैसे 'भारत माता' की छवि को बनाया गया है जोकि बिलकुल प्राकृतिक लगता है, कश्मीर सिर है, गुजरात और बंगाल बाहें हैं इत्यादि। प्राकृतिक ही नहीं, राष्ट्र को एक शरीर (माता के शरीर) जैसा दिखाने से, देश का हर भाग उसका अटूट हिस्सा बन जाता है। शरीर के किसी अंग को काट कर क्या इंसान जिन्दा रहेगा? क्या देश जिन्दा रहेगा अगर कोई भाग उससे छूट जाए? लेकिन इस नक्शे को 'उल्टा' दिखाएँ तो वह भारत माता नहीं लगेगी, शरीर नहीं लगेगा। राष्ट्र कोई प्राकृतिक शरीर नहीं है, इंसानों द्वारा बनाया गया ढाँचा है। राष्ट्र को हमें जनतंत्र के नज़रिए से देखना चाहिए, जिससे समझ में आएगा कि हर समस्या का हल बातचीत और समझौते से हो सकता है।

तीसरी कहानी ये है कि मेरी एक दोस्त लेह (लद्दाख) में पाठ्यपुस्तकों के संशोधन पर काम कर रही थी, तो उसने पाया कि उन किताबों में लेह के जगहों या पेड़, पौधों और जानवरों की जानकारी नहीं थी, वहाँ के बच्चे वही पढ़ रहे थे जो इंडिया के और जगहों में पढ़ाया जाता था। स्थानीय कोई जानकारी नहीं थी उन किताबों में। पर सबसे मजेदार बात यह थी कि पीढ़ियों से लेह के बच्चे पढ़ रहे थे कि 'हिमालय हमारे उत्तर में है'।

ऐसे में जाहिर है राष्ट्र समावेशी नहीं है। राष्ट्र ज्यादा लोगों को शामिल करने की कोशिश भी नहीं करता, बल्कि राष्ट्र के नाम पर बोलने वालों का प्रयास ये रहता है कि ज्यादातर लोगों को ज़बरदस्ती बदलकर अपने जैसा बना डालें, यानी उन मुट्ठी-भर मर्दों, हिन्दी भाषी क्षेत्र के सवर्ण मर्दों जैसे। उन जैसे अगर बनो तो यहाँ रह सकते हो, वरना धरती हमारी, तुम लोग पाकिस्तान जाओ!

तो क्या हमें कहना चाहिए कि हमें ज्यादा समावेशी राष्ट्रवाद चाहिए? हमारे राष्ट्र के मायने में ज्यादा से ज्यादा लोगों को शामिल करना चाहिए। लेकिन यह सवाल उठता है कि ऐसा हो भी सकता है क्या? ये 'हम' बड़ा ही अजीब शब्द है, क्योंकि हर कोई 'हम' शब्द इस्तेमाल नहीं कर सकता। नागा विद्यार्थी नहीं कह सकते, भारत के नाम पर, 'हम', वे चाहें भी तो भी नहीं। वे नागा 'हम' नहीं हैं। लद्दाखी हम नहीं हैं। हम, 'हम' ही कह सकते हैं। हम जो निपट भारत के इलीट हैं। हम बड़े उदार दिल के हैं। हम सबको शामिल करना चाहते हैं, बशर्ते कि आप

हमारी तय की हुई नीतियों के आधार पर रहें। हम जो कहते हैं, पहनें; हम जिसे दिव्य मानते हैं, उसे आप भी मानें; हम जो कहते हैं, खाएँ; हम जो ठीक समझते हैं, करें।

आप देखें कि कब 'हम' का इस्तेमाल होता है।

''हमारे पास परमाणु बम है''।

''हम मैच जीत गए''।

लेकिन क्या कोई कह सकता है कि ''नर्मदा पर बने बाँध से हम, (भारत) डूबने वाले हैं''?

अब संख्या को देखें।

आख़िर, सिर्फ ग्यारह मर्दों ने मैच जीता। (मर्द ही कहें क्योंकि हम ये भी जानते हैं कि महिला क्रिकेट में किसी को कोई दिलचस्पी नहीं है!)। एक मुट्ठी-भर लोग जो न्यूक्लियर एस्टाब्लिश्मेंट चलाते हैं, उन्होंने परमाणु बम बनाया और उनके हाथों में हैं उस बम के बारे में सारे निर्णय। फिर भी इन मामलों में देश के नागरिक कहेंगे 'हम'।

अब नर्मदा के बाँधों को लें। हज़ारों की तादाद में लोग नर्मदा घाटी में बेघर हुए हैं। लेकिन वे नहीं कह सकते हैं कि 'हम' (यानी हिन्दुस्तान) नर्मदा के पानी में डूब रहा है।

हम बार-बार इंडिया-इंडिया कहते हैं। क्या भारत का सही इतिहास सबको बताया जाता है? क्या हमें सिखाया जाता है कि भारत में कश्मीर का विलय कैसे हुआ? स्कूल में पाठ्य-पुस्तकों में भी स्व-घोषित सही इतिहास नहीं बताया जाता है। स्व-घोषित राष्ट्रवादी लोग इतिहास पर इतना बड़ा हमला क्यों करना चाहते हैं, क्योंकि इतिहास अगर हम जान गए तो राष्ट्र के सारे रहस्य खुल जाएँगे। राष्ट्रवाद की पोल खुल जाएगी! यही है असली समस्या।

बात ये है कि 15 अगस्त, 1947 में, उस वक्त कई जगहें ऐसी थीं, कई क्षेत्र ऐसे थे इस महाद्वीप में, जिनके अपने स्वायत्त इतिहास थे। वे सीधे ब्रिटिश सरकार से डील कर रहे थे, बातचीत कर रहे थे। लेकिन इन प्रक्रियाओं को एक तरफ करके स्वतंत्र इंडियन राष्ट्र-राज्य ने इन क्षेत्रों को 'इंडियन टेरिटरी' घोषित कर दिया।

कुछ उदाहरण लीजिए। मणिपुर 1947 में एक स्वतंत्र संवैधानिक राजतंत्र बना था, जनतांत्रिक तरीके से चुनी विधान सभा सहित। ब्रिटिश के साथ बातचीत से, बिलकुल जनतांत्रिक तरीके से, एक संवैधानिक राजतंत्र मणिपुर में तय हुआ था। लेकिन स्वतंत्र भारत बनते ही, बहत जल्द, मणिपुर के राजा को गिरफ्तार कर लिया गया और मणिपुर का इंडिया के साथ जबरदस्ती विलय कर लिया गया।

नागालैंड को देखिए. हैदरी समझौते के तहत नागा नैशनल कौंसिल और ब्रिटिश सरकार के बीच बातचीत से नागालैंड को दस साल का प्रोटेक्टिव स्टेटस

दिया गया। उसके बाद उनको जनमत या रायशुमारी का हक़ दिया गया था। लेकिन ब्रिटिश के जाते ही इंडियन राष्ट्र-राज्य ने नागा टेरीटरी को अपना घोषित किया।

उत्तर-पूर्व के सारे क्षेत्रों के ऐसे इतिहास हैं, और वहाँ भारत का राज कायम रखने के लिए तब से आज तक ज़बरदस्त सैन्य मौजूदगी की आवश्यकता रही है। यहाँ तक कि मिज़ोरम की राजधानी आइज़ोल पर 1966 में भारतीय वायु सेना द्वारा बम गिराए गए। यानी, भारतीय राष्ट्र-राज्य ने अपने ही निहत्थे, सिविलियन नागरिकों पर हवाई बमबारी की।

कश्मीर की कहानी मुझे बताने की जरूरत नहीं है। आप सब जानते हैं कि जो सिद्धान्त बाकी रियासतों के लिए अपनाया गया, वो यह था कि जो समुदाय बहुसंख्या में था, उनकी राय ली गई, कि भारत में रहे या पाकिस्तान के साथ जाए। मसलन जूनागढ़ को लीजिए। जूनागढ़ के शासक मुसलमान थे, लोग हिन्दू थे। शासक चाहते थे कि पाकिस्तान के साथ जाएँ लेकिन सिद्धान्त यह दोहराया गया कि 'लोग क्या चाहते हैं'? लोगों ने चाहा कि यहाँ हिन्दू बहुसंख्यक हैं इसलिए वे हिन्दुस्तान के साथ रहेंगे। जूनागढ़ हिन्दुस्तान में आ गया। ऐसे ही हैदराबाद रियासत के साथ भी हुआ। कश्मीर में मुसलमान बहुसंख्यक थे, और राजा हिन्दू थे। विलय के बारे में चर्चा चल ही रही थी, कि पाकिस्तानी हमले हुए। राजा ने भारत से मदद माँगी, और इस मदद के लिए भारत के साथ विलय की शर्त रखी गई। लेकिन कश्मीर की तरफ से भी एक शर्त थी, कि जब स्थिति शांत हो जाएगी तब जनमत संग्रह होगा। आख़िर यही सिद्धान्त बाकी रियासतों के साथ भी अपनाया गया था, कि बहुसंख्यक समुदाय की राय को वजन दिया जाएगा। लेकिन तब से आज तक जनमत संग्रह नहीं हुआ है।

हमें अच्छा लगे या बुरा, लेकिन हम सब जानते हैं कि दुनिया-भर में ये माना जाता है कि भारत ने कश्मीर को अवैध तरीके से अधिकृत किया है। इसका एक संकेत है, भारत के नक्शों को लेकर विवाद। आपने गौर किया होगा, अक्सर सुनने में आता है कि कोई विदेशी पत्रिका, जैसे टाइम या न्यूज़वीक या दी इकोनोमिस्ट, के किसी अंक को भारत में आने से रोका गया क्योंकि उनमें भारत का 'गलत' नक्शा छापा गया है। गलत नक़्शे का क्या मतलब है? मतलब यह है कि कश्मीर के कुछ जगहों को पाकिस्तान और चीन के अन्तर्गत दिखाया गया है। इसका मतलब है कि सारी दुनिया में जो नक़्शे चलते हैं, भारत के सरहदों के, इन नक्शों में और हम जो नक़्शे इंडिया में देखते हैं, उनमें बहुत बड़ा फर्क है। और भारतीय राष्ट्र-राज्य हर सम्भव कदम उठाता है कि उसके नागरिक ये नक़्शे न देखें।

मज़े की बात ये है कि हाल ही में, मार्च 2015 में, राष्ट्रीय स्वयंसेवक संघ की पत्रिका ऑर्गनाइजर को सार्वजनिक माफ़ी माँगनी पड़ी, जब मार्च 15 के अंक के

पृष्ट 32 पर, भारत का नक्शा गलत दिखाया गया। वही गलती, कि कश्मीर के कुछ भाग पाकिस्तान के अन्दर दिखाए गए। अगले अंक में माफ़ी दर्ज की गई, यह कहते हुए कि दक्षिण एशिया का नक्शा किसी वेबसाइट से उतारा गया था और उस नक़्शे की गलती पर ऑर्गनाइजर को बहुत खेद है क्योंकि वे हमेशा जम्मू-कश्मीर को भारत का अटूट अंग मानते चले आए हैं।

जब ऑर्गनाइजर की विचारधारा के लोग भी भारत का नक्शा इन्टरनेट पर खोजते हैं, उनको वही नक्शा मिलता है जो 'गलत' है। यानी कि, अगर हर आम स्रोत में पाए गए नक्शों में और भारत के अन्दर उपलब्ध नक्शों में ये फर्क है, तो क्या हमें नहीं सोचना चाहिए कि भारतीय नागरिकों को जो समझाया जा रहा है, वो दुनिया नहीं मानती? भले ही हम बार-बार कहें कि कश्मीर भारत का अटूट अंग है, उसकी स्थिति दुनिया की निगाहों में दरअसल अति विवादास्पद है।

ऐसे में हमें समझना चाहिए कि आजादी का नारा बिलकुल जायज नारा है। अगर कश्मीर में आजादी का नारा उठता है, तो हम कम-से-कम ये समझें कि दुनिया में 'इंडिया' को किस तरह समझा जा रहा है। इंडिया बिलकुल एक साम्राज्यवादी देश की तरह माना जाता है। तो क्या हमें इस पर गर्व होना चाहिए? और ज़ाहिर है कि जब मैं आज़ादी के नारे को तवज्जो दे रही हूँ, मेरी राय यह नहीं है कि कश्मीर पाकिस्तान का है, बल्कि ये कि कश्मीर के लोगों को अपना भविष्य खुद चुनने का हक है।

हम जानते हैं कि अफस्पा के विरुद्ध लोगों की जनतांत्रिक भावनाएँ हैं। वे चाहे नार्थ-ईस्ट में हों या कश्मीर में हों या छत्तीसगढ़ में हों। अफस्पा एक बहुत ही महत्त्वपूर्ण ब्रह्मास्त्र है जिससे भारतीय राष्ट्र-राज्य किसी न किसी तरह सामाजिक व्यवस्था (सोशल आर्डर) को कायम रखता है। यह एक निरन्तर रोजाना की इमरजेन्सी है। जहाँ अफस्पा है वहाँ हमारे नाम पर यानी कि भारत के नागरिकों के नाम पर हमारे चुने हुए जनप्रतिनिधि अफस्पा चला रहे हैं। हम सब इस अन्याय में शामिल हैं। यह हमारे नाम पर किया जा रहा है।

सात राज्यों में अफस्पा है, और मई 2015 तक आठ राज्यों में था, त्रिपुरा सहित। यानी भारत के राज्यों में से करीब एक-चौथाई राज्यों में अफस्पा चलता है। अफस्पा के अन्तर्गत संविधान के सारे जनतांत्रिक अधिकार रद्द हैं और भारी सैनिक मौजूदगी हर जगह देखने को मिलेगी। इसके अलावा करीब 135 जिलों में 'डिस्टर्ब्ड एरियाज एक्ट' के तहत आर्मी को खास पावर दिये गए हैं। हम ये कह सकते हैं कि भारत की आबादी के करीब 30 प्रतिशत लोग किसी न किसी तरह आर्मी के नियंत्रण में हैं और हम अपने आपको दुनिया का सबसे बड़ा जनतंत्र मानते हैं! भारत का जो चेहरा कश्मीर देखता है, नार्थ-ईस्ट देखता है या छत्तीसगढ़ का आदिवासी देखता है वह है इंडियन आर्मी। यह हमें याद रखना चाहिए।

एन्टीनेशनल किस-किसको माना जाता है, इस सवाल से हम बात को ख़तम करें। एक वो हैं जो काउंटर नेशनलिज़्म प्रकट करते हैं और दूसरे वो जो विकास के खिलाफ हैं, क्योंकि जाहिर है कि बड़े बाँध, फ्लाईओवर और मॉल्स, ये सब ही 'विकास' हैं और साधारण लोगों की रोज़मर्रा की जिन्दगी में और उनके मसलों में 'विकासवादियों' को ज़रा भी दिलचस्पी नहीं है। तो जो इस तरह के विकास के खिलाफ हैं, वे भी एन्टीनेशनल ठहराए जाते हैं। मतलब काउंटर नेशनलिज्म और तथाकथित विकास के खिलाफ जो बोलते हैं, वे सब एन्टीनेशनल हैं।

अगर हम कभी एन्टीनेशनल लोगों की लिस्ट बनाने की कोशिश करें तो वह बढ़ती जाएगी, लगातार बढ़ती जाएगी। नर्मदा बचाओ आन्दोलन और सारे आदिवासी एन्टीनेशनल हैं। पूरा का पूरा नार्थ-ईस्ट एन्टीनेशनल है। कश्मीर तो है ही। मुसलमान तो सारे ही एन्टीनेशनल हैं। अब ईसाई भी एन्टीनेशनल बन गए हैं। अम्बेडकरवादी एन्टीनेशनल हैं क्योंकि कबीर कला मंच के बहुत सारे लोग जेल में हैं। वे गाना गाते हैं जातिवाद के खिलाफ। तमिलनाडु तो है ही क्योंकि वे हिन्दी नहीं बोलेंगे। ये तमिलनाडु बहुत दिनों से एन्टी नेशनल है। भूमि-अधिग्रहण के खिलाफ जो किसान और आदिवासी बोलते हैं वे भी एन्टीनेशनल हैं। जो औरतें जीन्स पहनती हैं, शराब पीती हैं, पितृसत्ता को नहीं मानती हैं, वे भी एन्टीनेशनल हैं। जो समलैंगिक प्यार करते हैं वे भी एन्टीनेशनल हैं।

अगर हम जनसंख्या के हिसाब से गिनते जाएँ तो शायद 24-25 लोग रह जाते हैं जो सच्चे देशभक्त हैं। वे हैं—56 इंच वाले मोदी जी, अमित शाह, 'मनुस्मृति' ईरानी जी...और वे 22 वकील जिन्होंने जेएनयू के टीचरों को पीटने की कोशिश की थी पटियाला हाउस में, जब हम कन्हैया के केस के दिन उसके साथ एकजुटता दिखाने गए थे। तो जब कुल 25 राष्ट्रवादी रह जाते हैं पूरे देश में, हमें राष्ट्रवाद के बारे में बहुत चिन्ता करनी चाहिए!

सवाल-जवाब :

प्रश्न : राष्ट्र के सवाल को आपने काफी अच्छे से पेश किया कि अभी राष्ट्र किस तरह से परिभाषित किया जाता है, कार्य करता है। लेकिन आपने कहा शायद एक ऐसा राष्ट्र हो जो ज्यादा समावेशी हो, तो उस दिशा में इशारा कर दें कि विकल्प क्या हो सकता है? अभी जो राष्ट्रवाद चल रहा है उसके विकल्प में अगर हम कोई राष्ट्रवाद चाहें जिसमें ज्यादा लोगों की हिस्सेदारी हो, उस तरफ कुछ इशारा कर दें।

जवाब : बहुत ही जटिल सवाल है। इसका एक जवाब नहीं है मेरे पास। पहली बात, हमको सोचना होगा कि पार्लियामेन्ट्री फार्म जो है, जिसे हम मान कर चल रहे हैं कि वो भी कोई प्राकृतिक चीज है और उसी से लोकतंत्र चल सकता है, क्या ये जनाग्रह की सही नुमाइंदगी कर सकता है? शायद हमें प्रातिनिधिक लोकतंत्र पर

ज्यादा गौर करना चाहिए। क्योंकि हम देखते हैं कि पिछले 10 साल में तरह-तरह के जो आन्दोलन उठे हैं वो सही में संसद के खिलाफ हैं और जब भी लोग सड़क पर उतरकर आते हैं तो उनसे कहा जाता है कि आप जायज तरीके से क्यों नहीं करते, आप चुनाव क्यों नहीं लड़ते। एक तरह का अन्तर्विरोध बन गया है जनतंत्र में और संसद में।

तो पहली बात मैं ये कहूँगी कि इसपर देश भर में चर्चा की जरूरत है कि लोगों की जो राय है, लोगों के जो विचार हैं उनको कैसे सही मायने में संसद में रिप्रेजेन्टेशन दिया जाए। एक विकल्प प्रपोर्शनल रिप्रेजेन्टेशन हो सकता है। हमारे 'फर्स्ट पास्ट द पोस्ट सिस्टम' में, अगर 51 प्रतिशत वोट से कोई जीतता है तो जाहिर है कि 49 प्रतिशत लोगों के मत का कोई मायने नहीं रहा। प्रपोर्शनल रिप्रेजेन्टेशन में वोटों के अनुपात में सीट मिलेंगी संसद में। अगर प्रपोर्शनल रिप्रेजेन्टेशन पार्टी के हिसाब से नहीं, जोकि बहुत ही समस्याप्रद हो सकता है तो फिर कैसे? तो इस पर रायशुमारी होनी चाहिए। इस पर रेफरेन्डम होना चाहिए। हमें दस साल का प्रोग्राम बनाना चाहिए, जहाँ आपके जनरेशन के लोग और आप से उम्र में छोटे लोग जो हैं उनको इसपर ध्यान देना चाहिए कि किस तरह के क्रिएटिव डेमोक्रटिक तरीके हम अपना सकते हैं।

दूसरी बात ये कि अगर कोई संसाधन किसी स्थानीय आबादी का भी संसाधन है, तो उनका क्या होगा? इसमें स्थानीय लोगों की राय सबसे महत्त्वपूर्ण है। राष्ट्रहित के नाम पर संसाधनों का कब्ज़ा गलत होगा, ये बात हमें मानकर चलना चाहिए। अगर इंडिया में जगह-जगह काउंटर नेशनलिस्ट आवाजें उठ रही हैं तो उनसे बात करनी होगी। क्योंकि मैं नहीं मानती कि राष्ट्रवाद सबसे बड़ा धर्म है। लेकिन मैं इस बात पर भी आपका ध्यान आकर्षित करना चाहूँगी कि जो काउंटर नेशनलिज्म के आन्दोलन हैं, वे भी बड़े राष्ट्रवादी हैं। हम जानते हैं कि नार्थ-ईस्ट में किस तरह 'अवैध प्रवास' वगैरह को लेकर और 'इनसाइडर-आउटसाइडर' को लेकर एक तरह की साम्प्रदायिकता और हिंसा चलती है। इन सब चीजों से हमें सतर्क रहना होगा क्योंकि राष्ट्र का फॉर्म ही ऐसा है कि इस तरह की मुश्किलें आएँगी ही।

मसलन जिसे हम 'अवैध प्रवास' कह रहे हैं वे लोग अपना देश छोड़कर किसी और देश में क्यों जाते हैं? वे लोग मज़दूरी करने आते हैं। वे हमारी अर्थव्यवस्था को बनाए रखते हैं। लेकिन उनको 'अवैध प्रवासी' कहा जाएगा। वे यहाँ रहते हैं। वे हमारी अर्थव्यवस्था में हाथ बँटा रहे हैं। उनको नागरिक नहीं माना जाएगा। लेकिन नागरिक उनको माना जाएगा जो इस देश को छोड़कर गए और वहाँ यूरो और डॉलर में अपनी कमाई कर रहे हैं और वो रेमिटेंस भी नहीं भेज रहे हैं। उनसे कोई फायदा नहीं है राष्ट्र को। लेकिन उनको पी.आई.ओ. और अन्य दर्जे दिये जा रहे हैं। तो हमें

ये भी सोचना होगा कि नागरिकता के आधार क्या होने चाहिए। इसके बारे में दोबारा सोचने का वक्त नहीं आ गया है क्या?

अफ्रीका को लीजिए, महमूद ममदानी एक राजनीतिक वैज्ञानिक हैं जो कहते हैं कि ''नागरिकता का आधार श्रम का क्षेत्र होना चाहिए न कि जन्मस्थल।'' और ये अफ्रीका में बहुत ही प्रासंगिक है क्योंकि अफ्रीका का उपनिवेशवादी इतिहास जो है, उससे लोग अपने जन्मस्थल में ज़्यादातर नहीं रहते। तो ज़िन्दगी-भर क्या उनको नागरिक अधिकार नहीं मिलने चाहिए?

तरह-तरह के बड़े पेचीदा सवाल पूछने पड़ेंगे लेकिन मैं ये कह रही हूँ कि हमें उसके बीच में जनतंत्र को रखना है। हमारी सारी कोशिशों में जनतंत्र को अहम मूल्य मानना चाहिए। इससे काफी गड़बड़ भी हो सकती है क्योंकि हम जानते हैं कि जनतांत्रिक रूप से किसी आन्दोलन को चलाना बहुत मुश्किल होता है। क्योंकि एक लीडर या लाइन नहीं आती है। लेकिन जनतंत्र से ही तरह-तरह के विकल्प निकलेंगे।

प्रश्न : मेरा एक बहुत क़रीबी मित्र है। हम साथ में सोचते थे कि ये करेंगे—वो करेंगे देश के लिए, लेकिन अभी वही मित्र दुश्मन सा बन गया। हाल ही में पता चला कि वह आरएसएस का स्वयंसेवक है। और उसके अनुसार आरएसएस का इतिहास वैसा बिलकुल नहीं है जैसा मैं यहाँ पर सुन रही हूँ। उसके अनुसार उन्होंने बहुत काम किया है, हर जगह, जेल में गए हैं—स्वतंत्रता संघर्ष के दौरान और सब कुछ। उसके दादी-दादा खुद स्वतंत्रता-संघर्ष का हिस्सा थे। तो उसके लिए मैं कुछ काउंटर भी नहीं दे सकती थी। जब पूरे डिस्कशन हो गए, उसको पूरा भरोसा है अपने संघ पर क्योंकि जब भी कोई जैसे प्राकृतिक आपदा होती है, जैसे भूकम्प या बाढ़, स्वयंसेवक कार्य करने जाता है उनके साथ और सब कुछ। तो उसका अन्त में यह बिन्दु था कि जेएनयू के खिलाफ मैं नहीं हूँ, सारे बुरे नहीं होते ठीक है, टीचर्स पर हमला हुआ वो ग़लत है लेकिन ये कैसे पता कि जिन्होंने हमला किया वो आरएसएस के थे? दूसरा अगर कोई देश पर आवाज़ उठाएगा हम तो मारेंगे। और मुझे बहुत दुःख हुआ क्योंकि मुझे पता था कि उसके इंटेन्शन्स हमेशा से ऐसे नहीं थे। तो मैं उसको क्या बोलूँ कि वो समझ जाए।

जवाब : मैं आपसे क्या बोलूँ? आपने जो कहा उसका एक भाग का मेरे पास शायद एक तरह का जवाब है। आरएसएस देशभक्त है या नहीं, वे जेल गए थे साम्राज्यवाद के खिलाफ, या नहीं, उससे मुझे कोई लेना-देना नहीं है क्योंकि मैं समझती हूँ कि मुक्ताबाई भी सच्ची राष्ट्रवादी थीं जो कह रही हैं कि ब्रिटिश के आने के बाद दलितों का हाल सुधर गया। एक सवाल हम ज़रूर पूछ सकते हैं और आपके मित्र से भी शायद आप पूछ सकते हैं कि आप आख़िर सब को राष्ट्रवाद और नागरिकता का दर्जा देने के लिए तैयार नहीं है, मतलब आप समझते हैं कि एक ही तरह का राष्ट्रवाद है और आरएसएस हिन्दुत्ववादी राजनीति के पक्ष में है या नहीं?

अगर हिन्दुत्ववादी राष्ट्रवाद के पक्ष में है तब हमारे लिए समस्या है न। तो आपको इस तरह का सवाल अपने दोस्त से पूछना चाहिए कि हिन्दुत्ववाद पर आपके क्या विचार हैं? हिन्दुत्ववाद कहता है और गोलवलकर ने बहुत खुली तरह से कहा कि अल्पसंख्यक हमारे पाँव तले रहेंगे।

तो आपके दोस्त से आप राष्ट्रवाद पर बहस मत कीजिए, आप कीजिए बहस हिन्दुत्ववाद और उसके जनतंत्र के साथ अन्तर्विरोध पर।

प्रश्न : आप कश्मीरी पंडितों के बारे में क्या कहेंगे, जिनको अपने घरों से भगा दिया गया है?

जवाब : यहाँ भी मुश्किल राष्ट्र को लेकर ही है। जब राष्ट्र बनता है किसी एक पहचान के आधार पर, और उस एक पहचान को ही सही राष्ट्रीय पहचान माना जाता है, तो वही मसला उठता है, जिसे हमने हिन्दुत्ववाद के साथ देखा। इस्लामी राष्ट्रवाद उतना ही खतरनाक है। वो राष्ट्रवाद जिसमें अल्पसंख्यकों के लिए जगह नहीं है, वो खतरनाक है।

जनतंत्र में बहुमत कभी जन्माधारित पहचान पर नहीं तय किया जा सकता, क्योंकि फिर या तो लोग बहुमत में जन्म से हैं, या ज़िन्दगी भर अल्पमत में रहेंगे। जनतंत्र में बहुमत लोगों की राय के मुताबिक तय किया जाना चाहिए। अलग-अलग सवालों को लेकर तय किया जाना चाहिए, जैसे कि अर्थव्यवस्था कैसी हो, वगैरह। इस तरह के सवालों में लोगों की राय बदलती रहेगी, और कुछ सवालों में कोई बहुमत में है, तो कुछ और सवालों में वही लोग अल्पमत में होंगे। लेकिन जब धर्म या जाति या नस्ल के आधार पर राष्ट्र का गठन होता है, तो वो राष्ट्र कभी जनतांत्रिक नहीं हो सकता।

प्रश्न : मेरा सवाल ये है, दरअसल एक भ्रम है, मुख्यतया इस सन्दर्भ में जब ये सब कुछ हो रहा है जो एक आम नागरिक की जो एक देशभक्ति होती है ये हमेशा एक आर्मी आफिसर की देशभक्ति के सामने मात खाती है। और जो वो बलिदान देता है वो राष्ट्रवाद का चेहरा बन जाता है। वो बिना कुछ सोचे-समझे अपना बलिदान कर देता है। तो मुझे बड़ा कन्फ्यूजन लगता है और हाँ! ये सच भी है कि मैं अपनी जान शायद नहीं दूँगी देश के लिए और अगर मुझे लन्दन में कोई नौकरी मिल जाए, अच्छे पैसे मिल जाएँ तो मैं तुरन्त निकल भी जाऊँगी, पर, इसके बारे में आपका क्या विचार है कि जो एक आम इंसान की देशभक्ति को एक सिपाही की देशभक्ति से तुलना करके उसका औचित्य साबित किया जाता है। आपको एक रोल मॉडल माना जाता है, आपका इस पर विचार?

जवाब : पहली बात मैं ये कहूँगी कि वो जो मारने-पीटने को तैयार हैं भारत माता के नाम पर, और भारत माता का नाम लेते हुए बलात्कार करते हैं, और बलात्कार की धमकी देते हैं, वे भी कतई अपनी जान देश के लिए नहीं देंगे। और

उनमें से कई हैं जिनकी देशभक्ति इसमें है कि इन्टरनेट पर ट्रोल आर्मी बन के बैठे हैं, और खासकर औरतों के पीछे पड़ते हैं गाली और धमकियों के साथ। वे सब वहीं लन्दन में पैसे कमा रहे हैं! अगर वे देशभक्त हैं, तो आप भी देशभक्त बन सकते हैं, कोई समस्या नहीं है।

लेकिन सवाल आपने जो उठाया वो हनुमनथप्पा को लेकर है। बहुत ही बड़ा खेल हुआ है उनको लेकर। हमसे सवाल किया जा रहा है कि सिपाही जिस देशभक्ति से लड़ते हैं, क्या उनकी इंसल्ट नहीं है, हमारा इस तरह से बोलना? दरअसल हमें ये समझना चाहिए कि आर्मी के अफ़सरों के पद में बहुत ही वेकेन्सीज हैं। हमारे जैसे लोग (क्योंकि बहुत ही बड़ा क्लास डिविजन है, आर्मी में, अफ़सर जो हैं वे हमारे जैसे लोग बनते हैं और जो सिपाही हैं, जवान जिसे कहते हैं, वे बहुत ही ग़रीब तबके से आते हैं)—तो अफ़सर के पद नहीं भरे जा रहे हैं क्योंकि हमारे बच्चे लन्दन जाना चाहते हैं या कॉर्पोरेट जगत में काम चाहते हैं। वे नहीं चाहते आर्मी का जीवन। इसीलिए आर्मी, नेवी, एयरफोर्स में अफसरों की बहुत कमी है। जो लोग भर्ती हो जाते हैं आर्मी में, उनके लिए ये एक नौकरी है, ये एक जीवनयापन का तरीका है, और वे बहुत ही कठिन जिन्दगियाँ जीते हैं कि उनके बच्चे, उनकी बूढ़ी माँ वगैरह को दो वक्त की रोटी मिले।

गौतम नवलखा ने 'काफिला' में एक बहुत ही बढ़िया लेख लिखा है, आर्मी में हो रहा 'वन रैंक वन पेंशन' के आन्दोलन के वक़्त। उन्होंने आर्मी के पूरे आर्थिक आधार पर रौशनी डाली है। सबसे ग़रीब तबके के लोग पहुँचते हैं आर्मी में। बहुत सुनते हैं हम कि हमारे वीर सैनिक सरहद पर मर रहे हैं, लेकिन उनकी जिन्दगियों पर खेलकर वही देशभक्त पैसा बनाते हैं। आपने ताबूत घोटाले के बारे में सुना है, यूनिफार्म घोटाले के बारे में सुना है।

गौतम ने एक और संघर्ष के बारे में हमें बताया, जो अफसर नहीं, मामूली जवानों ने चलाया। अगस्त 2015 में "वॉईस ऑफ़ एक्स सर्विसमेन सोसाइटी" (वेस) ने भी धरना प्रदर्शन किया, और यह बात सामने लाई कि आर्मी में एक तरह का जातिवाद चलता है जहाँ अफसरों द्वारा जवानों का शोषण होता है। सेवादारी नाम का बाकायदा सिस्टम है जिसमें सिपाही अफसरों के घर नौकर का काम करते हैं। उनकी माँग थी कि यह सिस्टम ही ख़तम किया जाए। अगर हम मानते हैं कि वे सचमुच देश के लिए अपनी जिन्दगियाँ त्याग रहे हैं, तो सबसे पहले आप सिपाहियों की जिन्दगी को बेहतर बनाइए।

तो ये परिस्थितियाँ हैं जिनमें लोग जान देते हैं, राष्ट्र नामक एक चीज के लिए। सियाचिन ग्लेशियर में वे बेचारे मर गए। वहाँ एक ग्लेशियर है, और कुछ नहीं। एक बर्फीला रेगिस्तान है, और वहाँ प्राकृतिक आपदा में उन्होंने अपनी जान दे दी। इसे देशभक्ति कहना सरासर पाखंड है। वैसे आप जान लें कि अब एक आन्दोलन-सा

है, सरहद के दोनों तरफ, कि सियाचिन ग्लेशियर को 'डीमिलिटराइज' किया जाए, ताकि दोनों देशों के नौजवान वहाँ व्यर्थ में न मरें। हमारे देश में नौकरियों और जीवनयापन के इस तरह के तरीके होने चाहिए कि किसी को सियाचिन ग्लेशियर में जाकर बर्फीले रेगिस्तान की रक्षा करते हुए नहीं मरना पड़े। सरहद के न इस पार न उस पार।

इस सन्दर्भ में दक्षिण एशियाई नारीवादी ताकतें जो हैं, उनको याद करना चाहिए। चाहे सरकारों और पुरुषवादी राष्ट्रों के बीच जो भी तनाव हो, पाकिस्तान, बांग्लादेश और हिन्दुस्तान के नारीवादी आन्दोलन हमेशा एक साथ काम करते रहे हैं, जनता की सुरक्षा को अहमियत देते हुए, राष्ट्रों की सुरक्षा को नहीं। कमला भसीन की कविता की दो लाइनें मुझे याद आ रही हैं। वह एक नारीवादी कार्यकर्ता हैं और वे लिखती हैं—

मैं सरहद पे खड़ी दीवार नहीं
उस दीवार पे पड़ी दरार हूँ।

असमानता और कट्टरवाद के दौर में जीवन

पी. साईनाथ

मुझे नाज़ है कि मैं जवाहरलाल नेहरू विश्वविद्यालय का पूर्व छात्र हूँ। मुझे यह बताते हुए गर्व होता है कि मैं इमरजेंसी के खत्म होने के ठीक बाद सन् 1977 में यहाँ आया। उस समय राजनीतिक रूप से सबसे सक्रिय हॉस्टल गंगा हॉस्टल था, जो तब पुरुषों का हॉस्टल हुआ करता था। 'वे' हमसे नफरत करते थे और मुझे ऐसा लगता है शायद हमारे हॉस्टल छोड़ने पर वहाँ हवन करवाया गया होगा (शुद्धि के लिए)। गंगा हॉस्टल को महिला छात्रावास में बदल दिया, इस आशा में कि लड़कियाँ लड़कों से बेहतर रहेंगी। क्या गंगा की लड़कियाँ ऐसी हैं? (समूह में लड़कियों की आवाज़ आती है-नहीं!) अच्छी बात है—मुझे विश्वास है आप ऐसी नहीं हैं। मैं वापस 25-30 वर्षों के बाद जेएनयू के इग्जेक्यूटिव कौंसिल के सदस्य के तौर पर पाँच वर्षों के लिए आया। लेकिन मुझे ज्यादा गर्व अपने उस दौर पर है, जब मैं यहाँ का छात्र था, जेएनयूएसयू (JNUSU) का सक्रिय सदस्य था और गंगा हॉस्टल का प्रेसिडेंट था। जब मैं यहाँ पाँच साल के लिए इग्जेक्यूटिव कौंसिल का सदस्य था तब उसका अस्सी प्रतिशत समय प्रशासन से एक ही मुद्दे पर तकरार में गुजरता था और वो मुद्दा था—27% ओबीसी रिज़र्वेशन का मुद्दा, जिसे कुछ प्रभावशाली लोगों का एक समूह बेकार कर देना चाह रहा था। पाँच साल तक सुप्रीम कोर्ट के जजमेंट, पार्लियामेंट के एक्ट को रोका गया, तोड़ा-मरोड़ा गया ताकि उसकी मूल भावना को नष्ट कर दिया जाए; लेकिन उसमें वे कामयाब नहीं हो सके।

आज मैं दिल्ली, केवल और केवल इसके लिए आया हूँ। किसी और चीज़ के लिए नहीं। मैं आप लोगों के लिए यहाँ इसलिए आया कि आप लोग अपनी निजी माँग से बड़े एक व्यापक उद्देश्य के लिए लड़ रहे हैं...। अभी-अभी जो प्रक्रिया इस देश में चल रही है, अगर आप उसे वरीयता क्रम में रखें कि आप किसके खिलाफ लड़ रहे हैं...वह शीर्ष की तीन समस्याओं में आएगा। यह प्रक्रिया ग्रामीण इलाके में विगत दो दशकों से चल रही है। अब यह बुद्धिजीवियों के गढ़ विश्वविद्यालय परिसर तक भी पहुँच चुकी है। यह 'असहमति का अपराधीकरण' है। यही है वह

बात जिसके लिए आप लड़ रहे हैं। यह संविधान या कानून का उल्लंघन है। यह असहमत को अपराधी करार देता है। हम इस प्रक्रिया के खिलाफ लड़ रहे हैं। न केवल आप असहमति के सबसे बड़े दौर में जी रहे हैं बल्कि एक ऐसे दौर में भी, जहाँ कॉर्पोरेट शक्तियों के ऊपर नियंत्रण जैसे खत्म हो चुका है।

उड़ीसा के कलिंगनगर में एक आदिवासी युगल, जिनकी डिग्री उत्कल यूनिवर्सिटी की है और जिन्होंने पहले कभी भी अपने जीवन में पुलिस स्टेशन नहीं देखा था। तब उनका सामना कलिंगनगर में टाटा से होता है और वे अपनी जमीन देने से मना कर देते हैं। उनपर आज 91 मुक़दमे दर्ज हैं। पॉस्को, जगतसिंहपुर उड़ीसा में एन्टी पॉस्को मूवमेंट के लीडर अभय साहू, जो पॉस्को से लड़े और उसे हराया भी! जब मैं वहाँ जाता हूँ और पूछता हूँ—कितने हुए? तब वह दर्ज मुक़दमों की संख्या बताता है। पिछली बार 56-58 मुक़दमे हुए थे। इस इलाके के लोग अपने गाँव से बाहर निकलने से भी हिचकते हैं कि कहीं वे गिरफ्तार न कर लिए जाएँ। इस कारण वे अपने भाई-बहनों की शादियों तक में भी नहीं जा पाते हैं। एक तरह से वे अपने गाँव में ही बन्धक बना लिए गए हैं।

जहाँ भी आपकी नजर जाती है, आप किसी भी जगह को ले सकते हैं। नवी मुम्बई में एन्टी रिलायंस एसईज़ेड मूवमेंट—कितने मुक़दमे दर्ज हुए हैं? कोरापुट में एक बार मैं एक केमिस्ट्री प्रोफेसर से जेल में मिलने गया था। 'वे' क्या करते हैं...उनकी कॉमन टैक्टिस है।...यह दूसरा ही भारत है, जिसमें आपका स्वागत है...कॉमन टैक्टिस है।...पुलिस स्टेशन की तरफ एक मार्च होता है किसी चीज़ के विरोध में...हाथापाई होती है।...पुलिस एक केस दर्ज करती है आठ सौ लोगों के खिलाफ। उन्हें तीन वर्षों तक आस-पास के गाँवों में पुलिस रेड डालने की छूट देता है। लोगों को अपनी मर्ज़ी से सताने का उन्हें मौका मिल जाता है क्योंकि आठ सौ लोगों के नाम ही नहीं दिये गए हैं बल्कि इस आरोप के साथ कि, ए, बी, सी और आठ सौ लोगों ने पुलिस चौकी पर अटैक कर दिया था। उनमें से एक, जो केमिस्ट्री के प्रोफेसर थे, उनसे मिलने मैं कोरापुट जेल गया। मुलाक़ात तो नहीं हो पाई लेकिन उनके वकील ने बताया—जो आरोप थे, वो लाजवाब थे—उनके खिलाफ अन्य आरोपों के अलावा भैंस चुराने का आरोप था। अगर वो केमिस्ट्री प्रोफेसर—भैंस और दूसरे गोजातीय पशुओं में अन्तर न बता पाए तो इसमें किसी आश्चर्य की बात नहीं है। लेकिन उन्हें भैंस चुराने के आरोप में गिरफ्तार किया गया था। इमर्जेंसी के दौरान हममें से कई लोगों पर कई लाजवाब चार्जेज लगाए गए थे।

श्रीकाकुलम में एन्टी पोर्ट एजिटेशन में एक अठहत्तर वर्ष की महिला—जो आज अस्सी की हो चुकी है-उसके खिलाफ तेईस मुक़दमे दर्ज हैं, जिसमें पुलिसमैन की हत्या का प्रयास भी शामिल है। वो छोटी सी कद की है और वजन में तकरीबन पैंतीस किलोग्राम की होगी। और वो बूढ़ी महिला 22-23 पुलिसमैन की हत्या करने

गई होगी। यह अफसोस की बात है। इसलिए मैंने कहा कि, स्वागत है आपका! यह वो जगह है जहाँ हम पहुँच चुके हैं। मैं ये नहीं कह सकता कि आने वाला कल बेहतर होगा, या ये और बुरा होगा। यह बेहतर होगा लेकिन इसके पहले यह और बुरा होगा। और यह कैसे बेहतर होगा यह निर्भर करता है कि हम सभी मिलकर इस बुरे के साथ कैसे लड़ते हैं। मुझे जेएनयू के छात्रों पर बहुत विश्वास है कि वे इस स्थिति का सामना करेंगे। आज मैं आपके साथ, आप में से ही एक कहलाने के लिए खड़ा हूँ, मैं पूरी तरह से आपके इस संघर्ष के समर्थन में यहाँ खड़ा हूँ। मुझे यकीन है आप लड़ेंगे, पीछे नहीं हटेंगे और जीतेंगे। आप इस देश में असमानता के सबसे गम्भीर दौर में जी रहे हैं। साथ ही कट्टरवाद (fundamentalism) के बढ़ाव के दौर में भी। दोनों कमोबेश एक ही जैसे हैं। मेरी समझ में भारत सामाजिक–धार्मिक कट्टरवादियों और आर्थिक–बाज़ारवादी कट्टरवादियों के गठजोड़ द्वारा शासित हो रहा है। दोनों को एक–दूसरे की बेहद जरूरत है। ये दोनों एक–दूसरे की गलबहियाँ डाले हुए हैं।

बड़ी संख्या में ऐसे लोग होते हैं जो दोनों तरफ होते हैं। वे एकतरफ बाज़ारवादी कट्टरवादी होते हैं जिनपर धार्मिक कट्टरवाद का रंग चढ़ा होता है। पहले मैं स्पष्ट कर दूँ कि बाज़ारवादी कट्टरवाद उतना ही धार्मिक कट्टरवादी हो सकता है जितना कोई और। इसके पास भी अपने पोप, पंडित, गॉस्पेल और पुराण हो सकते हैं। बाज़ारवादी कट्टरवादियों के पास टीवी पर आने वाले धर्मगुरुओं की संख्या किसी भी अन्य धर्म या मत के धर्मगुरुओं से अधिक है। वे हर रात हर चैनल पर दिखाई देते हैं। बाज़ारवादी कट्टरवादियों के गॉस्पेल...आप जेएनयू के छात्र हैं आपको इनके बारे में पता है—द गॉस्पेल ऑफ़ सेंट ग्रोथ, द गॉस्पेल ऑफ़ सेंट ग्रीड, द गॉस्पेल ऑफ़ सेंट चॉइस। बाज़ार आपको विकल्प देता है ..सच में? अच्छा, अभी हफ्ता–दस दिन पहले आपके दो माननीय बाज़ारवादी कट्टरवादी टीवी पर थॉमस पिकेट्टी के साथ थे। उनका तर्क था कि असमानता इतना बड़ा मुद्दा नहीं है। अगर कोई अपने धन का प्रदर्शन करता है तो उसमें कोई बुराई नहीं है। विवेक डिब्रॉय और अरविन्द सुब्रामण्यम जो चीफ इकोनोमिक अडवाइजर हैं। मुझे इससे कोई परेशानी भी नहीं है। मिस्टर विवेक डिब्रॉय जो नीति आयोग से हैं। वे कहते हैं अगर कोई अपने धन–ऐश्वर्य का प्रदर्शन करता है तो यह उनका अपना निजी मसला है। मुझे उससे कोई लेना–देना नहीं है। अरविन्द भी कहते हैं कि वे विवेक से सहमत हैं। बिलकुल, सही बात है क्योंकि वे दोनों एक ही हैं। जब वे बाज़ार कट्टरवाद (market fundamentalism) की बात करते हैं या असमानता के प्रकार जो उत्पन्न हुए हैं...तब उनकी एक बात पर मैं सहमत हूँ कि ये यूपीए, और एनडीए की दो निर्मितियाँ हैं। मैं अपने पेशेवर समकालीन सहकर्मी अरुण शौरी से केवल इस बात पर, अन्यथा किसी और बात पर नहीं सहमत हूँ। बिलकुल सही कहते हैं। वे इस बात की व्याख्या करते हैं कि भाजपा; कांग्रेस और गाय का योग है।

महाराष्ट्र में बीफ़ बैन किया गया था, आपने पढ़ा होगा। क्या परिणाम हुआ? ऐसा करने के पीछे जो कारण है, जो सोच है, वो है कट्टरवादियों की गाय की पवित्रता पर विश्वास। असल में भारत में गाय सदा से पवित्र रही है। खेती की अर्थव्यवस्था में गाय केन्द्रीय भूमिका निभाती आई है। इसमें कोई सन्देह नहीं है। गौ हत्या पर प्रतिबन्ध, गौ मांस पर प्रतिबन्ध, इसमें बैल को भी शामिल कर लिया गया है। अरुणाचल में लोग गाय और मिथुन में फर्क नहीं बता सकते। लेकिन यह कट्टरवादी विचार था। कुछ चीजें आप लोगों को पता होनी चाहिए। अगर आप जनगणना के आँकड़े को देखें तो पाएँगे कि—विचारधारा के तौर पर और धार्मिक रूप से बयालीस प्रतिशत जनता को गौ मांस से कोई समस्या नहीं है। इसके अलावा हिन्दू धर्म के अन्तर्गत आने वाले करोड़ों लोगों को भी इसके साथ कोई समस्या नहीं है। इस समय केरल में...आपको जान कर हँसी आएगी...इन्टरनेट पर एक वीडियो आजकल वायरल हो रहा है—जिसमें बीजेपी के नेतागण बीफ/गौमांस खा रहे हैं। केरल में सभी खाते हैं। इसके लिए बवेला मचा हुआ है...काउंटर वीडियो डाले जा रहे हैं, सफाई दी जा रही है। कहा जा रहा है कि...ये तीन साल पुराना वीडियो है। अब मैंने बीफ़ खाना छोड़ दिया है। दूसरा कहता है—ये बीफ नहीं ओनियन पोटैटो है। ये वो वीडियो हैं जो हर तरफ घूम रहा है। आप किसी मलयाली छात्र से ये वीडियो प्राप्त कर सकते हैं। ये केरल के बीजेपी लीडर हैं।

बैन के पहले सप्ताह में मुम्बई जू के जानवरों—शेर और बाघ को चिकन खिलाया जा रहा है। क्योंकि बजरंग दल और वीएचपी के लोग कहीं भी, कभी भी ट्रैफिक रोक लेते हैं...यह एक दूसरा ही मुद्दा है। वे हमारे जैसे नहीं हैं। इसमें हम कुछ कर नहीं सकते...बजरंग दल अलग है, आरएसएस अलग है, वीएचपी अलग है। ये भाईबन्द वाले दल हैं, लेकिन ये अलग हैं। वैसे धर्मनिरपेक्ष धड़े के लोगों का कहना है कि ये अलग नहीं, एक ही हैं। लेकिन वास्तव में मुझे लगता है कि ये अलग हैं। आप इस यथार्थ को समझिए। ये कौन लोग हैं? बीजेपी, राजनीति के साथ आरएसएस है। वीएचपी, स्टेरोय्ड्स के साथ बीजेपी है और बजरंग दल, क्रैक (crack) के साथ वीएचपी है। इस सच का सामना कीजिए। इस अन्तर को समझिए। पहले वे शेर और बाघ को चिकन खिला रहे हैं...जू में। समस्या इसके बाद सामने आती है। पूरे महाराष्ट्र में कैटल मार्केट ढह गया है। हजारों-हजार लोग-हिन्दू, मुस्लिम, ईसाई, दलित बुरी तरह समस्याओं से जूझ रहे हैं। इसमें सभी परेशानी से जूझ रहे हैं। ऐसा करने वाले कुछ शहरी मुट्ठी-भर लोग हैं जिन्हें गाँव और ग्रामीण इलाके की कोई खबर नहीं है। उन्हें इस बात की कोई जानकारी नहीं है कि ग्रामीण अर्थव्यवस्था क्या होती है, ग्रामीण अर्थव्यवस्था में पशुधन का क्या योगदान है? यह योगदान बहुत-बहुत महत्त्वपूर्ण है। पिछले सप्ताह टाइम्स ऑफ़ इंडिया में कोल्हापुर चप्पल इंडस्ट्री के धराशाई होने की एक जबर्दस्त खबर आई थी। मेक इन इंडिया,

ब्रेक इन इंडिया! यह एक ऐसा ब्रांड नेम है जो पूरे विश्व में प्रसिद्ध है—कोल्हापुर चप्पल इंडस्ट्री। यह नवउदारवाद या किसी भी उदारवाद के पहले से अपना अस्तित्व रखती है। यह विश्व को अपने उत्पाद निर्यात करने वाली उन्नत इंडस्ट्री थी। अब बीफ बैन, काउस्लॉटर बैन और कैटलस्लॉटर बैन आदि सबने मिलकर इस इंडस्ट्री को हिला दिया है। अब प्रश्न है कि कोल्हापुर इंडस्ट्री में संलग्न कौन लोग हैं। वे मुस्लिम नहीं हैं। वे दलित हैं। एक तरफ मुसलमानों को किनारे किया जा रहा है, दूसरी तरफ दलित को पूरी तरह से कुचला जा रहा है। ओबीसी–मराठा और अन्य जो कैटल मार्केट हैंडल कर रहे हैं वो ख़त्म हो रहे हैं। आपके सामने हर मोर्चे पर अफरा–तफरी है।...किस तरह के लोगों के कारण? अब दूसरी बात है कि...जो यहाँ हो रहा है उससे जोड़ने के लिए...लोग स्तब्ध हैं और मुझसे फोन करके पूछ रहे हैं—क्या सच में ऐसा हो रहा है?

चलिए मैं इसे दूसरी तरह से समझाता हूँ। जेएनयू में घटी घटना और किसी दूसरी जगह घटी घटनाएँ—वे स्तब्ध करने वाली हो सकती हैं, घृणास्पद हो सकती हैं, वीभत्स हो सकती हैं, लेकिन वो आश्चर्यजनक नहीं हैं। असल में यह उनका असली चेहरा है। आपको स्तब्ध होने का अधिकार है लेकिन आश्चर्यचकित होने का कोई अधिकार नहीं है। आज के भारत और बीते हुए दशकों के भारत में एक विराट अन्तर है। एक सबसे बड़ा अन्तर है। अन्तर तो बहुत हैं, लेकिन एक है, उसे मेरे हिसाब से समझने की जरूरत है। इस देश में पहली बार एक आरएसएस प्रचारक प्रधानमंत्री है, वो भी बहुमत के साथ। यह सबसे बड़ा अन्तर है। पिछली बार के आरएसएस प्रचारक थके हुए थे। वे कोई चालीस वर्ष पहले सक्रिय प्रचारक हुआ करते थे। उनके पास अल्पमत की सरकार थी। कुछ भी कर सकने में उनकी सीमा थी। इसलिए मिली–जुली सरकार चलाना उनकी मजबूरी थी। अब आपके सामने एक प्रचारक बहुमत के साथ है। यह उन्हें इस बात का अवसर देता है कि वे खुल कर अपने मन की कर सकें। वही वे कर रहे हैं और वही वे करेंगे। स्तब्ध होइए लेकिन चकित मत होइए।

आप इस देश में अविश्वसनीय असमानता के साथ जी रहे हैं, सभी मोर्चे पर। आपके नीति आयोग के लोग, चीफ इकोनोमिक अडवाइजर को लगता है कि यह बड़ी समस्या नहीं है। कोई और लिखता है कि मार्केट भारत को मुक्त करेगा। यह असमानता एक छोटी असमानता है। थोड़ी असमानता अच्छी होती है। इससे प्रतियोगिता बढ़ती है। एक बार फ्लाइट में जब हमारी बात हुई तो मैंने कहा आप थोड़े से गर्भ (pregnent) से नहीं हो सकते। आपको तय करना है कि आप क्या करना चाहते हैं? आपका देश आज ऐसा है—कुछ आँकड़ों से चार या पाँच स्रोत पिछले 24 महीनों में उभर कर सामने आए हैं। 2011 सेन्सस का फॉलोअप डेटा, सोशिओ–इकोनोमिक कास्ट सेन्सस डेटा; उन्होंने कास्ट के डेटा को रिलीज़ नहीं किया है, क्योंकि सभी

को इस बात का डर है कि जब वे ऐसा करेंगे तो कहीं कुछ हो सकता है। वैसे भी कास्ट डेटा में त्रुटि है। लेकिन एक बार जरा क्लास डेटा को देखिये। एसईसीसी के अनुसार ग्रामीण जनता की आबादी 884 मिलियन है जबकि 2011 के सेन्सस के अनुसार यह 833 मिलियन है। एसईसीसी (SECC) के अनुसार ग्रामीण इलाके के तीन-चौथाई यानी 75 प्रतिशत हाउसहोल्ड में घर का कमानेवाला व्यक्ति पाँच हज़ार से कम कमाता है। अगर हम इस सीमा को दस हज़ार तक बढ़ा दें, तब 90 प्रतिशत ग्रामीण परिवार में कमाने वाला व्यक्ति दस हज़ार से भी कम कमाता है। ऐसे देश में जहाँ फोर्ब्स के अनुसार डॉलर बिल्येनेयर की संख्या सौ है।

फोर्ब्स मेरी मनपसन्द वेबसाइट है जिसे मैं अपने कम्प्यूटर में बुकमार्क करके रखता हूँ। आपके बिल्येनेयर औसतन 3.5 बिलियन डॉलर की औकात रखते हैं। फोर्ब्स के अनुसार भारत विश्व के डॉलर बिल्येनेयर में चौथा या पाँचवाँ स्थान रखता है। मुझे ऐसा लगता है कि हमें नंबर दो पर होना चाहिए। क्योंकि हमसे ऊपर जो दो हैं—रूस और चीन, उनके पास ज्यादा संख्या में बिल्येनेयर हैं लेकिन उनके बिल्येनेयर 1.2 या 1.3 बिलियन प्रति नग हैं जबकि हमारे वाले की औकात 3.5 या 3.7 बिलियन प्रति नग की है। हमारे डैड उनके डैड से बड़े अरबपति हैं! चीन की तरह नहीं कि स्टॉक एक्स्चेंज में बताने के लिए बिलियन का आँकड़ा छू लिया और बस। हमारे वाले ठोस हैं और उनकी तरलता (लिक्वीडिटी) भी उच्च है। तो एक तरफ हमारे यहाँ लगभग सौ की संख्या में डॉलर बिल्येनेयर हैं, जिनका हिस्सा हमारे कुल जीडीपी का 12 प्रतिशत है और वही देश जो विश्व में डॉलर बिल्येनेयर में पाँचवाँ स्थान रखता है, यूनाइटेड नेशन के ह्यूमन डेव्लपमेंट इंडेक्स (HDI) के 135वें पायदान पर है। दक्षिण अमेरिका के सारे के सारे देश जिसमें बोलीविया भी शामिल है आपसे ऊपर है। कैरेबियन देशों में केवल हैती हमसे पीछे है। हैती कुछ बुरे दिनों से गुजरा है। श्रीलंका आपसे 20 स्थान ऊपर है, जोकि पिछले तीस साल तक सिविल वार में उलझा रहा है। इसके बावजूद ह्यूमन डेवलपमेंट इंडेक्स में आपसे बेहतर है। विएतनाम आपसे पचास स्थान ऊपर है। वो भी सबसे नृशंस युद्ध को झेलने के बाद—उन पर यूएसए साम्राज्यवादियों द्वारा एजेंट औरेंज तथा अन्य खतरनाक केमिकल युद्ध का कहर ढाने के चलते, जिसका असर पीढ़ियों को झेलना पड़ा है। फिर भी ये सभी देश हमसे आगे हैं। इनमें किसी देश के पास आपके जैसे डॉलर बिल्येनेयर नहीं हैं। भारत के पास, पूरे नार्डिक और स्कैन्डेनेविआई देशों को मिलाकर, 2.5 गुना अधिक बिल्येनेयर हैं। डेनमार्क, स्वीडन, फ़िनलैंड, आइसलैंड, नार्वे के पास सब मिलाकर भी भारत के कुल डॉलर बिल्येनेयर का एक-तिहाई ही हैं। चीन के पास कुछ और अधिक हो सकते हैं। उन्होंने कमाया है। और रूसी, उन्हें मैं गम्भीरता से नहीं लेता। हर पाँच साल में वे अपने बिल्येनेयर को जेल भेज देते हैं। हम उन्हें संसद भेज देते हैं क्योंकि हम एक परिपक्व लोकतंत्र हैं।

मैं आपको संसद में भी असमानता के बारे में कुछ बताता हूँ। 2014 का इलेक्शन शपथपत्र यह बताता है कि स्वघोषित उक्ति के अनुसार 82 प्रतिशत एमपी करोड़पति हैं। उन्हें पता है कि वे बड़े ही विनम्र हैं। इसलिए आप खुद से अनुमान लगा सकते हैं। पाँच साल पहले यह आँकड़ा क्या था, दस साल पहले यह आँकड़ा क्या था? 2004 में 32 प्रतिशत एमपी करोड़पति थे। 2009 में 53 प्रतिशत एमपी करोड़पति थे। 2014 में 82 प्रतिशत एमपी करोड़पति थे। ये इलेक्शन अफेडेविट के अनुसार है जहाँ पर आपको इनकम टैक्स रिटर्न की कॉपी जमा नहीं करनी होती है। आप चाहे जो भी भर सकते हैं। चंद्रबाबू नायडू के इनकम टैक्स रिटर्न में उनकी विनम्रता देखी जा सकती है—2014 में भरी हुई राशि 2004 की राशि से कम थी। यह निःस्वार्थ जीवनचर्या है। उन्होंने बताया कि पिछली बार मकान का मूल्य बाज़ार के दाम के अनुसार लगाया गया था, लेकिन अकाउंटेंट उस समय की खरीद के दाम का मूल्य लगा रहा था। मार्केट वैल्यू फ्लक्चुएट कर रही थी। आप देखिये कि मार्केट आपको विकल्प देता है। जब मार्केट आपको विकल्प देता है, जिसकी लोग बात करते हैं। तक़रीबन एक बिलियन (1 अरब) लोग; FAO की नयी परिभाषा के अनुसार 850 मिलियन (85 करोड़) लोग, लेकिन स्वीकार किया गया है कि लगभग एक बिलियन (1 अरब) लोग पूरे विश्व में भूखे हैं। हर रात एक बिलियन (1 अरब) लोग भूखे सोते हैं। अगर बाज़ार उन्हें विकल्प देता है; अगर उनके पास विकल्प है उन एक बिलियन (1 अरब) लोगों के पास, मुझे ऐसा लगता है कि वे खाने के विकल्प को ही चुनेंगे। चूँकि वे ऐसा करने में सक्षम नहीं हैं। तब हम यह तर्क रख सकते हैं कि उनके पास विकल्प नहीं है। आपका मार्केट चयन के लिए उन्हें कोई विकल्प नहीं देता। खैर, एसईसीसी के आँकड़े बताते हैं कि 75 प्रतिशत हाउसहोल्ड में घर का एक कमाने वाला व्यक्ति 5000 से नीचे, 90 प्रतिशत हाउसहोल्ड 10,000 से नीचे और लगभग 8 प्रतिशत हाउसहोल्ड के कमाने वाले व्यक्ति की आमदनी 10,000 प्रतिमाह से अधिक है, जिसमें पंचायत प्रमुख, सरकारी नौकरी वाले लोग भी शामिल हैं।

2013 का नेशनल सैंपल सर्वे डेटा बताता है—भारत में फार्म हाउसहोल्ड की औसत आमदनी के बारे में। आपको दो चीजें जाननी चाहिए ताकि आपको पता चल सके कि ये संख्या/आँकड़े कितने घृणित होते हैं। एक यह कि किसी व्यक्ति की व्यक्तिगत आय न होकर एक हाउसहोल्ड के आमदनी की राशि है। हिसाब लगाया गया है कि हाउसहोल्ड 4.9 व्यक्तियों के बराबर होता है। चूँकि मैं कभी 'पॉइंट 9' से नहीं मिला इसलिए मैं इसे 5 मानता हूँ। 5 लोगों वाले इस हाउसहोल्ड में आमदनी खेती और अन्य सभी स्रोतों से प्राप्त आय जोड़ी जाती है। कुल मिलाकर भारतीय फार्म हाउसहोल्ड की मासिक आमदनी 6,426 रुपये है जो आज की कीमत के अनुसार 97 USD (यूएस डॉलर) के बराबर है। पाँच लोग और 6,426 रुपये एक

औसत आय है। जिसमें एक ओर केरल और पंजाब जैसे राज्य हैं, दूसरी तरफ छत्तीसगढ़ और बिहार जैसे दूसरे राज्य हैं। एक तरफ 3500 है, दूसरी तरफ 9000-10,000; जो औसत रूप में 6,426 है। ग्रामीण भारत ऐसी बुरी स्थिति में है। चाहे आप किसान हैं या ग्रामीण मज़दूर—स्थिति इतनी बुरी ही है। एक तरफ इस तरह की असमानता है। दूसरी तरफ सन् 1991 में आपके यहाँ एक भी बिल्येनेयर नहीं था, जबकि 2015 में फोर्ब्स इंडिया के अनुसार डॉलर बिल्येनेयर की संख्या सौ हो गई। उनमें से कुछ हाल में स्टॉक एक्सचेंज के उतार-चढ़ाव में थोड़े फिसल गए हैं, सो थोड़ी संख्या कम हो गई। लेकिन वे उद्यमी हैं। वे जोखिम लेते हैं।

मैं आपके जैसे ही स्टूडेंट्स को आईआईएम बैंगलोर में समझा रहा था। मैं एक काम करता हूँ जिसे पीपल्स आरकाइव ऑफ़ इंडिया (PARI) एक्स कहते हैं। हम सच में कितनी अविश्वसनीय जगह को नष्ट कर रहे हैं। इसमें भयानक चीजें भी हैं—इस पृथ्वी पर कुछ भयानक और प्रतिगामी चीजें, लेकिन साथ ही में कुछ मोहक और देदीप्यमान चीजें भी हैं। इन दोनों को मिलाकर भारत बनता है। यह हमारी सच्चाई है। यहाँ 833 मिलियन (83.3 करोड़) लोग 780 जिन्दा जबान बोलते हैं। उनमें से छह भाषाएँ 50 मिलियन से अधिक लोगों द्वारा बोली जाती हैं, तीन भाषाएँ 80 मिलियन से अधिक लोगों के द्वारा, एक भाषा 600 मिलियन से अधिक लोगों द्वारा बोली जाती हैं। एक भाषा को बोलने वाले की संख्या एक ही है—अंडमान के जेरु की भाषा। एक भाषा त्रिपुरा के सात साईमार लोगों द्वारा बोली जाती है। कितना आश्चर्यजनक विविधता वाला यह समाज है। इसके जैसा कहीं और मिलना मुश्किल है। कुछ लोग हैं जिन्हें इस विविधता से डर लगता है। वे सभी पर एक ही भाषा लादना चाहते हैं। उनको देखिये। यहाँ तक कि उनकी संस्कृति, जो समृद्ध है, सुन्दर है, वे इसे समझ नहीं पाते। हिन्दी भाषा है उत्तर की, महान भाषाएँ—भोजपुरी, मैथिली, बृजभाषा, अवधी—ये बोलियाँ हैं। हिन्दी दो सौ वर्ष भी पुरानी नहीं है, यहाँ तक कि 150 वर्ष पुरानी भी नहीं है। मूल हिन्दी प्रदेश का महान साहित्य भोजपुरी, मैथिली, बृजभाषा में है। ये उत्तर भारत की प्राचीन भाषाएँ हैं। उनकी इज़्ज़त कीजिये। लेकिन फेंस (बाड़) के दोनों तरफ के कट्टरवादियों द्वारा—भाषाएँ पुनर्आविष्कृत की जाने लगीं। स्थानीय भाषाएँ मिटा दी जाने लगीं। उर्दू को और फारसीकृत किया गया। हिन्दुस्तानी, उर्दू और फारसी शब्द हिन्दी बनाने के लिए मिटाए जाने लगे। यह प्रक्रिया सौ वर्ष तक जारी रही।

1960 में जब मैं छोटा था तब ऑल इंडिया रेडियो, दिल्ली के बारे में एक चुटकुला प्रसिद्ध था कि ऑल इंडिया रेडियो जिन तीन भाषाओं में प्रसारण करता है उसे कोई नहीं बोलता है—क्वीन इंग्लिश, फारसीकृत उर्दू और संस्कृतनिष्ठ हिन्दी। कट्टरवादी विविधता से डरते हैं। वे इस बात से डरते हैं कि नागालैंड और त्रिपुरा के लोग जिस भाषा में बोलते हैं उसे वे नहीं समझते। मैं सोचता हूँ कि हम कितने

समृद्ध हैं। जब मैं गंगा हॉस्टल में था तब वहाँ 24 भाषाएँ बोलने वाले लोग थे। कितनी खूबसूरत अतुलनीय दुनिया थी। यह भी जेएनयू की खासियत का एक हिस्सा था। इसे मैंने जेएनयू से ही सीखा।

इस कैम्पस से मैंने सीखा कि अपने से परे कैसे जिया जाता है। मैंने सीखा कि कैरियर रेस्यूमे (resume) नहीं है और सफलता स्प्रेडशीट नहीं है। कोई परेशानी होने पर, जो हमेशा होती ही रहती थी, उसे दूर करने के लिए नि:स्वार्थ भाव से जिस तरह मेरे सहकर्मी और कॉमरेड सहायता के लिए मौजूद होते थे। ये कुछ ऐसा था जिसे मैं कभी छोड़ नहीं पाया। इसने मुझे बनाया, सँवारा। यह कुछ ऐसा है जिसे आप कोई भी नाम दे सकते हैं। कट्टरवादी विविधता से डरते हैं और उसे खत्म करना चाहते हैं। उन्हीं लोगों के कारण असमानता अब ऐसे स्तर तक आ गई है। जब आप बड़े स्तर पर लोगों के साथ हुई बड़ी धोखाधड़ी के आधार पर गोलबन्द कर सकते हैं कि इसने उसकी नौकरी ले ली, उसने इसकी नौकरी ले ली। नौकरी है कहाँ? सच्चाई यह है कि इन लोगों ने एक भी जॉब क्रिएट ही नहीं की। इन्होंने लाखों-करोड़ों लोगों को विस्थापित किया, किसी को रोजगार नहीं दिया। ग़रीब लोगों के लिए परिणामस्वरूप एक भी जॉब क्रिएट ही नहीं किया, सिवाय इसके कि वे शहर में मेरे या आपके घर में घरेलू नौकर का काम करें। मुम्बई, जो कभी कामकाजियों का भेदभावरहित केन्द्र हुआ करता था। कोस्मोपोलिटन वर्किंग क्लास जो पूरे देश से उस एक जगह, वहाँ के मिलों में काम करने के लिए इकट्ठा हुआ था। वे मिल आज कहाँ हैं? वे सारे के सारे आज रियल एस्टेट हैं। रियल एस्टेट का एक बड़ा हिस्सा आज 'प्लानेट गोदरेज' कहलाता है। ये बिलकुल अलग ही दुनिया है। मुम्बई की नई पहचान जिसने गेटवे ऑफ़ इंडिया को पीछे छोड़ दिया है, वह है—मुकेश अम्बानी का घर, जो पेडर रोड एरिया में है। अगर आप अपने आपको भारतीय कहलाने पर गर्व करते हैं, जैसा कि मैं भी करता हूँ तो हम गर्व से कह सकते हैं, बिना किसी होड़ के, कि यह सबसे ऊँची और भौंडी बिल्डिंग बनाई गई है। वे सभी मिल जो यहाँ थे कहाँ गए?

40 वर्ष पूर्व कृषक, खेतिहर मज़दूर जैसे लोगों नें इन्हीं मिलों में नौकरियां कीं जो रायगढ़ को छोड़ कर, रत्नागिरी को छोड़ कर मुम्बई आए थे। इनमें तमिल, मलयाली, मराठा सभी एक साथ मिलकर काम कर रहे थे। वही आदमी आज आपके पास घरेलू नौकर का काम करने मुम्बई आ रहा है। मैं आपको अपना उदाहरण दूँगा। जो महिला मेरे घर की सफाई करने आती है और उस बिल्डिंग के दस दूसरे घरों में काम करती है—वह थालेगाँव की एक किसान है। एक दक्ष किसान। अभी वह हमारे यहाँ काम नहीं कर रही है। लेकिन अभी भी वह कटाई के समय 5-10 किलो बढ़िया ब्राउन राइस हमें देती है।

अब देखिये हमारी अर्थव्यवस्था और नवउदारवाद अलग-अलग वर्गों के लिए कैसे काम करते हैं। 80 के दशक में जब मैं मुम्बई गया तब वहाँ इंडियन एक्सप्रेस

समाचारपत्र में हड़ताल चल रही थी। इसमें मेरे सहयोगी यात्रा भत्ता के लिए 200 रुपये और माँग रहे थे। सेठजी शायद सुनने को तैयार नहीं थे। उनका कहना था कि तुम अपने आप को क्या समझते हो जो 200 और अधिक माँग रहे हो। हम सभी बाहर सहानुभूति में हड़ताल पर बैठे ताकि हमारे सहयोगियों को 200 रुपये अधिक यात्रा भत्ता मिल सके। उस दिन हड़ताल पर जितने लोग बैठे थे उन सबके पास आज निजी कार है। वह महिला जो घर साफ़ किया करती है—थालेगाँव की किसान है। वह लगभग उसी समय मुम्बई आई थी। जो भी मेरे जीवन के लिए जरूरी है वह आज सस्ता हो चुका है और वे सभी चीजें जो उसके जीवन में जरूरी हैं, महँगी हो चुकी हैं। मैं इसे बाई-इंडेक्स कहता हूँ। कम्प्यूटर सस्ते हो गए हैं, एयर कंडीशनर सस्ते हो गए, कार सस्ती हो गई हैं लेकिन बस भाड़ा महँगा हो गया है। जब वह आई थी तब बस का न्यूनतम भाड़ा 25 पैसा था। आज 5-8 रुपये सबसे कम दूरी के रास्ते को तय करने के लिए लगता है। वे सभी चीज़ें जो हमारे लिए मायने रखती हैं, हमारे मध्यवर्गीय जीवन को आरामदायक बनाती हैं—उनकी कीमत कम हुई है पर उस महिला और उसके जैसे अन्य लोगों के लिए जरूरी चीज़ों की कीमतें अधिक हुई हैं। 1991 में, जब मैं ब्लिट्ज में काम कर रहा था तब मैंने अपना पहला कम्प्यूटर ख़रीदा। उसे देखने के लिए वहाँ और आसपास के 2-3 बिल्डिंग के लोगों ने लाइन लगा दी। वह बहुत ही सनसनीखेज था क्योंकि उसका हार्ड डिस्क 20 मेगाबाइट का था और उसका आकार बॉम्बे टेलीफोन डायरेक्टरी जितना था। आज हम जिस सेलफोन का इस्तेमाल कर रहे हैं वह भी उससे 200-300 गुना ज्यादा शक्तिशाली होगा या हो सकता है उससे भी ज्यादा हो। सभी चीजें हमारे लिए, उच्च मध्यवर्ग और संभ्रांत वर्ग के लिए काम कर रही हैं। वहीं दूसरी ओर ग्रामीण भारत में—833 मिलियन लोग, जहाँ 90 प्रतिशत हाउसहोल्ड में कमाने वाला एक व्यक्ति 10,000 से भी कम कमा पाता है। किस तरह की असमानता को हमने पैदा किया है? अन्दर तक हिला देने वाली असमानता हमने पैदा की है।

ग्लोबल हंगर इंडेक्स में हमारा रैंक शर्मनाक है। बहुत सालों तक हम रवांडा से पीछे थे जो सम्भवत: फ़ूड सिक्यूरिटी को आपसे बेहतर हैंडल कर रहा था। नेशनल क्राइम ब्यूरो के अनुसार, सरकारी आँकड़ों में (हालाँकि यह बहुत ही त्रुटिपूर्ण डेटा है, लेकिन जो उपलब्ध है उसमें सबसे बेहतर है) ग्रामीण इलाके में 1995 के बाद 3 लाख से अधिक किसानों ने आत्महत्या की है। 10 सालों में, 2001 से 2011 तक हर आधे घंटे में एक आत्महत्या हुई है। अगर आप आज (19/02/2016) टाइम्स ऑफ़ इंडिया का फ्रंट पेज देखें तो उसमें मुम्बई में बीजेपी के एक एमएलए ने कहा कि आत्महत्या करना फैशन हो गया है। और भी ऐसे हैं जैसे वेंकैय्या नायडू ने कहा कि उन्होंने आत्महत्या इसलिए की, क्योंकि उनको मुआवजा चाहिए। आपकी मौत के बाद तरह-तरह की बात उछाली जाती है। एक लाख रुपये का मुआवजा है।

लेकिन आपको पता होना चाहिए कि जितने किसानों ने आत्महत्या की है, उनमें से 12 प्रतिशत से भी कम परिवार के लोगों को ही मुआवजा मिला है। आंध्र प्रदेश और महाराष्ट्र में इसका प्रतिशत ज्यादा है क्योंकि हम जैसे कुछ लोग थे जिन्होंने दस सालों तक इसके लिए हंगामा किया। नायडू और उनके जैसे लोग कहते हैं कि वे आत्महत्या इसलिए करते हैं क्योंकि उनको मुआवजा चाहिए। आपको पता है कि जब किसान आत्महत्या करता है तब क्या होता है और किसे पैसा मिलता है? एक लाख में से विधवा को 30,000 रुपये नकद मिलता है। 70,000 रुपये की एफडी की जाती है। मुझे उससे कोई परेशानी नहीं है। मैंने इसकी वकालत की क्योंकि अगर उसे पूरी राशि नकद में मिलती तो साहूकार, जो उस महिला के कलेक्टर के पास से घर लौटने का उसका इन्तजार कर रहा होता है, इस राशि को हथिया लेता। इसलिए बेहतर है। लेकिन देखिये कितनी कम यह राशि है। 70,000/रुपये की राशि उस विधवा को 446 रुपये का मासिक ब्याज दिलाएगी और ये तब जब एफडी पर ब्याज की दर ज्यादा है। ये हाल है। हमारे चारों ओर भीषण ग़रीबी है, गहरी वंचना है। मैं हमेशा पूछता रहता हूँ। जैसा कि मैं कल अग्रेरियन सेन्सस पर एक सेमिनार में पूछ रहा था— 'where is our sense of moral outrage?'—नैतिक रूप से झकझोरने वाली हमारी भावनाएँ कहाँ हैं? यह मत गिनिए कि कितने लोगों ने आत्महत्या की है। उनकी संख्या तो लगभग तीन लाख है। उन करोड़ों लोगों को भी गिनिए जो उसी हालात में जी रहे हैं, जिन्होंने अपनी जान नहीं ली है और उसी दरिद्रता में अपने दिन काट रहे हैं और उस ग़रीबी से लड़ रहे हैं। कहाँ हैं नैतिक रूप से झकझोरने वाली हमारी भावनाएँ?

मैं आपको एक रोचक बात बताऊँ जब मैं इस संकट के प्रति लोगों—खासकर सरकार, अकादमिक जगत, मीडिया और सामान्य जनता के रवैय्ये को देखता हूँ तब सबसे अधिक सहानुभूति और समानुभूति मुझे सामान्य जनता से ही मिलती है। बाकी किसी से नहीं। मुझे इस पर आश्चर्य हुआ और मैं सोचने पर भी मजबूर हुआ कि मैं पिछले कुछ वर्षों में पाँच आर्म्ड फोर्सेज के संस्थानों जैसे-डिफेन्स मिलिट्री कॉलेज, आईडीएसए, स्कूल ऑफ़ वारफेयर आदि से रूबरू हुआ। यह मेरे लिए रोचक था कि आर्म्ड फोर्सेज के ऑफिसर अग्रेरियन अनरेस्ट (कृषक अशान्ति) से कहीं ज्यादा परेशान थे क्योंकि उनके कई सारे जवान वर्दी वाले किसान थे। कम से कम इसे लेकर वे संवेदनशील थे। मुझे बताया गया कि लोग सच में उन लोगों के लिए चिन्तित हैं। उनकी चिन्ता जायज है। चिन्ता है, मानसिक दबाव है। यहाँ तक कि लोगों में गाँव से आने वाले फोन के प्रति भी बुरी खबर का खौफ है। सरकार, अकादमिक जगत और मीडिया सभी का इस समस्या के प्रति अलग ही रवैय्या है। लेकिन इन तीनों क्षेत्रों में कुछ शानदार अपवाद भी हैं। और वैसे बता दूँ कि अग्रेरियन क्राइसिस (कृषक संकट) को लेकर अकादमिक जगत में जो अपवाद हैं,

उनमें से 90 प्रतिशत से अधिक लोग जेएनयू से हैं। यह गर्व करने वाली बात है। इस देश में पहली बार प्रो. उत्स पटनायक ने इस जंजाल को अग्रेरियन क्राइसिस (कृषक संकट) का नाम दिया। जिस समय मैं इससे झिझक रहा था, ठीक से इस पद (टर्म) को समझ भी नहीं पाया था और उन्होंने इस बारे में अविश्वसनीय घोर विपत्ति की भविष्यवाणी भी की थी।

पिछले वर्ष तक ग्रामीण इलाके में, साल में कम से कम 250 दिन गुजारने वाले फील्ड रिपोर्टर की हैसियत से मैं यह कह सकता हूँ कि कोई भी दूसरा अकादमिक कार्य इस जमीनी हकीकत से जुड़े हुए काम की बराबरी नहीं कर सकता। अन्य अपवाद हैं मीडिया में। यहाँ जयदीप हर्दिकर, पुरुषोत्तम ठाकुर और प्रियंका काकोत्कर जैसे नाम उल्लेखनीय हैं। प्रियंका काकोत्कर टाइम्स ऑफ़ इंडिया की ट्रेल ब्रज़ेर (पुरोगामी)हैं। टाइम्स ऑफ़ इंडिया में अग्रेरियन क्राइसिस के ऊपर उनके बेहतरीन लेख फ्रंट पेज पर आते हैं। ये लेख इतने बेहतर होते हैं कि उसे वे वहाँ से हटा नहीं पाते। लेकिन आप पाते हैं कि एक लज्जाविहीन रुख है, जो खासा डोमिनेन्ट है मीडिया, अकैडेमिया में। दो अकादमीशियन, दो वाइस चांसलर ने कमीशन ऑफ़ इन्क्वायरी चलाए। वैसे मैं बता दूँ कि पूरे देश में किसानों की आत्महत्या पर तीस इन्क्वायरी कमीशन बनाए जा चुके हैं। भारत में सरकार की एक पुरानी परम्परा है। आप एक ही विषय पर तब तक इन्क्वायरी कमीशन बनाते रहते हैं जब तक कि कोई एक समिति वही रिपोर्ट न दे दे, जो आप चाहते हैं। एक वाईस चांसलर, विरेश कर्नाटक में एक सर्वे कराते हैं और घोषित करते हैं कि आत्महत्या का प्रमुख कारण शराब पीने की आदत (अल्कोहालिस्म)है। तत्काल ही 90 प्रतिशत से अधिक मीडिया इसका समर्थन करती है। हाँ–हाँ, ये लोग बहुत पीते हैं।

इन सारे तर्कों के साथ समस्या यह है कि आत्महत्या का कोई एक कारण नहीं होता। बहुत सारे कारण होते हैं जो मिलकर आत्महत्या का कारण बनते हैं। लेकिन अगर अत्यधिक शराब पीना सबसे बड़ा कारण है तो दुनिया में कोई पत्रकार नहीं बचता और बहुत कम अकादमीशियन बचते और बिलकुल कोई मानवाधिकार कार्यकर्ता भी नहीं बचता। इस मुद्दे को छोड़ते हैं और दूसरे वीसी पर आते हैं। महाराष्ट्र के दूसरे वीसी से यह स्टडी करने को कहा गया। तब शायद मैं विदर्भ के मुद्दे पर मुख्यमंत्री विलासराव के पीछे लगा था। ये भद्रपुरुष एक भी किसान से नहीं मिले। किसी भी हाउसहोल्ड में कोई भी पूछताछ नहीं की। उसने किसान आत्महत्या के बारे में बहुत ही कम लिखा सिवाय एक फेबुलस पैराग्राफ के। उसने 'योर्स फेथफुली' के बारे में काफी लिखा और मुझ पर आरोप लगाया कि मैंने बनावटी डर फैलाया है। मूलतः यह कहने के लिए कि महाराष्ट्र सबसे खराब राज्य है इस मामले में, जहाँ एनसीआरबी के अनुसार 1995 के बाद 33,000 किसानों ने आत्महत्या की थी। इसी क्रम में एक खुशनुमा दिन की सुबह जब मैं उठा तो पाया

कि मैं मुम्बई मिरर के पहले पेज की लीड स्टोरी थी—'एनिमी ऑफ द एस्टेट'। एस्टेट का तात्पर्य यहाँ महाराष्ट्र से था। मेरी राष्ट्रविरोधी भावनाएँ तो पूरे देश पर लागू हैं, वो किसी राज्य तक सीमित नहीं हैं। हेडलाइन था—साईनाथ डिफेम एस्टेट (साईनाथ ने राज्य को बदनाम किया)। मुझे रिपोर्ट से कोई परेशानी नहीं थी क्योंकि यह इतना बेवकूफाना था कि किसी ने इसे गम्भीरता से नहीं लिया। इसने मेरे काम को विदर्भ में एक नया प्रोफ़ाइल दिया। विलासराव इससे खुश थे क्योंकि उन्हें मुझ पर फटकार लगानी थी और इसके होने के बाद उन्होंने अच्छा महसूस किया होगा। जिस भद्रपुरुष ने यह रिपोर्ट लिखी थी वे सच में खुश थे क्योंकि वे पुरस्कृत किए गए थे। पुणे विश्वविद्यालय के वीसी से वे प्लानिंग कमीशन के सदस्य बनाए गए थे। सभी को अपना-अपना हिस्सा मिला था। इस तरह की स्थिति है। इस तरह का काम जो अकादमिक काम कहलाता है किस मूल्य पर किया जाता है।

किसी भी सैक्टर में यही हाल है। क्या आपको पता है जब आप एक फार्म हाउसहोल्ड देखते हैं, उसका सबसे ज्यादा खर्च किस चीज पर होता है?—स्वास्थ्य पर। किसी भी हाउसहोल्ड में आज शिक्षा की तुलना में स्वास्थ्य पर दुगना खर्च किया जाता है। बड़े देशों में भारत शायद ऐसा देश है जहाँ विश्व में सबसे अधिक निजीकृत स्वास्थ्य व्यवस्था है। सबसे नीचे से सातवाँ स्थान। सबसे बुरी बात यह है कि 84 प्रतिशत राशि जो स्वास्थ्य पर खर्च होती है वो आम जनता से बसूली जाती है। वे सरकारी स्वास्थ्य सेवा केन्द्रों का क्या कर रहे हैं? वे उसका भी निजीकरण कर रहे हैं। क्या आपको निजीकरण की सबसे हाल की घटना के बारे में पता है? इन्होंने 4000 आँगनवाड़ी का निजीकरण किया है। यह निजी प्रबन्धन क्रेन्स इंडिया को दिया गया है, जो वेदान्ता की अग्रणी कम्पनी है। मुझे उम्मीद है आपको दुख हुआ होगा...4000 आँगनवाड़ी! 0-6 वर्ष का आयु वर्ग बहुत ही निर्णायक दौर है, जिस पर देश का भविष्य टिका हुआ है और आप उसे लाभ कमाने वाले कार्पोरेशन को दे रहे हैं। आपका देश निर्मित होता है उस 0-6 आयु वर्ग में कि—बच्चा क्या खाता है, किस तरह का पानी पीता है और किस तरह की देख-भाल उसे मिलती है, उसकी पौष्टिकता—सभी कुछ। उसी उम्र में बच्चा कुछ बनता है। पूरी उम्र के लिए उसका हैल्थ प्रोफ़ाइल इसी दौर में बनता है। और आप उसे लाभ कमाने वाले कार्पोरेशन को दे रहे हैं! अब तो 4,000 और दूसरे भी उसी राह पर हैं। अब वे बात कर रहे हैं क्रॉप इंस्योरेंस की। ये बेचारे किसान आत्महत्या कर रहे हैं, इन्हें क्रॉप इंस्योरेंस दे देते हैं। इससे वे अत्महत्या नहीं करेंगे। अब वे आत्महत्या प्राइवेट कम्पनी के लिए करेंगे, क्योंकि वे उन्हें क्रॉप इंश्योरेंस, फार्म इंश्योरेंस देंगे।

1991 से 2011 के बीच किसानों की ऋणग्रस्तता में दुगनी बढ़ोतरी हुई है। एनएसएस के अनुसार फॉर्म हाउसहोल्ड की ऋणग्रस्तता में 1991 की तुलना में दुगनी बढ़ोतरी हुई है। मैं इस आँकड़े को स्वीकार नहीं करता। यह 26 प्रतिशत से

46.8 प्रतिशत हो गया। इस आँकड़े के साथ समस्या यह है कि इसके अनुसार 53 प्रतिशत लोग ऋणग्रस्त नहीं हैं—ऐसा लगता है कि यह एक क्रूर मज़ाक है। ग्रामीण इलाके में आप किसी को यह कहकर देखें—वे आप पर हँसेंगे। पिछले सप्ताह नाबार्ड (नेशनल बैंक फॉर एग्रीकल्चर एंड रूरल डेवलपमेंट)ने महाराष्ट्र राज्य का फोकस प्रो.फ़ाइल पेश किया और उसमें बताया कि कुल कृषिगत ऋण का 51.3 प्रतिशत मुम्बई और इसके उपनगर को जाता है। यह कोई लिंक्ड डॉक्यूमेंट नहीं है। यह नाबार्ड का प्रजेंटेशन है। इसके अनुसार कृषि सम्बन्धी व्यापार, किसान से ज्यादा महत्त्वपूर्ण है। 51.3 प्रतिशत!...मैं देख सकता हूँ कि आप स्तब्ध हैं। मैं अपेक्षा करता हूँ कि आप हों। क्योंकि मैं जान-बूझकर आपको उकसा रहा हूँ, आकुल कर रहा हूँ।

प्रो. आर. रामकुमार, जो टाटा इंस्टीट्यूट ऑफ सोशल साईंसेस में वर्षों से रूरल क्रेडिट को ट्रैक कर रहे हैं, के अनुसार 2011, 2012 के वर्षों में कृषि पर दिये गए ऋण का 53 प्रतिशत; मैं ग्रामीण ऋण की बात नहीं, कृषि पर दिये गए ऋण की बात कर रहा हूँ; उसका वितरण महाराष्ट्र में, जहाँ की 55 प्रतिशत जनसंख्या ग्रामीण है—53 प्रतिशत का वितरण तीन नगरों...तीन मेट्रो में किया गया। कृषि पर दिये गए ऋण का 38 प्रतिशत बैंकों की ग्रामीण शाखाओं से दिया गया। किसे पता है उस इलाके में भी ये ऋण किसको मिला? लेकिन इस तरह की प्रोफ़ाइल है! कृषि पर दिये गए ऋण का आधे से ज्यादा हिस्सा मुम्बई, पुणे में मालाबार हिल और कफ परेड के संघर्षरत किसानों को दिया जा रहा है। वे भी एक तरह की खेती ही करेंगे। वे कॉन्ट्रैक्ट फ़ार्मिंग के बदले फ़ार्मिंग ऑफ कॉन्ट्रैक्ट करेंगे। जैसा रामकुमार ने आपको दिखाया कि 50,000 से कम के लोन खत्म हो गए हैं। 50,000 का लोन कौन लेता है?—छोटा किसान। वो लोन जो फट पड़ा है वो 10-25 करोड़ के बीच है। बैंक जाते समय आपको ऐसे कितने किसान मिलते हैं जो कहें कि अभी मैं 25 करोड़ का लोन लेकर आ रहा हूँ। मुझे ऐसे दो किसानों का पता है—एक मुकेश दूसरा अनिल। दो दशकों से कृषि के लिए भेजे जा रहे संसाधनों को आधा और एक-तिहाई करके, जो बच रहा है उसे कॉर्पोरेट वर्ल्ड को भेंट चढ़ाया जा रहा है। कुल मिलाकर आप इसे समझें जो हम कर रहे हैं। हम बहुत तेजी से कॉर्पोरेट एस्टेट को मजबूत बनाने की तरफ बढ़ रहे हैं।

अब वापस मुख्य बिन्दु पर लौटते हैं। हम सामाजिक-धार्मिक कट्टरवादियों और आर्थिक-बाज़ारवादी कट्टरवादियों के गठजोड़ द्वारा शासित हो रहे हैं। ऐसा नहीं है कि भारत तक ही यह घटनाचक्र सीमित है। मार्केट फंडालिज्म के वैटिकन, इस ग्रह के सबसे खतरनाक जगह, यूएसए पूरी तरह से इस दुनिया के दो सबसे सिरफिरे फंडामेंटलिस्ट रेजीम—सऊदी अरब और इजराइल पर निर्भर करता है। ये ऐसे दो देश हैं जिनके माध्यम से अमेरिकी नीति फलती-फूलती है। आप देखिये कि

धार्मिक कट्टरवादियों और बाज़ारवादी कट्टरवादियों का गठबन्धन केवल इसी देश तक सीमित नहीं है। ये इतने महान नहीं हैं। इन्हें एक दूसरे की सख्त जरूरत है। आपको पछाड़ने के लिए और आपको सबक सिखाने के लिए ये एक दूसरे से मिले हुए हैं।

अब मीडिया भी वही नहीं है जो कम से कम 20-25 साल पहले हुआ करती थी। आज केवल दो तरह की पत्रकारिता होती है—एक तो पत्रकारिता है, दूसरा स्टेनोग्राफी है—कॉर्पोरेट स्टेनोग्राफी। पहले मैं स्टेनोग्राफी कहा करता था लेकिन एक बार कहीं तमिलनाडु में एक सज्जन उठे और इस पर अपना विरोध दर्ज किया और बोले—आप स्टेनोग्राफर को अपमानित मत कीजिए। मैंने पूछा क्यों? उसने कहा—'मैं स्टेनोग्राफर हूँ'। मैंने कहा—मुझे माफ़ कीजिए, मेरा यह मतलब नहीं था। उसने कहा—रुकिए, मैं कुछ कहना चाहता हूँ। मैंने कहा—जरूर। उसने कहा कि हम उनसे काफी बेहतर हैं। मैं कोर्ट में स्टेनोग्राफर था और सब के बयान दर्ज करता था—गवाह, अभियोगपक्ष, अभियुक्त, रक्षित—सभी का। वे तो केवल शक्तिशाली लोगों की बातों को दर्ज करते हैं। निःसन्देह एक स्टेनोग्राफर अपने काम में अधिक ईमानदार है। उसके बाद से ही मैं कॉर्पोरेट स्टेनोग्राफी शब्द का प्रयोग करने लगा। अगर आप देखें मीडिया पर किसकी मिल्कियत है? वैसे मैं आपको बता दूँ इस देश में मीडिया पर सबसे बड़ी मिल्कियत मुकेश अम्बानी की है। लेकिन अगर आप मीडिया को देखें और जिस दिशा में वह जा रही है तो उसमें हम पाते हैं कि शक्ति का बृहद केन्द्रीकरण कुछ हाथों तक ही सीमित होता जा रहा है। इस इंडस्ट्री का स्वभाव क्या है? पहले हम देखते थे समाचारपत्र में मोनोपोली, चैनल्स में मोनोपोली लेकिन अब ऐसा नहीं है। पुरानी मीडिया मोनोपोली का अस्तित्व अब मिट चुका है। नई मीडिया मोनोपोली अब विशालकाय कॉर्पोरेट मोनोपोली का एक हिस्सा है। नेटवर्क 18 इस देश का एक बड़ा नेटवर्क है, लेकिन यह रिलायंस इंडस्ट्री का एक बहुत छोटा हिस्सा है। आप इस बात को समझिए। यह एक बड़ा बदलाव है। आज फोर्थ स्टेट (मीडिया) और रियल एस्टेट में अन्तर कर पाना बड़ा ही मुश्किल हो गया है। कुल मिलकर आप उस स्थिति में हैं जहाँ असमानता सरपट बढ़ती जा रही है। मैं यहाँ पर हूँ। मैं आपकी प्रशंसा करता हूँ। मैं आपके साथ हमेशा रहूँगा। लेकिन आप यह याद रखिये कि और कितने ही कैंपसों पर निशाना लगाया गया है। FTII 105 दिनों तक संघर्ष करता रहा। 105 दिन युधिष्ठिर को FTII से बाहर रखने के लिए। आपको महाभारत में युधिष्ठिर की कथा पता है न? वो इतने उद्दात्त, इतने सच्चे थे कि उनका रथ कभी भी जमीन को नहीं छूता था। जब उन्होंने द्रोणाचार्य से झूठ बोला—'अश्वत्थामा नरो हता'। तब उनका रथ, जो जमीन से छह इंच ऊपर था वापस जमीन को छू गया। इस युधिष्ठिर का रथ कभी भी जमीन पर आया ही नहीं, क्योंकि यह कीचड़ में फँसा हुआ है।

रोहित वेमुला की घटना आपको पता है। जनगणना का एक आँकड़ा, जो मैंने आपको नहीं बताया, वह यह है कि 400 मिलियन (40 करोड़) भारतीय कभी स्कूल या कॉलेज नहीं गए। उन्होंने कभी भी किसी शैक्षणिक संस्थान में कदम नहीं रखा जो कि पूरी आबादी का एक-तिहाई हिस्सा है। एक अन्य आँकड़े के अनुसार 3 प्रतिशत ग्रामीण परिवार में एक ग्रेजुएट सदस्य है। अनसूचित जाति और अनसूचित जनजाति के यहाँ यह प्रतिशत 3 से भी कम है। इस पृष्ठभूमि से एक रोहित वेमुला आता है और पी-एच.डी. करता है। हमारी शिक्षामंत्री, जिनकी शैक्षणिक योग्यता का पता हमें कभी नहीं चला। हमें इतना पता है कि उन्होंने कॉलेज पास नहीं किया। मेरे पास संस्कृत को बढ़ावा देने का एक धाँसू आईडिया है। मुझे लगता है मिस ईरानी के सभी सीरियल को संस्कृत में डब करके केवल उसी भाषा में दिखाया जाना चाहिए। यह संस्कृत को प्रोत्साहन देने का बढ़िया तरीका हो सकता है। मेरे दोस्त और सहकर्मी सिद्धार्थ वरदराजन को इलाहाबाद यूनिवर्सिटी में प्रताड़ित किया गया और बन्धक बनाया गया। विक्रमादित्य यूनिवर्सिटी के वाइस चांसलर को पीट-पीट कर मार डाला। आप अकेले नहीं हैं। ये है उनका असली चेहरा। ऐसे समूह के लोग जिनकी विचारधारा को मानने वाला राष्ट्रपिता की हत्या कर देता है वह आपको एन्टी नेशनल कहता है। ऐसे लोग जिनके नेता ब्रिटिश से माफ़ी की भीख इस शर्त पर माँगते हैं कि छूटने पर वे अच्छा व्यवहार करेंगे। वे आपको आज राष्ट्रवादी बनने का पाठ पढ़ा रहे हैं। यह सामाजिक-धार्मिक कट्टरवादियों का समूह और आर्थिक-बाज़ारवादी कट्टरवादियों समूह आज एक दूसरे का हाथ थामे हुए हैं। एक बात और। इसके साथ मैं अपनी बात समाप्त करूँगा। जेएनयू हमेशा से विविधता और विविध मतों को आवाज़ देने वाला स्थान रहा है और रहना भी चाहिए। पर पिछले हफ्ते या दो हफ्ते में जो चीज मुझे अच्छी लगी वो यह कि कैसे अलग-अलग, भिन्न विचारधारा के सभी लोग अपने विवेक का इस्तेमाल करके यूनाइटेड फ्रंट के रूप में इस अप्रिय सरकार के खिलाफ उठ खड़े हुए हैं। कभी भी अपनी एकता को मत खोइएगा। मतभेद रखिए। हममें से सभी को अपने मत पर कायम रहने का अधिकार है। लेकिन इस सामाजिक-धार्मिक-आर्थिक-बाज़ार के गठबन्धन के सामने अपने हथियार मत डालिए। आप अपनी एकता मत टूटने दीजिए।

(अनुवाद : सूरज कुमार)

‘राष्ट्रीय’ होने के मायने

प्रभात पटनायक

भारत में औपनिवेशिक शासन के विरुद्ध संघर्ष से जो राष्ट्रवाद उभरा, वह अपने आप में अनूठा था। यह राष्ट्रवाद एक नितान्त नई परिघटना थी, जो इसके पहले विश्व में कहीं नहीं देखी गई थी। यह राष्ट्रवाद मूलतः प्रजातांत्रिक और समतामूलक था और शक्तिवर्धन पर आधारित यूरोपीय राष्ट्रवाद से सर्वथा भिन्न था।

मेरे विश्वविद्यालय के विद्यार्थियों पर ‘राष्ट्रविरोधी’ होने के आरोप लगाए जा रहे हैं। ऐसे समय में यह पूछना समीचीन होगा कि ‘राष्ट्रीय’ का अर्थ क्या है? इस प्रश्न का उत्तर उतना सीधा नहीं है जितना हमें लगता है। ‘राष्ट्रीय’, ‘राष्ट्रवाद’ व ‘राष्ट्र-राज्य’ शब्द यूरोप में 17वीं सदी की वेस्टफेलिया शान्ति संधियों के बाद प्रचलन में आए। यूरोपीय ‘राष्ट्रवाद’ की तीन प्रमुख विशिष्टताएँ थीं—पहली, वह ‘राष्ट्र’ की सीमाओं के अन्दर रहने वाले सभी लोगों को भी अपने में समाहित नहीं करता था। वह हमेशा एक ‘आन्तरिक शत्रु’ (उदाहरणार्थ यहूदी) को चिह्नित करता था। दूसरे, वह आवश्यक रूप से साम्राज्यवादी था। वेस्टफेलिया संधियों के कुछ ही महीनों के भीतर ओलीवर क्रामवेल ने आयरलैंड पर हमला कर उसके सम्पूर्ण क्षेत्र को इंग्लैंड का हिस्सा बना लिया। आयरलैंड, दुनिया का पहला विजित उपनिवेश बना।

अगले कुछ दशकों में यूरोपीय शक्तियाँ, यूरोप में तो ‘शान्तिपूर्ण सहअस्तित्व’ में बनी रहीं परन्तु भारत जैसे दूरदराज के स्थानों में वे अपने-अपने साम्राज्य स्थापित करने के लिए एक-दूसरे से युद्धरत रहीं। तीसरे, इसमें ‘राष्ट्र’ का दैवीकरण किया जाता था। ‘राष्ट्र’ को शक्तिशाली बनाना इसका निरपवाद लक्ष्य होता था। यह राष्ट्रवाद सिर्फ वणिकवाद के भाव से उद्‌भूत नहीं था बल्कि वह शास्त्रीय राजनैतिक अर्थव्यवस्था का आधार भी था। एडम स्मिथ की सबसे प्रसिद्ध रचना का शीर्षक था ‘एन इन्क्वायरी इनटू द नेचर एंड काज़िज ऑफ द वेल्थ ऑफ नेशन्स’। स्मिथ और वणिकवादियों में भले ही इस प्रश्न पर मतभेद रहे हों कि

राष्ट्रों की वास्तविक सम्पदा क्या है परन्तु इस सम्पदा में बढ़ोत्तरी की आवश्यकता—चाहे उसका लोगों पर कुछ भी असर पड़े—के मामले में स्मिथ के वणिकवादियों से कोई मतभेद नहीं थे। कुल मिलाकर, यूरोपीय 'राष्ट्रवाद' शक्तिवर्धन का राष्ट्रवाद था।

यही कारण है कि जर्मनी जैसा 'राष्ट्र', जो काफी बाद में अस्तित्व में आया और इस कारण शक्तिवर्धन के प्रयासों में बाद में जुट सका, का राष्ट्रवाद और अधिक उग्र था व वह शक्तिवर्धन के अपने लक्ष्य को जल्दी से जल्दी हासिल कर लेना चाहता था। फासीवाद इस प्रक्रिया का चरमोत्कर्ष था।

यदि यूरोप की प्रगतिशील और प्रजातांत्रिक परम्परा ने हालिया वर्षों में, दो विश्वयुद्धों के कटु अनुभवों से सीख लेकर, 'राष्ट्रवाद' से ऊपर उठकर यूरोपीय संघ का गठन किया तो इसके पीछे यह भी एक कारण था। परन्तु अपेक्षा के विपरीत, यूरोपीय संघ के निर्माण के बाद भी शक्तिवर्धन के इस राष्ट्रवाद से यूरोप मुक्त नहीं हो सका है और आधुनिक काल में इसने पूँजी के हितसंवर्धन का स्वरूप ले लिया है। वह पूँजी के हितों को बढ़ावा देने में जुटा है।

यह समझना बहुत महत्त्वपूर्ण है कि भारत जैसे देशों में, औपनिवेश-विरोधी संघर्ष के दौरान, 'राष्ट्रवाद' की जिस अवधारणा का विकास हुआ, वह एकदम अलग किस्म की थी। चूँकि यह संघर्ष अत्यंत शक्तिशाली औपनिवेशिक शासकों के खिलाफ था इसलिए यह जरूरी था कि वह समावेशी हो और नागरिकों के हर तबके को अपने साथ जोड़े। उसे दुनिया के अन्य स्थानों पर चल रहे ऐसे ही संघर्षों के साथ एकजुटता कायम करनी थी और यही कारण था कि उसके तीसरी दुनिया के अन्य देशों के साथ भ्रातृत्वपूर्ण रिश्ते थे और उनपर कब्जा जमाने की उसकी कोई नीयत नहीं थी। उसे 'जनकल्याण' पर फोकस करना था ना कि 'राष्ट्र की महानता' पर। इस तथ्य को गांधी ने अत्यंत मार्मिक शब्दों में व्यक्त करते हुए कहा था कि स्वतंत्रता का लक्ष्य 'हर भारतीय की आँखों से आँसू पोंछना है'।

यह राष्ट्रवाद अपने आप में अनूठा था—एक नितान्त नई परिघटना, जो इसके पहले विश्व में कहीं नहीं देखी गई थी। यह राष्ट्रवाद मूलतः प्रजातांत्रिक और समतामूलक था और शक्तिवर्धन पर आधारित यूरोपीय राष्ट्रवाद से उपर्युक्त वर्णित तीन स्वरूपों में अलग था।

यह कहने का अर्थ इस राष्ट्रवाद को महिमामंडित करना नहीं है और ना ही उसे एक ऐसे निराले जन्तु के रूप में प्रस्तुत करना है जो अपने पूर्ण विकसित स्वरूप में उभरा जैसे जीयस के सिर से ऐथेना निकली थी। इसमें भी शक्तिसंवर्धन का मिश्रण था परन्तु, जैसा कि मैं आगे बताऊँगा, जब भी यह शक्तिसंवर्धन की ओर बढ़ता था तब उससे 'राष्ट्रनिर्माण' की परियोजना को क्षति पहुँचने की

सम्भावना उत्पन्न होती थी। सफल होने के लिए इस राष्ट्रवाद का स्वरूप समावेशी व प्रजातांत्रिक होना आवश्यक था और उपनिवेशवाद के समाप्त हो जाने के बाद भी इस तथ्य की वैधता में तनिक भी परिवर्तन नहीं आया है।

गांधी ने जब अपने अन्तिम दिनों में, विभाजन की विभीषिका की पृष्ठभूमि में और अनमने कांग्रेस नेताओं के विरोध के बावजूद, जोर देकर यह कहा कि भारत को पाकिस्तान को देय सम्पूर्ण धनराशि का भुगतान करना चाहिए, तब वे 'राष्ट्रविरोधी' व्यवहार नहीं कर रहे थे। वे उस प्रजातांत्रिक 'राष्ट्रवाद' की भावना के अनुरूप काम कर रहे थे, जो साम्राज्यवाद-विरोधी संघर्ष का आधार थी। सहिष्णुता, सामंजस्य और मतभेद की स्थिति में बातचीत ना कि विरोधी को चुप करने के लिए और अपने वर्चस्व को कायम करने के लिए क्रूर बल का इस्तेमाल, इसके केन्द्रीय तत्त्व थे। इस राष्ट्रवाद की यह जरूरत है कि अगर देश के किसी हिस्से में कुछ लोग भारत विरोधी नारे लगाते हैं तब यदि आतंकवाद या हिंसा या हिंसा को भड़काने की कोशिश इसमें शामिल नहीं है, तब यह आत्मनिरीक्षण और विश्लेषण का मौका होना चाहिए ताकि इस भावना को समाप्त किया जा सके। यह औपनिवेशिक काल से हमें विरासत में प्राप्त हुए कुख्यात राजद्रोह कानूनों का इस्तेमाल कर दमनचक्र चलाने का मौका नहीं हो सकता।

आज चिन्ता का विषय यह है कि भाजपा दूसरे प्रकार के राष्ट्रवाद को पहले प्रकार के राष्ट्रवाद से प्रतिस्थापित करना चाहती है। वह उस प्रजातांत्रिक राष्ट्रवाद को, जो साम्राज्यवाद विरोधी आन्दोलन का आधार था और जो आज भी भारतीय राज्य का अवधारणात्मक आधार बना हुआ है, को शक्तिसंवर्धन के राष्ट्रवाद से प्रतिस्थापित करना चाहती है। इससे भी खराब बात यह है कि दूसरे प्रकार के राष्ट्रवाद के अस्तित्व से ही इंकार किया जा रहा है और 'राष्ट्रीय' व 'राष्ट्रविरोधी' शब्दों का इस्तेमाल पहले प्रकार के राष्ट्रवाद के सन्दर्भ में किया जा रहा है।

नि:सन्देह साम्राज्यवाद विरोधी संघर्ष वाले प्रजातांत्रिक राष्ट्रवाद को अपनाना आसान नहीं है। अनियंत्रित पूँजीवाद, जो असमानता और निर्धनता को बढ़ावा देता है, इस राष्ट्रवाद को अपनाने के लिए उपयुक्त आर्थिक ढाँचा नहीं हो सकता। इस तथ्य को गांधी, नेहरू व अम्बेडकर सहित सभी तत्कालीन प्रमुख नेताओं ने स्वीकार किया था, यद्यपि वह ढाँचा कैसा होना चाहिए इस बारे में उनके अलग-अलग विचार थे। परन्तु अन्ततः हमने पूँजीवाद को ही चुना, यद्यपि राज्य का नियंत्रण और सार्वजनिक क्षेत्र इसका हिस्सा थे। वैश्विक पूँजी के दबाव में नव-उदारवादी नीतियाँ अपनाई गईं और शनैः-शनैः राज्य का नियंत्रण समाप्त हो गया।

शक्तिसंवर्धन के राष्ट्रवाद की तरफ झुकाव, देश में नव–उदारवादी पूँजीवाद के उभार से जुड़ा हुआ है। भाजपा इस राष्ट्रवाद को बढ़ावा देती है और नव–उदारवादी पूँजीवाद की समर्थक है। एक ऐसी पार्टी जो शक्तिसंवर्धन के राष्ट्रवाद के प्रति प्रतिबद्ध है, चाहे जिन भी परिस्थितियों में सत्ता में आई हो परन्तु यह निर्विवाद है कि इस तरह का राष्ट्रवाद मूलतः भारतीय राष्ट्र के निर्माण की परियोजना के लिए क्षतिकारक है।

सबसे पहले वह बात जो सबके सामने है। इस सरकार ने पुणे फिल्म संस्थान, हैदराबाद केन्द्रीय विश्वविद्यालय, जवाहरलाल नेहरू विश्वविद्यालय और बड़ौदा के एमएस विश्वविद्यालय के ललित कला विभाग के विद्यार्थियों को आतंकित करने का प्रयास किया। ये देश के सर्वश्रेष्ठ संस्थानों में शामिल हैं और इनके विनाश से हमारा देश, अन्य राष्ट्रों के संस्थानों पर निर्भर हो जाएगा। कहने का अर्थ यह है कि यह विडम्बना ही है कि 'राष्ट्रवाद' के नाम पर हम अपने देश को विकसित देशों पर निर्भर बना रहे हैं। तीसरी दुनिया के किसी भी देश में शक्तिसंवर्धन के राष्ट्रवाद, जो सहिष्णुता पर दमन को प्राथमिकता देता है, को बढ़ावा देने का यह अनिवार्य नतीजा है।

शक्तिसंवर्धन का राष्ट्रवाद केवल प्रजातंत्र और अभिव्यक्ति की स्वतंत्रता को सीमित नहीं करता। हमारे देश में हम देख रहे हैं कि खून की प्यासी भीड़ कानून को अपने हाथ में ले रही है, युवा आदर्शवादी और संवेदनशील विद्यार्थियों के विरुद्ध राजद्रोह कानूनों का इस्तेमाल किया जा रहा है और निर्दोषों की छवि जनता की निगाहों में खराब करने के लिए झूठ और दुष्प्रचार का खुलकर सहारा लिया जा रहा है। शक्तिसंवर्धन का राष्ट्रवाद उतनी ही अतिवादी प्रतिक्रियाओं को जन्म देता है। यह एक विनाशकारी दुश्चक्र का जनक बन जाता है। दमन से अतिवादी प्रतिक्रिया होती है जिसके बाद और अधिक दमन किया जाता है और फिर उसकी और अधिक अतिवादी प्रतिक्रिया होती है। यह प्रक्रिया चलती रहती है।

यह सोचना मूर्खता होगी कि किसी भी तीसरी दुनिया के देश की राष्ट्रनिर्माण की परियोजना इस दुश्चक्र के विनाशकारी प्रभाव से बच सकेगी। तीसरी दुनिया 'असफल राज्यों' से भरी हुई है। निःसन्देह इन राज्यों की असफलता के पीछे बड़ी शक्तियों का हाथ है परन्तु वे आन्तरिक मतभेद उत्पन्न कर ही ऐसा कर सकी हैं। शक्तिसंवर्धन के राष्ट्रवाद का यही नतीजा होता है।

यूरोप के शक्तिसंवर्धन के राष्ट्रवाद और उसके जिस अवतार को हमारे देश में बढ़ावा दिया जा रहा है, में एक प्रमुख अन्तर है। यूरोप के शक्तिसंवर्धन के राष्ट्रवाद ने जिस 'आन्तरिक शत्रु' की पहचान की थी वह अधिकांश मामलों में एक अत्यंत छोटा अल्पसंख्यक वर्ग था (यह नाजी जर्मनी के बारे में भी सही था

जहाँ यहूदी कुल आबादी का 0.7 प्रतिशत थे) परन्तु भारत में शक्तिसंवर्धन के राष्ट्रवाद को जिस आन्तरिक शत्रु से जूझना होगा वह बहुत बड़ा है। और उसी अनुपात में इस राष्ट्रवाद के कारण समाज के बिखर जाने का खतरा भी अधिक है। अगर भारत को 'असफल राज्य' नहीं बनना है तो इस तरह के राष्ट्रवाद पर लगाम लगानी ही होगी।

(अनुवाद : अम्बरीश हरदेनिया)

फासिज्म की पदचाप सुनते हुए...

पुरुषोत्तम अग्रवाल

मुझे फख्र है कि मैं जवाहरलाल नेहरू विश्वविद्यालय में पढ़ाता था, लेकिन इससे भी ज्यादा फख्र की बात यह है कि मैं जवाहरलाल नेहरू विश्वविद्यालय में पढ़ता था। आज ही मुबई की एक लड़की ने मुझसे फेसबुक के जरिए पूछा, "सर, क्या आप जेएनयू में पढ़ाते थे?" मैंने उससे यही कहा कि "हाँ, पढ़ाता था, लेकिन ज्यादा फख्र इस बात पर करता हूँ कि यहाँ पढ़ता था।"

असल में जेएनयू केवल एक संस्था का नहीं, एक संस्कृति का, एक कल्चर का नाम है। जो लोग जेएनयू को बन्द करने के लिए कह रहे हैं, वे बेवकूफ नहीं हैं, बहुत समझदार लोग हैं। जब वे कहते हैं कि जेएनयू को बन्द कर दिया जाए तो वे पढ़ने-लिखने की उस संस्कृति को बन्द करने की माँग कर रहे हैं जिसके तहत कामरेड वृन्दा करात अभी-अभी जाते-जाते यह कह रही थीं कि अगर मेरे पास वक्त होता तो मैं यहाँ होने वाली 'राष्ट्रवाद' की क्लास अटेंड करती। इससे उन लोगों की तुलना कीजिए और उनकी तकलीफ समझिए।

वे लोग अव्वल तो कुछ जानते नहीं हैं लेकिन समझते यह हैं कि दुनिया में जो कुछ जानने लायक है, वे सब कुछ जानते हैं। अंग्रेजी में कहते हैं, 'इग्नोरेंस इज ब्लिस' यानी अज्ञान बहुत सुखद होता है। इसका अपने ढंग से हिन्दी में विस्तार करूँ—अज्ञान बहुत सुखद होता है, और अहंकार से पैदा होने वाला अज्ञान कुछ ज्यादा ही सुखद होता है। इतना सुखद होता है कि आगे बोलूँगा तो मुझ पर मुकदमा चल जाएगा।

दोस्तो, बात की जाती है राष्ट्रवाद की, तो पहला सवाल है कि कैसा राष्ट्रवाद? संवैधानिक मूल्यों पर आधारित राष्ट्रवाद, जनता की आम राय पर लोकतांत्रिक प्रक्रियाओं पर आधारित राष्ट्रवाद, बहुलता से भरे इस देश और समाज में सभी बहुलताओं का सम्मान करने वाला और समावेश करने वाला राष्ट्रवाद अथवा ख़ास इलाके, ख़ास भाषा बोलने वाले या ख़ास मजहब या धर्म को मनाने वालों की दादागिरी का राष्ट्रवाद—कौन सा राष्ट्रवाद चाहिए?

यहाँ मीडिया के लोग मौजूद हों तो मुझे माफ करें। आजकल क्या मीडिया में दाखिल होने के लिए पढ़ने-लिखने की शर्त बिलकुल हटा दी गई है? अरे भैया, सिडीशन का अर्थ देशद्रोह नहीं होता, सिडीशन राजद्रोह को कहते हैं। देशद्रोह जुदा चीज है, राजद्रोह जुदा चीज है। अब, सिडीशन के कानून किस तरह के हैं, कबके हैं, किसके बनाए हैं? हम ना भूलें कि इसी सिडीशन के कानून के तहत गांधी जी को जेल में बन्द किया गया था। इसी के तहत भगतसिंह को फाँसी पर लटकाया गया था। देशद्रोह और राजद्रोह के फर्क को मीडिया वाले जानें या न जानें, राष्ट्रवादी समझें या न समझें लेकिन जेएनयू के विद्यार्थी बखूबी जानते हैं।

एक टीचर के नाते मैं कहना चाहता हूँ...संस्कृत में एक कहावत है, ''सर्वत्र विजयं इच्छेयत्, पुत्रात् शिष्यात् पराजयं'' यहाँ पुत्र में जेन्डर का जो मामला है, उसे थोड़ी देर के लिए छोड़ दें, भावना को समझिए। कोई विद्वान, कोई सच्चा स्कालर हर जगह विजयी होना चाहता है, साथ ही यह भी चाहता है कि उसका पुत्र या पुत्री, उसका शिष्य उसे विद्वत्ता में पराजित करे। जेएनयू वह जगह है, जहाँ इस भावना को वास्तविकता में बदलने का जतन किया जाता है। जेएनयू की संस्कृति स्टडी और स्ट्रगल की, अध्ययन और संघर्ष की संस्कृति है। जो लोग जेएनयू को बन्द कराना चाहते हैं, उनका वास्ता न स्टडी से है, न स्ट्रगल से। उन्हें न अध्ययन से मतलब है, न संघर्ष से।

बात जेएनयू की एकेडमिक कल्चर की है। उस संस्कृति की है जिसमें मेरे सामने बैठा मेरा छात्र मुझसे असहमति प्रकट कर सकता है, अपने रिजल्ट को लेकर बिना किसी डर और खतरे के। कोई विद्यार्थी मेरी लिखी किताब की बहुत तीखी समीक्षा कर सकता है, बहुत तीखा लेख लिख सकता है। फोन करके मुझे सूचित कर सकता है कि मैने रिव्यू लिखा है। आपने देखा या नहीं? और मैं कहता हूँ—हाँ, वत्स, देख लिया, जवाब देता हूँ, चिन्ता मत करो! जेएनयू इस कल्चर का नाम है। वे कहते हैं shut down जेएनयू। हमारा निवेदन यह है कि लेट एवरी इंडियन यूनिवर्सिटी बिकम लाइक जेएनयू। हिन्दुस्तान के हर विश्वविद्यालय को जेएनयू सरीखा होना चाहिए।

मेरे एक मित्र ने मुझे एक वीडियो भेजा जिसमें एक सज्जन जेएनयू की सब्सिडी का इकॉनोमिक्स समझा रहे थे। जाहिर है वे वैदिक परम्परा के प्रेमी रहे होंगे। उन्हें एक बात बताना चाहता हूँ। स्वामी दयानन्द सरस्वती मथुरा में गुरु स्वामी विरजानन्द के पास पढ़ते थे। अपने गुरु विरजानन्द की पद्धति और प्रणाली के आधार पर ही दयानन्द सरस्वती ने मूर्तिपूजा और तमाम पौराणिक मान्यताओं का खंडन किया। दयानन्द ने घोषित किया कि केवल वेद ही मान्य हैं। और दयानन्दजी के इन गुरु, मूर्तिपूजा और पौराणिक मान्यताओं के विरोधी इन विरजानन्द सरस्वती की पाठशाला को गुजरात और मारवाड़ के वे बनिए फिनैंस करते थे, जो अपने घर में रोज सुबह-

शाम मूर्ति पूजा करते थे। भारत में ऐकेडमिक कल्चर के सम्मान की संस्कृति असल में यही है कि आप कितने ही विरोधी क्यों न हों, अगर आप विद्वत्ता पूर्ण कार्य कर रहे हैं, बौद्धिक रूप से सक्रिय हैं तो आपको सहयोग देकर हम आप पर कोई अहसान नहीं कर रहे, बल्कि आप ज्ञान-साधना करके हम पर अहसान कर रहे हैं। सब्सिडी देकर जेएनयू पर कोई अहसान नहीं कर रहा है। यहाँ के विद्यार्थी लाखों की नौकरी और करोड़ों के पैकेज छोड़कर, ज्वलन्त सामाजिक प्रश्नों पर, सोशल साइंस पर रिसर्च कर रहे हैं।

जेएनयू ही नहीं, शिक्षण और अध्यापन की समूची संस्कृति के खिलाफ पूरे देश में माहौल बनाने की कोशिश हो रही है। पिछले 6-7 साल से मैं सोशल मीडिया पर सक्रिय हूँ और यह सब देख रहा हूँ। स्थिति बहुत चिन्ताजनक है। आज बुद्धिजीवी होना जैसे कोई अपराध हो गया है। बुद्धिजीवी—एक ओर इस शब्द को ही जैसे गाली में बदला जा रहा है। दूसरी ओर फोर्स का—बलप्रयोग का गौरव गान किया जा रहा है। ऊट-पटाँग ढंग से, फर्जी सबूतों के नाम पर विद्यार्थियों को गिरफ्तार कर लिया जाता है। बौद्धिकता, विवेकशीलता को कठघरे में खड़ा किया जा रहा है। उसे मुर्दा करने की कोशिश की जा रही है। इसके बरक्स नृशंसता, बल और हिंसा का गुणगान किया जा रहा है। बुद्धिजीवियों को खलनायकों की तरह पेश करना, पशुबल का महिमामंडन करना, बौद्धिकता और तार्किकता को हाशिए पर धकेलना—और फासिज्म किसे कहते हैं?

फासिज्म हर जगह हिटलर के नाम से ही नहीं आता है। लोकतांत्रिक संस्थाओं का सत्यानाश करके लोकतंत्र को भीड़तंत्र में बदला जा रहा है। भीड़ के आवेश का महिमामंडन हो रहा है। आज दिल्ली से दूर बैठे मेरे बड़े भाई को चिन्ता होती है। उन्होंने मुझे फोन करके कहा, अपना ध्यान रखना। कोई तुम पर महज इसीलिए हमला ना कर दे कि तुम्हारा सम्बन्ध जेएनयू से है। मेरे बड़े भाई ना वामपन्थी हैं, ना बुद्धिजीवी, लेकिन करोड़ों सामान्य हिन्दुस्तानी नागरिकों की तरह इस स्थिति से चिन्तित और आशंकित हैं कि बुद्धिजीवी को अपराधी की तरह पेश किया जा रहा है। अजब माहौल हो गया है। पटियाला कोर्ट परिसर की परिस्थितियों पर देश का गृह मंत्री बयान देता है कि, वहाँ किसी की हत्या तो नहीं हुई है जो इतना हल्ला मचाया जा रहा है। सुप्रीम कोर्ट जिन वकीलों को अपना कमिश्नर बना कर भेजता है, उनके खिलाफ भी नारेबाजी होती है, उन्हें भी परेशान किया जाता है। हालत यह है कि कन्हैया पर, वकीलों पर होने वाले हमलों पर सुप्रीम कोर्ट तिलमिला रहा है और दिल्ली के पुलिस कमिश्नर साहब टेलीविजन पर शे'र सुना रहे हैं। कानून-व्यवस्था की इस डरावनी विफलता को माइनर स्कफल बता रहे हैं।

सांस्थानिक नियमों और उनके प्रति सम्मान के बगैर लोकतंत्र की कल्पना तक नहीं की जा सकती। लोकतंत्र केवल वोट का नाम नहीं होता, लोकतंत्र

संस्थाओं की मर्यादा से बनता है। भीड़ का आवेश और लोकतंत्र परस्पर घोर विरोधी चीजें हैं।

दूसरी तरफ हैं आप...इतने तनाव में हैं, लेकिन...जेएनयू पर सुनियोजित हमले के बाद भी आप लोग डरे नहीं। यहाँ के विद्यार्थी कमरों में घुस कर नहीं बैठे हैं बल्कि हँसते-गाते लड़ रहे हैं। जूझ रहे हैं बर्बर सत्ता से। कुछ लोगों के हिसाब से तो आपको डर जाना चाहिए था, वाइस-चांसलर के सामने साष्टांग करते होना चाहिए था, लेकिन आप लोग हैं कि यहाँ विरोध कर रहे हैं, सोचते हुए, गाते हुए और हँसते हुए। इसीलिए चन्दन मित्रा जैसे लोग कहते हैं कि पकड़ कर बन्द कर दो इन सबको। फासिज्म कोई लिखकर नहीं आता। ऐसे ही आता है। खैर। मीडिया जिन 'महान' नेता का सीधा प्रसारण किया करता था, उनमें ही सारी उम्मीदें देखता था, डॉलर के दाम और तत्कालीन प्रधानमंत्री की उम्र का सम्बन्ध खोजा करते थे...आज डॉलर का दाम किसकी उम्र के आस-पास है?आर्थिक विकास का पर्याय जिन्हें बना दिया था, सुना है आज डॉलर का दाम उनकी उम्र से भी ज्यादा हो गया है। शायद 69 रुपए का। वर्तमान सरकार आर्थिक रूप से पूरी तरह विफल हो चुकी है। रिजर्व बैंक का गवर्नर आज कहने के लिए बाध्य है कि आर्थिक आँकड़े फजी (फर्जी नहीं फजी) हैं। गवर्नर साहब तो जेएनयू में नहीं पढ़े हैं! आपके समर्थक तक कहने को मजबूर हैं कि सरकार की विदेश नीति लगातार असफल हो रही है। नेपाल जैसे देश में भारत के खिलाफ नारे लग रहे हैं। नेपाल पाकिस्तान नहीं है। नेपाल 10-12 साल पहले तक संवैधानिक रूप से दुनिया का एकमात्र हिन्दू राष्ट्र था। सभी मामलों में सरकार असफल है। मनरेगा को कांग्रेस की विफलता का स्मारक बताने वाले आज कह रहे हैं कि मनरेगा में बहुत काम हुआ है। इसका बहुत असर हुआ है।

इसी चौतरफा विफलता को ढँकने के लिए फासिज्म की तरफ कदम बढ़ाए जा रहे हैं। फासिज्म जरूरी नहीं कि सेना के जरिये ही आए। फासिज्म जरूरी नहीं कि संविधान को औपचारिक रूप से ख़त्म करके ही आए। फासिज्म के तत्त्व आपके सामने मौजूद हैं। आर्थिक विफलता, विदेश-नीति की विफलता, शासन में दिशाबोध का पूर्ण अभाव, और इसलिए जानबूझ कर भीड़ के आवेश का निर्माण, बुद्धिजीवियों को खलनायक के रूप में पेश करना, तार्किक सोच को किनारे करने की कोशिश और लोकतांत्रिक संस्थाओं और प्रक्रियाओं को व्यवस्थित रूप से नष्ट करना...

दोस्तो, इस वक्त फासिज्म की सम्भावना वास्तविकता बनने की धमकी के तौर पर हमारे सामने है। दोस्तो, हम बहुत अजीब वक्त में, बहुत डरावने वक्त में जी रहे हैं, और इस डरावनेपन में मैं मुम्बई की उस लड़की की बात का मर्म समझ सकता हूँ जिसने कहा कि उसे अफसोस है कि वह जेएनयू में नहीं पढ़ी। वह लड़की समझ रही है कि बात केवल निर्भया बलात्कार मामले की नहीं। जब-जब लोकतांत्रिक

अधिकारों पर हमला हुआ है। जब-जब इस देश में फासिज्म को लाने की कोशिश हुई है, तब-तब यहाँ के विद्यार्थी ऐसी कोशिश के खिलाफ लड़ने में सबसे आगे रहे हैं। जेएनयू लोकतंत्र के लिए संघर्ष में सबसे आगे रही है, चाहे सन् 75 का जमाना हो या आज का। यही कारण है कि वे लोग जेएनयू को बन्द करना चाहते हैं। सुब्रमण्यम स्वामी से लेकर चन्दन मित्रा तक सब जेएनयू से खफा हैं। जेएनयू ने लगातार लोकतंत्र को बचाने और बनाए रखने के लिए संघर्ष किया है। बतौर एक जेएनयू वाले के, गर्व है मुझे कि ये नौजवान लड़के-लड़कियाँ केवल अपनी यूनिवर्सिटी की स्वायत्तता बचाने-भर के लिए नहीं, केवल अपने साथी कन्हैया के लिए नहीं, बल्कि इस देश के लोकतंत्र को बचाने के लिए लड़ रहे हैं। तार्किकता को बचाने के लिए लड़ रहे हैं। वास्तविक समावेश और सहकार बचाने के लिए लड़ रहे हैं। दूसरे शब्दों में, सच्चे राष्ट्रवाद—समावेशी और सेकुलर राष्ट्रवाद—के लिए लड़ रहे हैं।

मैं बहुत स्पष्ट हूँ कि समावेशी और सेकुलर भारत के विचार—इंक्लूसिव एंड सेकुलर आइडिया ऑफ इंडिया—पर कोई समझौता सम्भव नहीं। इस विचार पर, इस पर आधारित राष्ट्रवाद पर होने वाला, किसी भी दिशा से होने वाला हमला मेरे लिए नाकाबिले बर्दाश्त है।

गर्व इस बात पर होता है कि इस समावेशी और सेकुलर विचार के लिए आप लड़ रहे हैं, और मस्ती से लड़ रहे हैं। हमारे एक मित्र को बड़ा ताज्जुब हुआ जानकर कि विरोध के तौर पर राष्ट्रवाद पर क्लासेज चलेंगी। उन्होंने पूछा मुझसे—"राष्ट्रवाद पर लेक्चर? यह क्या तरीका हुआ प्रोटेस्ट का?" मैंने जबाव दिया, "भाई साहब, हम जेएनयू वाले तो ऐसे ही प्रोटेस्ट करते हैं, संघर्ष यानी स्ट्रगल भी करते हैं, और साथ साथ अध्ययन—स्टडी—भी जारी रखते हैं।"

सन् 77 में विद्यार्थियों के आन्दोलन के कारण तत्कालीन कुलपति ने यूनिवर्सिटी अनिश्चित काल के लिए बन्द कर दी थी। उन दिनों जेएनयू पुराने कैंपस में हुआ करता था। हम तो ताजा-ताजा आए थे, आज तक रोमांच होता है सोच कर कि औपचारिक रूप से यूनिवर्सिटी बन्द थी, लेकिन हमारी क्लासेज जारी थीं। हमारे सीनियर्स कक्षाएँ लेते थे। महीने भर जेएनयू ऑफिशियली बन्द रहा पर हमारी कक्षाएँ बन्द नहीं हुईं। व्यक्तिगत बात करने की इजाजत दें तो इसी एक महीने के दौरान मैंने तय किया था कि रिसर्च कबीर पर करनी है। इसी एक महीने के दौरान अपने एम.ए. कोर्स के लिए जो टर्म पेपर लिखा वह ऐसा लिखा गया कि अनिल राजिमवाले ने उसे आग्रहपूर्वक 'मार्क्सिस्ट मिसेनलनी' नामक प्रतिष्ठित जर्नल में छापा। मैं तो उस समय इतनी अंग्रेजी जानता नहीं था, 'मार्क्सिस्ट मिसेलनी' में प्रकाशन के लिए इस पेपर का अंग्रेजी अनुवाद आदरणीय मोहन श्रोत्रिय ने किया था।

यूनिवर्सिटी बन्द थी, लेकिन हम लोगों ने लाइब्रेरी बन्द नहीं होने दी थी, हमारी क्लासेज बन्द नहीं हुई थीं, और जो क्लासेज हमेशा से जेएनयू में चलती आई हैं,

रात तीन बजे तक चलने वाली क्लासेज—मैं जानता हूँ कि आज भी चलती हैं—गंगा और गोदावरी ढाबे पर तीन बजे रात तक चलने वाली क्लासेज—उनके तो बन्द होने का सवाल ही नहीं।

तो ये है जेएनयू। मुझे फख्र है दोस्तो, जेएनयू का होने पर। अध्यापक होने पर, और उसके पहले छात्र होने पर। मुझे फख्र है कि आज आपके सामने खड़ा हूँ। उन नौजवानों के बीच खड़ा हूँ जो स्ट्रगल कर रहे हैं तो गाना गाते हुए कर रहे हैं, नेशनलिज्म पर लेक्चर सुनते हुए कर रहे हैं, जो जानते हैं कि स्ट्रगल का मतलब मनहूस बन कर बैठ जाना नहीं होता। और इसीलिए वे लोग जेएनयू को बन्द कर देना चाहते हैं। आप जानते हैं दोस्तो, किसी भी तानाशाह को, किसी भी फासिस्ट की सबसे ज्यादा तकलीफ दो चीज़ों से होती है। एक है सेन्स ऑफ़ ह्यूमर और दूसरी है ज्ञान की साधना। विचारधारा विशेष के लोगों के पास स्वस्थ और समावेशी सेंस ऑफ ह्यूमर तक नहीं होता, बल्कि उन्हें तकलीफ होती है सेंस ऑफ ह्यूमर से। और उनके लिए दूसरी सबसे बड़ी तकलीदेह चीज है—ज्ञान की साधना। बातें बड़ी बड़ी की जाती हैं ज्ञान के बारे में लेकिन ज्ञान की साधना और ज्ञान के आनन्द को ये लोग कतई नहीं जानते। सत्यजित राय की एक फिल्म है, आपमें से कुछ ने देखी होगी, न देखी हो तो देखें। फिल्म है 'हीरक राजार देशे'। उसमें हीरक देश के राजा साहब कहते हैं, जादा पॉढ़े जादा जाने जादा जाने कॉम माने एई जन्य स्कूल बन्द...ज्यादा पढ़ेगा तो ज्यादा जानेगा और ज्यादा जानेगा तो कम मानेगा। इसलिए स्कूल-कॉलेज़ बन्द कर दो। आजकल के हीरक राजा और उनके दरबारी कह रहे हैं—जेएनयू बन्द कर दो।

राष्ट्र निर्माण का हिन्दुत्व एजेंडा और दलित

बद्री नारायण

मैं अपनी बात की शुरुआत दो-तीन ऐसे वृत्तान्तों से करना चाहता हूँ जिनसे आपको जाहिर होगा कि दलितों के मन या उनके स्वप्न में राष्ट्रवाद की क्या संकल्पना थी, वे कैसा राष्ट्र चाह रहे थे, उनकी राष्ट्रीय कल्पना क्या थी ? आज कैसा राष्ट्र बनाकर उनको दिया जा रहा है ? आज जिस तरह के देश प्रेम या देश-विरोध के लिए जो राष्ट्र खड़ा किया जा रहा है उसका दलितों के मन से क्या सम्बन्ध है ? इस पर मैं विस्तार से बात करूँगा। मैं याद दिलाना चाहता हूँ कि 1955 के आस-पास जब जवाहरलाल नेहरू इलाहाबाद के फूलपुर से चुनाव लड़ रहे थे, उस समय उनके चुनाव प्रचार में मंच पर दलित लोक गायक गीत गाया करते थे। उन गीतों में राष्ट्रवाद का स्वप्न झलकता था। कई बार नेहरू जी के भाषण के बाद प्रचार के लिए रामराज के गीत चलते रहते थे यानी लोग नेहरू जी को सुनने आते थे साथ ही दलित समाज के लोक गायकों के गीत भी सुनने आते थे। तात्पर्य यह है कि सिर्फ नेहरू का ही नहीं उन दलित गायकों का भी लोगों के लिए संयुक्त सन्देश होता था। उन दिनों दलित गायकों या दलित मन और नेहरू के सपनों का मेल हुआ करता था। इसमें बाद में स्नेफिकेशन आया। उसके अलग कारण हैं और उस पर बाद में बात की जा सकती है।

फूलपुर के पास नवाबगंज के रामराज नाम के गायक ने नेहरू जी की सभा में एक गीत गाया। वह गीत था—

भारत स्वर्गलोक हो जइहै, धीर धर सजनी।

यह अवधी, भोजपुरी की मिलीजुली हुई भाषा है।

"भारत स्वर्गलोक हो जइहै, धीर धर सजनी,
छुआछूत के भेद मिटइहै, इ देखा बुद्धमानी,
पंडित, धोबी के घर खइहै, धीर धर सजनी,
विद्या के प्रचार है भाई, अब खुल गए मदरसा,

बिजली टेबुल नहर गरे में, नाही बाँटै अरसा,
नदिया दूधौ से भर जइहै, धीर धर सजनी''

वे आगे कहते हैं—

''देना-लेना सब छुट जइहै, पुजपति माथ पकड़ रोइहै
मनइ हवाई जहाज से उड़ जइहै, धीर धर सजनी।''

और आगे कहते हैं—

''खाइ के चाऊर मिल, धीर धर सजनी।''

उनकी कल्पना के आस-पास जो स्वप्न था, उसमें छुआछूत के मिट जाने का स्वप्न था, खाने में चावल का स्वप्न था, हवाई जहाज पर उड़ने का स्वप्न था और यह स्वप्न भी था कि पूँजीपति माथा पकड़ के रोये। इस गीत की क्रिटीकल लाइन है—'पूँजीपति माथ पकड़ के रोइहै, धीर धर सजनी।' प्रश्न है कि क्या पूँजीपति माथा पकड़ के रो रहा है कि नहीं? अगर नहीं रो रहा है तो क्यों? इसका उत्तर आपके पास है कि आज की व्यवस्था किस तरह की है।

एक दूसरा वृत्तान्त है। जब रामजन्मभूमि आन्दोलन चल रहा था, उस समय हम लोग उत्तर प्रदेश के गाँवों में काम कर रहे थे। एक छोटी-सी कथा के माध्यम से मैं दूसरी स्थिति की ओर इशारा करना चाहता हूँ। एक दलित परिवार के व्यक्ति ने फील्ड वर्क के दौरान मुझे यह कहानी सुनाई थी। अयोध्या के पास हम लोगों ने डाकुमेंटेशन किया था। इसमें अवध क्षेत्र का एक प्रसिद्ध लोकगीत और एक लोककथा है। वह हमारा दलित साथी इससे अपने को जोड़ता है। वह बताता है कि एक बार रामजन्मभूमि का आन्दोलन चल रहा था तो हम लोगों ने पूछा कि इतने बड़े आन्दोलन में आप लोग क्या कर रहे हैं। क्या आप इसमें शामिल नहीं हैं? उसने बड़े उदास मन से कहा कि हम लोग तो सिर्फ देखने वाले लोग हैं। हमने पूछा कि आप लोग क्यों देख रहे हैं। इतनी कोशिश हो रही है। आडवानी जी अभी यहाँ से गुजरे हैं। और भी बहुत कुछ हो रहा है। वह तपाक से बोला कि बस रहने दीजिए। जब मैंने बहुत खोदा तो उसने एक कहानी सुनाई। यह कहानी मैं आपको सुनाता हूँ—राजा दशरथ के चार बेटे थे—राम, लक्ष्मण, भरत, शत्रुघ्न। लेकिन प्राय: राम और लक्ष्मण का ही नाम लिया जाता है। एक बार राजा दशरथ घूमने जा रहे थे तो उन्होंने देखा कि एक सुन्दर हिरन का बच्चा खेल रहा है। राजा दशरथ को लगा कि इसे हम घर ले चलें और इससे राम, लक्ष्मण, भरत, शत्रुघ्न खेलें। वे उसको पकड़ना चाह रहे थे और वह छौना (हिरन का बच्चा) उनकी पकड़ में नहीं आ रहा था। तब राजा दशरथ ने धनुष पर तीर चढ़ाया और उसको बेध दिया। हिरन का बच्चा मर गया। दशरथ मरे हुए बच्चे को घर ले गए और रानी कौशल्या को दे दिया। उस हिरन के बच्चे की माँ घर में इंतजार कर रही थी। जब देर रात हो गई तो वह अपने बच्चे को खोजने बाहर निकली। किसी ने बताया कि राजा

दशरथ ने उसके बच्चे को मार दिया है। हिरनी रानी कौशल्या के पास पहुँची और बोली कि यह बच्चा हमारा है। हमें दे दीजिए। रानी ने कहा कि यह मर चुका है। यह जीवित नहीं है तो इसे लेकर तुम क्या करोगी। इससे राम और लक्ष्मण खेलेंगे। हिरनी बोली, बच्चा मुझे दे दीजिए। मैं इसे घर ले जाऊँगी और इसकी खाल में भूसा भरकर रखूँगी ताकि एक तो इसे देखकर मैं अपने मन को सांत्वना दूँगी कि मेरा बेटा जीवित है और दूसरा, इससे मेरा दूध निकलेगा। अभी मेरा दूध चूरा (चूरा मतलब निकलना) नहीं रहा है। जब बच्चा नहीं होता है तो माँ का दूध नहीं निकलता है। इसलिए हमें यह बच्चा दे दीजिए। रानी ने इंकार करते हुए कहा कि इसकी खलरी से खंजड़ी बनेगी और खंजड़ी से राम खेलेगा। इस प्रकार हिरनी को रानी ने बच्चा नहीं लौटाया। उसने कहानी सम्पन्न करके कहा कि दरअसल हम हिरनी के वंश के लोग हैं। हम लोग सिर्फ उस खंजड़ी को बजते देख रहे हैं जो अभी अयोध्या में बज रही है। इससे आप समझ सकते हैं कि एक प्रतिरोध (काउंटर) की संस्कृति दलितों के मन में इस पूरे राममय राष्ट्र में स्थापित है। (यह जो राम केन्द्रित राष्ट्रवाद है।) मैं राम की आलोचना नहीं करता। राम के साथ हम सबका एसोसिएशन (जुड़ाव) हो सकता है। लेकिन राम केन्द्रित राजनीतिक राष्ट्रवाद की कैसी कटु आलोचना एक दलित के मन में पल रही थी और पनप रही थी, यह कहानी उसका सटीक आख्यान है।

एक तीसरी बात और। मैं एक कथा के माध्यम से ही बताना चाहता हूँ। यह कथा आर.एस.एस. से जुड़ी हुई है। (जब भी मैं आर.एस.एस. या संघ परिवार कहूँगा तो उसमें वी.एच.पी., आर.एस.एस. और बी.जे.पी. तीनों शामिल होंगे) एक समय जब संघ परिवार ने उत्तर प्रदेश के गाँवों में अपनी शाखा की राजनीति के विस्तार की कोशिश की जिसका निर्णय गोरखपुर में संघ की बैठक में लिया गया था। निर्णय था कि उत्तर प्रदेश के गाँवों-गाँवों में आर.एस.एस. की शाखा खोली जाए और धीरे-धीरे पूरे देश के गाँवों में इसे फैलाया जाए। दरअसल पहले संघ शहर केन्द्रित ही हुआ करता था। जब यह निर्णय हुआ कि धीरे-धीरे संघ की शाखाओं को गाँवों में फैलाना है तो रामलीला मंडलियों के साथ संघ के लोगों ने काम करना शुरू किया। गाँवों में होने वाली रामलीला को हम लोग एक जगह डॉक्यूमेंटेड कर रहे थे। उसी से यह बात बता रहा हूँ। रामलीला की तैयारी चल रही थी। हम लोग एक-एक चीज और पूरे प्रोसेस का डॉक्यूमेंटेशन कर रहे थे। रामलीला के आयोजक आर.एस.एस. के स्थानीय प्रचारक थे। जबकि रामलीला खेलने वाले लोग गाँव के ही थे। जब कैरेक्टर/रोल (चरित्र-अभिनय) बाँटे जा रहे थे, तो दलितों को छोटे-छोटे किरदार दिए जा रहे थे जैसे जामवंत, भालू और बन्दर। थोड़ी देर बाद उन लोगों ने अपनी नाराजगी जाहिर की। उन्होंने कहा कि हम लोगों को राम और लक्ष्मण का अभिनय दो। हम लोग वानर, भालू का अभिनय

नहीं करेंगे। इस प्रकार एक विवाद शुरू हो गया और आयोजन करने वाले संघ प्रचारक को बड़ी मुश्किल हो गई कि कैसे इस अन्तर्विरोध को सँभाला जाए। राम के रोल की यह कामना बताती है कि दलितों को केन्द्रीय भूमिका चाहिए। किनारे बैठकर या निम्न स्तर पर रहना अब उन्हें मंजूर नहीं। यही कामना रामशंकर कठेरिया जैसे लोगों के वृत्तान्तों को भी गढ़ती है। उन्हें लगता है कि वे राम हैं और खुद को वे राम के चरित्र से जोड़कर देखने लगते हैं। इसीलिए वे कठेरिया की तरह बयान देने लगते हैं।

अब मैं आपको बताता हूँ कि आर.एस.एस. ने भारत में राष्ट्रवाद के स्वरूप (मॉडल) को कैसे शुरू किया। इस मॉडल में तय हुआ कि गाँवों में राष्ट्रवादी चेतना का प्रचार-प्रसार किया जाए। राष्ट्रवादी चेतना के प्रसार के लिए गाँवों की मैपिंग (पैमाइश) की जाए। भारत का गाँव कैसा हो? इसके बारे में सोचा और समझा जाए। एक सज्जन, जो अब इस दुनिया में नहीं हैं, ने एक किताब लिखी थी। रामजी सिंह रामफल नाम के यह सज्जन विश्व हिन्दू परिषद के राष्ट्रीय महासचिव थे। उन्होंने अपनी आत्मकथा में अपने समय के गाँवों को याद करते लिखा है कि सन् 1929-30 में मुरादाबाद के पास उनका गाँव था। वे यह भी बताते हैं कि उनके समय का गाँव कैसा था। गाँव में जब भी मुसलमान बदमाशी करते थे तो दलित और ऊँची जाति के लोग मिलकर उन्हें खूब मारते-पीटते थे। ऊँची जातियों के साथ दलित, मुसलमानों को दुरुस्त करने के लिए लाठी लेकर खड़े रहते थे। रामफल भाई कहते हैं कि भारत में गाँव ऐसे ही होने चाहिए जिसमें दलित हमारे साथ खड़े होकर मुसलमानों को पीट-पाटकर दुरुस्त कर सकें। उन्हें दुःख है कि अब गाँव बहुत विकृत होते जा रहे हैं। गाँव में खासकर दलितों और ऊँची जातियों की एकता टूटती जा रही है। उनकी चिन्ता है कि इस एकता को कैसे बनाए रखा जाए। इसलिए आर.एस.एस. ने गाँव बनाने का अभियान (विलेज मेकिंग कैम्पेन) शुरू किया। उसका केन्द्रीय सूत्र है—हिन्दू बनाम मुस्लिम। इस राजनीति के साथ गाँवों को कैसे बनाया जाए? यानी जहाँ-जहाँ मुस्लिम आबादी है वहाँ-वहाँ भारत के सभी गाँवों में उन्हें दुरुस्त किया जाए। इस पूरी परिकल्पना में ऊँची जाति के नेतृत्व में दलितों को सैनिक के रूप में इस्तेमाल किया गया। उनके मन में यह परिकल्पना है कि दलित उनके साथ मिलकर लड़ें और मरें-कटें। लेकिन जीत हिन्दुत्ववादी संस्कृति की हो। उसका नेतृत्व ऊँची जाति के हाथों में हो। यह उनकी राजनीति का हिस्सा है। इस बात से जाहिर होता है कि भारतीय हिन्दुत्ववादी राष्ट्रवाद की मूल परिकल्पना का एजेंडा घृणा पर टिका हुआ है। यह घृणा मुसलमानों के प्रति है। इस घृणा से मुसलमानों के बरक्स एक ऐसी एकता बनाने की बात की जा रही है जिसमें दलित उच्च जातियों के साथ मार्शल रेस की तरह लड़ें और मरें-कटें। आर.एस.एस. की परिकल्पना में ऐसा

ही गाँव है। इस तरह के गाँव बनाने के लिए राजनीति कैसे की जाए और उस राजनीति का आधार क्या हो? कैसे उसे गढ़ा जाए? कैसे उसे रचा जाए? इस पूरी परिकल्पना के बारे में, मैं आपको बता रहा हूँ। इसके घटित होने की एक बहुत रोचक प्रक्रिया है। यह सामाजिक समरसता अभियान की प्रक्रिया है। दरअसल गाँव में आर.एस.एस. ने सामाजिक समरसता का अभियान शुरू किया। इसका नाम तो सामाजिक समरसता है लेकिन अगर आप इस अभियान की बैठक में जाएँ तो पता चलेगा कि इससे टकराहट पैदा होती है। उसमें कैसे घृणा पैदा की जा रही है, उसकी भी बात मैं बताऊँगा।

यह घृणा अभियान पहले महाराष्ट्र में शुरू हुआ। फिर इसे उत्तर प्रदेश, बिहार और सारे राज्यों में फैलाया गया। इसमें बालासाहेब देवरस के साथ आर.एस.एस. के अनेक सदस्य दलित बस्तियों में जाते थे। पहले उन्होंने दलित बस्तियों में बैठकर उनके साथ खिचड़ी खाने का अभियान शुरू किया। दलितों के साथ बैठकर खिचड़ी खाने से पहले एक वार्ता होती थी। यह वार्ता आज भी होती है। जहाँ पर कथित सामाजिक समरसता अभियान चलाया जाता है। अगर आप उस भाषण को सुनें तो आपको समझ में आएगा कि कैसे उन लोगों में टकराव पैदा की जा रही है। इसमें एक बहुत ही रोचक सामाजिक समरसता को गीत बनाया गया जिसे उत्तर प्रदेश की एक प्रचारक महिला दुर्गावाहिनी ने गढ़ा है। राष्ट्रवाद का यह पूरा केन्द्रीकरण अल्पसंख्यक विरोध और बनाम मुस्लिम पर टिका हुआ है। इस बनाम में दलितों की भूमिका क्या है? उन्हें कहाँ रखा जाता है? कैसे दलित अल्पसंख्यकों के खिलाफ प्रोटेस्ट करते हैं? इस पूरी कहानी को उस गीत में पिरोया गया है। इस गीत में एक राजा की बेटी डोली में सवार होकर जा रही है। एक मुस्लिम शासक उसका अपहरण करना चाहता है। जब हरण के लिए वह राजकुमारी पर हमला करता है तो वहीं पास में गाय चराने वाला एक दलित लड़का राजकुमारी की रक्षा करता है और उस मुस्लिम शासक की हत्या करता है। इस प्रकार आप देख सकते हैं कि इस लोक गीत में साम्प्रदायिक दखल 'पापुलर कल्चर' के माध्यम से किस तरह पिरोया गया है। संघ द्वारा चलाए जा रहे सामाजिक समरसता अभियान के माध्यम से दलितों को मुसलमानों के बरक्स खड़ा करना और एक घृणा की भाषा को गढ़ना इस कहानी का वास्तविक स्वरूप है। संघ का सबसे बड़ा अभियान दलितों को जोड़ने के लिए किया जाता है। इस अभियान के तहत सबसे मजेदार बात यह है कि अगर आप किसी को जीतना चाहते हैं तो आप दो काम करिए। पहले उनके इतिहास को जीतिए और फिर उनकी स्मृति को छीनिए। इतिहास और स्मृति के माध्यम से ही आप उनके मन में प्रवेश करते हैं। ऐसा करने के लिए संघ परिवार ने दलितों के तमाम नायकों की कल्पना की, अनेक नायकों को खोजा। ऐसा नहीं है कि दलितों में नायक नहीं थे। ये नायक उनकी संस्कृति में हैं। उनकी

लोक संस्कृति में गायन प्रमुख था। संघ ने इस संस्कृति का भगवाकरण किया। उग्र हिन्दुत्व का प्रभाव इस संस्कृति पर डालने की कोशिश की गई। इस संस्कृति को पुनर्रचित कर उसे अपनी साम्प्रदायिक राजनीति से जोड़ने की कोशिश की। पहले मैं उसके दो-तीन उदाहरण प्रस्तुत करूँगा और फिर समकालीन राजनीति पर बात करूँगा कि राजनीति में यह चेतना कैसे मजबूत होती है या कैसे संघ इसको करता है।

लखनऊ का नाम आप लोगों ने सुना होगा। लखनऊ के बारे में, दलितों के बीच चर्चा है कि लखन पासी के नाम पर लखनऊ बना है। लखन पासी वहाँ के राजा थे। जबकि बी.जे.पी. और संघ परिवार का वृत्तान्त (मानना) है कि लखनऊ लक्ष्मण के नाम पर बना है। अयोध्या के राजा राम थे और लखनऊ के राजा लक्ष्मण थे। लेकिन जब उत्तर प्रदेश में बी.एस.पी. सक्रिय हुई तो उसने बहुत रोचक ढंग से इस वृत्तान्त को अपने अनुसार खड़ा किया। उसने हिन्दुत्व की राजनीति को काउंटर करते हुए इसकी अपने ढंग से व्याख्या की। यह वास्तव में वृत्तान्तों और व्याख्याओं का बहुत रोचक युद्ध है। बी.एस.पी. के उभार के समय लखन पासी का वृत्तान्त विमर्श के रूप में पेश किया गया और लखन पासी से लखनऊ का नाम जोड़ा गया। तब संघ के लोगों ने यह कहना शुरू किया कि लक्ष्मण का नया अवतार लखन पासी थे। इस प्रकार विश्व हिन्दू परिषद और संघ परिवार के लोगों ने इस वृत्तान्त को अपने में समेट लिया। यही उनकी रणनीति और राजनीति है कि भले ही कुछ खोना पड़े लेकिन वे ब्राह्मणवाद की उच्च अवस्था के अनुसार अन्य चीजों और कथाओं को पुनर्व्याख्यायित करते हैं। इसलिए उन्होंने शुरू किया कि लखन पासी लक्ष्मण के ही अवतार थे। इस तरह के अनेक वृत्तान्त नागपुर, इलाहाबाद, बनारस से छपने वाली अनेक किताबों में मिल जाएँगे। अलग-अलग सामाजिक समरसता अभियान की पुस्तकों में अलग-अलग वृत्तान्त मिल जाऐंगे। इसके सब लिखित प्रमाण मौजूद हैं।

लखन पासी का एक विस्तृत वृत्तान्त गढ़ा गया। मुहम्मद सालार राइजुद्दीन गाजी मियाँ एक मुस्लिम आक्रांता था। वह जब लखनऊ से गुजर रहा था तो लखन पासी ने उसका प्रतिरोध किया। सात दिन युद्ध चला। सातवें दिन गाजी मियाँ ने लखन पासी का गला काट कर एक नाली में फेंक दिया। इसलिए उस नाली का नाम सिर कटवा नाली पड़ गया। आपको मालूम होगा कि 'इतिहास संकलन समिति' संघ का एक पुरातत्त्व संगठन है। नेरेशन और पुरातत्त्व आदि के माध्यम से संघ ने एक साम्प्रदायिक इतिहास गढ़ने की कोशिश की है। यही असली खतरा और समस्या है। लखन पासी या लक्ष्मण तक तो बातें ठीक हैं। लेकिन जब लखन को गाजी मियाँ के खिलाफ खड़ा किया जाता है तब समस्या शुरू होती है। फिर कहा जाता है कि हमारी दलित कौम मुसलमानों के कारण सत्ता से बेदखल हुई।

इस क्षेत्र में अनेक दलित राजा हुए—लखन पासी, बलदेव पासी, बिजली पासी आदि। मुसलमानों के षड्यंत्र से उन्होंने अपनी सत्ता खोयी। इन्हीं के कारण दलितों का नाश हुआ। इसलिए इन मुसलमानों को यहाँ से आप (दलित) हटाइए। मुसलमान इस देश के लिए समस्या हैं। मुसलमानों के प्रति घृणा हिन्दुत्ववादी राष्ट्र का मूल केन्द्र है। यह बहुत साधारण है। इस प्रक्रिया को समझने के लिए ही इन वृत्तान्तों की चर्चा कर रहा हूँ। संघ परिवार की पुस्तकों में जहाँ दलित नायकों को खड़ा किया गया, वहाँ जरूर कोई न कोई मुस्लिम शासक आएगा। दलित नायक को सत्ता से बेदखल करने और हत्या करने के लिए ही उसे लाया जाएगा। एक और रोचक वृत्तान्त मैं आपको बताना चाहता हूँ। गाजी मियाँ बहराइच के शासक थे। वे पंचपीर माने जाते हैं। उनकी पूजा होती है। वे दलित और पिछड़ों के देवता हैं। मुसलमान भी उन्हें पूजते हैं। लेकिन वस्तुतः वे दलित और पिछड़ों के देवता हैं। बहराइच में बहुत बड़ा मेला लगता है। पूरे उत्तर भारत से लोग वहाँ मन्नत माँगने जाते हैं। उनका नाम सैयद सालार मसूद गाजी था। इस वृत्तान्त में आता है कि सुहलदेव ने मसूद गाजी को मारा था। यह तथ्य कहाँ से और कैसे आया? कुछ पता नहीं। संघ का वृत्तान्त कहता है कि तमाम दलित नायकों को उसने मारा लेकिन सुहलदेव ने उसे मार दिया। सुहलदेव किस जाति का था? बताया जाता है कि यह नायक जाति से 'भर' था। फिर कह दिया गया कि 'भर पासी' था। इस पर भी 'भर' और 'पासी' अपने नायक की जाति को लेकर झगड़ते हैं। इस प्रकार संघ के वृत्तान्त में उसे 'भर पासी' के रूप में प्रोजेक्ट किया गया था। ये सब आज नहीं किया गया। 1948-50 के आस-पास ही रामराज्य परिषद ने इसके लिए आन्दोलन शुरू कर दिए थे। सुहलदेव का मन्दिर और उसकी मूर्ति स्थापना के आन्दोलन चलाए गए। गाजी मियाँ के स्थान को बन्द करने के भी अभियान चलाए गए। इसका पूरा इतिहास है। इस अभियान में कई लोग पकड़े भी गए थे।

यह अभियान और संघर्ष तब शुरू हुआ जब आर.एस.एस. ने उ.प्र.-नेपाल सीमा पर काम करना शुरू किया। यह क्षेत्र हिन्दुत्व की राजनीति के लिए सबसे अधिक प्रभावशाली है। इसमें संघ ने बहराइच को केन्द्र बनाया। गोरखपुर से लेकर बहराइच का क्षेत्र राजनीतिक रूप से बहुत संवेदनशील है क्योंकि इसमें मुस्लिम आबादी है, मदरसे हैं। यहीं पर मुस्लिम बनाम की गतिविधियों के लिए बहुत गुंजाइश है। विश्व हिन्दू परिषद से जुड़े वहाँ के राजा ने सुहलदेव के मन्दिर के लिए जमीन दी। मन्दिर बनाया गया। उसके समीप एक तालाब खोदा गया। यह कल्चरल पॉलिटिक्स का उदाहरण है। इसी प्रकार का ढाँचा गाजी मियाँ के यहाँ था। गाजी मियाँ की दरगाह के समीप स्थित तालाब की तरह ही यह प्रचारित किया गया कि उस तालाब में नहाने पर चर्म रोग ठीक हो जाएँगे। एक तरह से

समान कहानी गढ़ी गई। वहाँ भी मेला लगता है। आर.एस.एस. उसका आयोजन करता है। एक ही शहर में हिन्दुत्व की राजनीति का अखाड़ा विकसित किया गया। इसे साम्प्रदायिक करने का पूरा प्रयास किया गया। दलित स्मृति को साम्प्रदायिक रंग देने की राजनीति वस्तुतः उनकी अस्मिता के भीतर पैठकर उन्हें ऐसे सैनिक के रूप में तब्दील करना है ताकि वे उनके लिए लड़ते-मरते रहें। न उनकी कोई चाहत हो, न कोई महत्त्वाकांक्षा हो। भले ही संघ के लोग उन्हें खाट पर न बैठने दें, पैर छूने को विवश करें लेकिन जैसे ही मामला बनाम मुसलमान हो तो वे चाहते हैं कि दलित इसके लिए तलवार लेकर मुस्तैद हो जाएँ। बाद में बी.एस.पी. ने इस वृत्तान्त को बदलकर उसे पुनर्व्याख्यायित कर ब्राह्मणवाद के खिलाफ विकसित किया। साम्प्रदायिक दंगों के तथ्य इस बात की गवाही देते हैं कि उसमें दलित जातियों का इस्तेमाल किया जाता है। कानपुर साम्प्रदायिक दंगों पर हम लोग काम कर रहे थे तो सोनकर और भंगी बस्तियों में जाकर हम लोगों ने बात की। वहाँ समझ में आया कि साम्प्रदायिकता के इतिहास में इनकी कितनी बड़ी भूमिका है। इन बस्तियों के अखाड़े रेसलिंग के केन्द्र हुआ करते हैं। उन अखाड़ों में तलवार, भाले, छुरियाँ, चाकू पटे पड़े हैं। इन अखाड़ों के संचालक प्रायः 'भइया जी' हुआ करते हैं। भइया जी, प्यारे जी, रामजी जैसे 'जी' लोग अखाड़ों को संचालित करते हैं। जब हम लोगों ने उनसे पूछा कि ये अस्त्र यहाँ क्यों रखे हैं। पहले वे दलित चुप रहे लेकिन फिर बोले कि जब मुसलमान आक्रमण करते हैं तो इन हथियारों से हम अपनी बस्तियों की रक्षा करते हैं। इस प्रकार हम देखते हैं कि संघ की यह सह बिरादराना सम्बन्ध बनाने की संस्कृति थी जिसे साम्प्रदायिक दंगों के अखाड़ों के रूप में तब्दील किया जा रहा था। इन अखाड़ों में जाकर कभी अध्ययन कीजिए। इनमें भाले, तलवार रखे मिल जाएँगे। यह इतिहास और स्मृति पर कब्जा करके उसे युद्ध की शक्ल में तब्दील करने की साजिश है। उसे एक हिंसक और घृणित भाषा में बदलने की कोशिश है। केवल उत्तर प्रदेश में ही नहीं बल्कि यह बिहार में भी है।

बिहार में दीना और भद्री नाम के मुसहर जाति के नायक हैं। मुसहर जाति में यह बहुत पूजे जाते हैं और गाए जाते हैं। ये जमीनी संघर्ष के नायक हैं। ये तालाब खोदने का काम करते थे। दरअसल तालाब खोदने का काम मुसहर जाति के लोगों से कराया जाता था। बाद में जब राजाओं और जमींदारों ने तालाब खोदने का काम दूसरे लोगों को कॉन्ट्रैक्ट पर देना शुरू किया तो मुसहर जाति के लोगों ने विद्रोह किया। दीना और भद्री इस विद्रोह के नायक थे। ये मुसहर जाति के बहुत लोकप्रिय नायक हैं। उन्होंने अपनी जाति को बचाने के लिए संघर्ष किया था। लेकिन बिहार में उनको साम्प्रदायिक मेमोरी में तब्दील कर दिया गया। दीना और भद्री को राम-लक्ष्मण का नया अवतार बताया गया। इन दलित नायकों को कथित मुस्लिम

आक्रान्ताओं के साथ लड़ते हुए, मरते या मारते प्रचारित किया गया। इस प्रकार दोतरफा दलित मनोविज्ञान को अप्रोच करने की कोशिश की जा रही है। पहले दलितों में आत्मसम्मान भरने के लिए और उन्हें सन्तुष्ट करने के लिए उन्हें राम-लक्ष्मण के साथ जोड़ना और दूसरे मुस्लिम आक्रान्ताओं के खिलाफ उन्हें खड़ा करना। ये दोनों रास्ते एक ही जगह जाते हैं। इस तरह प्रतीकों के माध्यम से साम्प्रदायिक हिन्दुत्व का राष्ट्रवादी एजेंडा उनके सामने रखा जाता है। मैं ये नहीं कर रहा हूँ कि क्या अच्छा है और क्या बुरा है। मैं पूछना चाहता हूँ कि दलितों की स्थिति क्या है, उन्हें आप कहाँ रखना चाहते हैं? क्या उन्हें सिर्फ वानर, भालू का ही रोल देंगे। पाँचजन्य के ढेर सारे विशेषांकों के ज्यादातर लेखों में कहा गया है कि सारे दलित राम की सेना में लड़ने वाले सैनिक थे। ये वानर, भालू थे जिन्होंने लड़कर रावण के खिलाफ युद्ध में विजय प्राप्त की। यह भी आर.एस.एस. के वृत्तान्त का हिस्सा है। क्या आप हमारे दलित साथियों को निचली अवस्था में ही रखना चाहते हैं? इसीलिए दलितों ने रामलीला में विद्रोह किया कि हमें राम या लक्ष्मण का केन्द्रीय अभिनय करने दीजिए।

दूसरी तरफ हिन्दुत्व है जो उनके लिए सिर्फ लड़ने और मरने वाले सैनिक के रूप में प्रोजेक्ट करता है। संघ दलितों को वह स्थान नहीं देना चाहता जहाँ वे अपनी राजनीति खुद बना लें। दलितों का सैनिकों के रूप में इस्तेमाल करना संघ की राजनीति का हिस्सा है। आप जानते ही हैं कि अम्बेडकर को हथियानी/अपनाने की कितनी कोशिश हुई है। लगातार अम्बेडकर के प्रतीकों पर हमले हो रहे हैं। हर व्यक्ति और राजनीतिक दल अम्बेडकर को अपनाने में लगे हैं। बिहार में अम्बेडकर के मन्दिर बनाए जा रहे हैं। कहीं अम्बेडकर के मेमोरियल बनाए जा रहे हैं। पांचजन्य के वृत्तान्तों को देखिए। बहुत मजेदार निष्कर्ष निकलते हैं। हिन्दुत्ववादी राष्ट्रवाद की जो राजनीति है या जो उनका नेरेशन है, लगता है वे बहुत कुछ भूले हुए हैं। मैं उन्हें ग्राम्शी की एक बात याद दिलाना चाहता हूँ कि सबाल्टर्न नेरेशन के दाँत बहुत तीखे होते हैं। अगर आप उसे निगलेंगे तो ये पेट फाड़कर बाहर निकल आएगा। अम्बेडकरवादी वृत्तान्तों की शक्ति है कि उसे पचाना बहुत मुश्किल है। आप उसे निगल तो सकते हैं लेकिन वह पेट फाड़कर बाहर निकल आएगा। आई.आई.टी. मद्रास और हैदराबाद विश्वविद्यालय में अम्बेडकरवादी विचारधारा और परिष्कृत हिन्दूवादी राष्ट्रवाद की राजनीति के यही अन्तर्विरोध हैं। इसी की तरफ ग्राम्शी ने इशारा किया था कि अगर आप उसे निगलने की कोशिश करेंगे तो वह आपको ही खा जाएगा, क्योंकि दोनों का विरोधी सम्बन्ध है। हिन्दुत्ववादी राष्ट्रवाद की राजनीति अम्बेडकर को सन्दर्भ से काटकर निगलना चाहती है। वस्तुतः अम्बेडकर का वह दाँत टूट जाए और वे उन्हें पूरी तरह से निगल जाएँ। जरूरत है, हिन्दुत्ववादी राजनीति के उस एजेंडे को समझने की। जरूरत है अम्बेडकर

के उस दाँत को बचाए रखने की। अगर अम्बेडकर को निगल लिया गया तो अधिनायकवाद को आने से कोई नहीं रोक सकता। हिन्दुत्व के राष्ट्रवादी एजेंडे की राजनीति को अम्बेडकरवादी और प्रगतिशील वामपन्थी विचारधारा जैसी शक्तियाँ मिलकर ही रोक सकती हैं। इस पूरे अभियान में सबसे खतरनाक बात यह है कि पहले शहरों में केन्द्रित संघ परिवार की राजनीति अब गाँवों तक पहुँच गई है। गाँवों में बगीचे लगाए जा रहे हैं। उत्तर प्रदेश के तमाम गाँवों में संघ की शाखाएँ लग रही हैं। अगर यह राजनीति गाँवों में फैल गई और लोगों की चेतना में साम्प्रदायिक भाव भर दिया गया तो क्या होगा आप खुद समझ सकते हैं।

संघ गाँवों में कैसे काम कर सकता है? संघ के लोग मल्ल युद्ध प्रतियोगिता कराते हैं। उसमें अवार्ड दिए जाते हैं। कुश्ती लड़ने से पहले एक दीक्षा कार्यक्रम होता है। उसमें कुछ उपदेश दिए जाते हैं। उसमें कहा जाता है कि आप लोग 'हिन्दू धर्म रक्षक और राष्ट्र रक्षक' हैं। इस देश को आप ही बचा सकते हैं। इस विशेषण का प्रयोग सुहलदेव के लिए भी होता है। बहराइच में उनके मन्दिर पर 'हिन्दू धर्म रक्षक राष्ट्र रक्षक' लिखा हुआ दिखाई देता है। ऐसा ही एक और विशेषण हिन्दू हृदय सम्राट योगी आदित्यनाथ के लिए आ गया है। तो दलित नायकों को वे 'हिन्दू धर्म रक्षक राष्ट्र रक्षक' कहते हैं। यानी राष्ट्र धर्म के बिना नहीं और धर्म राष्ट्र के बिना नहीं। इसलिए आज या तो आप देशप्रेमी हैं या देश के गद्दार हैं। इस देश में आपको लड़ना है। इस देश में आपको धर्म रक्षक बनना है। तभी आपको राष्ट्र रक्षक कहा जाएगा। अगर आप धर्म रक्षक नहीं हैं तो गद्दार हैं। दूसरी तरफ इनकी राष्ट्रवाद की कल्पना में या तो हमारा स्थान बहुत नीचे है या हम इनके विरोधी हैं। दलितों के लिए जगह है तो नीचे है, जहाँ से आपको युद्ध लड़ना है, जहाँ आपको सेवा करनी है, जहाँ आपको निगल जाने के लिए तैयार रहना है। यहाँ विरोध नहीं करना है। जाति आधारित हिन्दुत्ववादी और ब्राह्मणवादी संस्कृति में आपको शामिल रहना है। यही सामाजिक समरसता है। अगर आप ऐसा नहीं करते हैं तो आप सामाजिक समरसता को तोड़ रहे हैं और इसका सीधा मतलब है कि आप देश के गद्दार हैं।

ब्राह्मणवादी और हिन्दुत्ववादी जाति आधारित संस्कृति को संरक्षित रखना ही सामाजिक समरसता है(?) इसमें कौन ऊँचा है? कौन नीचा है? यह समझ लेना जरूरी है। शायद हम लोग समझते भी हैं। कुल मिलाकर धर्मरक्षक, राष्ट्ररक्षक की परिकल्पना में धर्म के साथ राष्ट्र को जोड़ने की जो कोशिश है, वह भारत के विचार (आइडिया ऑफ इंडिया) को तोड़ता है। इस प्रकार की राजनीति सिर्फ सड़कों पर ही नहीं हो रही है बल्कि गाँवों में लोगों के बीच हो रही है। वैश्वीकरण के चलते जो पूँजी आ रही है उसका बहुत चालाकी के साथ इस प्रक्रिया में या राजनीति में निवेश हो रहा है। संघ प्रचारकों को चंदे दिए जाते हैं, जिससे वे सारे

आयोजन करते हैं। यह पूँजी वैश्वीकृत है। यह प्रवासी भारतीयों का निवेश है। हमने तमाम तथ्यों का आकलन किया है। पहले पैदल या साइकिल से चलने वाले संघ प्रचारक अब कारों में घूमते हैं। महँगे मोबाइल फोन का इस्तेमाल करते हैं। उनकी पूरी जीवन संस्कृति में परिवर्तन आया है। हो सकता है कि ये परिवर्तन उनको बर्बाद भी कर दे। लेकिन फिलहाल तो बहुत चालाकी के साथ इस पूँजी का इस्तेमाल पूरे भारतीय परिदृश्य को बदलने के लिए हो रहा है। इस राष्ट्रवादी राजनीति से देश और समाज को बदलने की कोशिश हो रही है। घृणा और हिंसा की भाषा से संघर्ष और टकराव की स्थिति पैदा करके धर्मरक्षक राष्ट्र बनाने की कोशिश की जा रही है।

राष्ट्रवाद की चुनौतियाँ

योगेन्द्र यादव

जो विषय आज मुझे मिला है 'राष्ट्रवाद की चुनौतियाँ' अगर इस विषय पर मैं एक साल पहले बोल रहा होता इसी हॉल में तो शायद मेरे उदाहरण कुछ और होते, शायद मेरे मुद्दे कुछ और होते, शायद इतने लोग सुनने भी नहीं आते। मैं जरूर कश्मीर और पूर्वोत्तर के बारे में बोलता। हम राष्ट्रीय सुरक्षा के बारे में बात करते लेकिन राष्ट्रीय सुरक्षा के बारे में बात करते हुए मानवीय सुरक्षा की भी बात करते। ह्यूमन सिक्योरिटी की भी कुछ बात होती। हम जीवन की बात करते, आजीविका की बात करते, कौन जिया कौन मरा, कौन किस परिस्थिति में जिन्दा रहता है इस देश में, कौन किस परिस्थिति में मरता है इस देश में, उसकी बात करते। लेकिन आज जब हम इस विषय पर बात कर रहे हैं तो हम जीवन और आजीविका की नहीं, हम शब्दों की बात कर रहे हैं। किसने किसको क्या कहा? एक दिन मैं झल्ला गया टी.वी. की डिबेट में। मैंने कहा कि यार किसके मुँह में क्या डायलॉग है, ये तो बहस का मुद्दा है। किसके मुँह में खाना है, किसके मुँह में नहीं, ये बहस का मुद्दा नहीं है क्या? मगर वाकई आज हम बैठे हैं, बात कर रहे हैं तो किसने किसको क्या कहा, सवाल जेएनयू का होगा, महाराष्ट्र विधानसभा का होगा, रामदेव का होगा, देवबन्द के मौलवियों का होगा, आज हम शब्दों पर चर्चा करेंगे। मैं इस बहस से भाग नहीं रहा हूँ। जो सन्दर्भ है आज उस पर बात करेंगे। लेकिन मैं केवल एक कन्ट्रास्ट (विरोधाभास) दिखा रहा हूँ। आज से एक वर्ष पहले इसी विषय पर बात करते तो क्या करते? आज हमारी थीम बदल गई है, विषयवस्तु बदल गई है समाज में। किसी ने कहा था, 'नेशन इज ए डेली प्लेबिसाइट' (एर्न्स्ट रेनान), राष्ट्र जो होता है वह समझिए रोज सुबह जनमत संग्रह होता है। क्योंकि अन्ततः राष्ट्र क्या है? राष्ट्र एकसाथ रहने की सहमति है। जिसको एक बहुत अच्छे इतिहासकार ने कहा, 'इमॅजिन कम्युनिटी' (बेनेडिक्ट एंडरसन)। यह उन लोगों का समुदाय है जो एक-दूसरे से रोज मिलते नहीं हैं, एक-दूसरे से बात नहीं करते हैं लेकिन कहीं एक-दूसरे को अपना समझते हैं। हाँ, ये जो अपनेपन की फीलिंग है, रोज सुबह जिसका निर्माण

होता है और जिस दिन वह खत्म हो गई उस दिन ये खत्म हो गया। इसलिए राष्ट्रवाद पर चर्चा और बहस जरूरी है। और बहस हो रही है तो इसका सम्मान होना चाहिए। इसका स्वागत होना चाहिए। वैसे भी हमारे देश में कुछ संकट आने पर ही बहस होती है। लोकतंत्र के सवाल पर हम (जो हिन्दुस्तानियों को मुफ्त में मिल गया था) सोते रहते थे। फिर इमर्जेंसी आई, हम जाग गए। इमर्जेंसी ने हमें लोकतंत्र की इज्जत करना सिखाया। सेक्युलरिज्म मिल गया मुफ्त में, लेकिन इससे कोई फर्क नहीं पड़ता था। लेकिन 1984, 2002 की घटनाओं ने हमें जगाया। तब हमें समझ आया कि यह बहुत बड़ी चीज है, इसे बचाना जरूरी है। ठीक इसी तरह मुझे लगता है कि सन् 1947 की घटनाओं के बाद, ये तो मैं नहीं कहूँगा कि मुफ्त में मिला, कुछ पाँच लाख लोग मरे थे सैंतालिस के दंगों में। लेकिन उसके बाद की पीढ़ियों ने, जिसमें मेरी पीढ़ी भी शामिल है, ने इस सवाल पर ऐसी अद्‌भुत-सी चुप्पी बना के रखी थी लेकिन पिछले दो महीनों ने इस चुप्पी को तोड़ दिया है। बहस जैसी भी हो, जितनी भी स्थूल हो, जितनी भी बल्गर हो, जिनती भी क्रूड हो, जितनी भी अश्लील हो, बहस हुई है। लोकतंत्र में इसका स्वागत होना चाहिए। यह बहस हमें आगे लेकर जाएगी। लेकिन आगे तभी लेकर जाएगी जब हम इस बहस को ठीक ढंग से फ्रेम कर सकें। जिस तरह से यह बहस हुई, मुझे यकीन है, और आप बैठे हुए बहुत लोगों को बार-बार लगा होगा कि हो क्या रहा है इस देश में? यह भारत माता की जय! भारत माता की जय, कोई राइट विंग हिन्दुत्व राष्ट्रवादियों का स्लोगन नहीं था, इस देश में। 'भारत माता की जय', हमारे राष्ट्रीय आन्दोलन का बिलकुल मैनस्ट्रीम स्लोगन था। जवाहरलाल नेहरू ने इसके बारे में 'डिस्कवरी ऑफ इंडिया' में लिखा है। नेहरू जी ने कहीं नहीं कहा है कि यह बड़ा खतरनाक स्लोगन है, यह हिन्दुत्ववादी स्लोगन है। बस उन्होंने इस नारे में एक कन्टेंट भर दिया। वे कहते हैं कि जब लोग बोलते हैं, 'भारत माता की जय, तब मैं पूछता हूँ, भारत माता कौन है? कहाँ है? और फिर उन्हें बताता हूँ कि हम सब भारत माता हैं और हमारा दुःख-सुख भारत माता का दुःख-सुख है।' लेकिन आज अचानक बहस होती है और यह बयान आता है कि 'गला काट दो तब भी मैं नहीं बोलूँगा'। कहाँ से आता है यह बयान? उसके जवाब में एक स्टेट असेम्बली कहती है कि अगर यह डायलॉग नहीं बोलोगे तो असेम्बली से बाहर निकाल देंगे। किस संविधान में लिखा है, किस नियम में ऐसा लिखा है। भारत के संविधान का, दुनिया के कानून का, कहाँ-कौन सा नियम है, जो कहता है कि यह डायलॉग नहीं बोलोगे, इस तरह की जय नहीं बोलोगे तो तुम्हारे खिलाफ यह कार्यवाही की जाएगी। उसके जवाब में देवबन्द से फतवा आता है कि यह एन्टी इस्लॉमिक है। यह कैसे एन्टी इस्लॉमिक हो गया? बुतपरस्ती एन्टी इस्लामिक है, इसमें कोई शक नहीं, लेकिन 'भारत माता की जय', 'माँ तुझे सलाम', यह कहने में कहाँ कौन-सी मूर्ति आ गई?

महात्मा गांधी ने बनारस में भारत माता के मन्दिर का उद्घाटन किया था और उन्होंने एश्योर (सुनिश्चित) किया था कि उस मन्दिर में कोई मूर्ति नहीं है। आज भी वह मन्दिर कायम है। उस मन्दिर में सिर्फ जमीन पर भारत का नक्शा है, और कुछ नहीं। ये तमाम सवाल इस देश में बहस द्वारा सैटल (समाप्त) हो चुके थे कि भारत माता को अगर सलाम करना होगा तो किसी मूर्ति के जरिए नहीं होगा। फिर भी फतवा आता है और उसके जवाब में अपने आपको बाबा, अपने आपको पुजारी, अपने आपको योगी बताने वाले कहते हैं कि 'पता नहीं कितने गले काट देता, वह तो कानून ने रोक रखा है।' अगर आप किसी देश में जाएँ, समझिए मॉरिशस में जाएँ, आप पाएँ कि पूरे देश में लोग एक-दूसरे का गला पकड़े हुए हैं। एक कह रहा है 'जय मॉरिशस', दूसरा कहता है 'मॉरिशस की जय'। दोनों एक-दूसरे का गला पकड़े हुए हैं। एक कहता है, नहीं तू ऐसे नहीं बोल सकता। दूसरा कहता है कि तू ऐसे नहीं बोल सकता। आप कहेंगे कि भैया पानी पियोगे, क्या दिक्कत है! इसकी विडम्बना की सीमा देखिए। किस तरह की बहस हो रही है इस देश में। ये उस देश में हो रही है जिस देश में जब अंग्रेजों का राज था, जब हम पर कॅलोनियल पावर शासन कर रही थी, जिस वक्त एक तरह का प्रोवोकेशन (उत्तेजना) सबसे ज्यादा रहा होगा, जब तनाव सबसे ज्यादा था, उस वक्त राष्ट्रवाद के इन सवालों को कितना कायदे और सलीके से हैंडल किया गया था।

ये उस देश में चर्चा हो रही है जहाँ हमारे राष्ट्रवाद में कभी भी नस्लवाद की बू नहीं थी। यह अद्‌भुत चीज है। दुनियाभर के राष्ट्रवाद में खासतौर से अगर कॅलोनियल पावर दूसरे नस्ल की हो, तो स्वाभाविक ही उसमें कहीं न कहीं एक नस्लीय पंच आ ही जाता है। ये भारत का ही राष्ट्रवाद था जिसने कभी नस्लवाद की बू नहीं आने दी। उस देश में इस तरह की बहस हो रही है? जेएनयू मुद्‌दा अपने आपमें नहीं है। यह छोटा-सा मामला था। कुछ विद्यार्थियों ने एक मीटिंग की, परमिशन ली, परमिशन रद्‌द कर दी गई। उसके बाद अनओथोराइज्ड तरीके से उन्होंने मीटिंग की। मीटिंग में कुछ बाहरी लोग आ गए। कुछ स्लोगन्स (नारे) लगे, जो ऑब्जेक्शनेबल (आपत्तिजनक) थे। जो ठीक नहीं थे। दुनिया की हर यूनिवर्सिटी के पास इन चीजों को हैंडल करने के रेग्युलेशंस (नियम) होते हैं। समझदारी होती तो प्रॉक्टर या वाइस चांसलर बुलाकर कह देते, 'आगे से ऐसा करोगे तो दिक्कत हो जाएगी, चुपचाप क्लास में जाओ।' इससे बड़ा मामला नहीं था। यहाँ देश के गृहमंत्री कूदते हैं। बाद में वे कहते हैं कि दूसरे लोग पॉलिटिसाइज कर रहे हैं। सबसे बड़ा राजनीतिकरण तब है कि देश का गृहमंत्री आकर इसमें कूदता है।

एक सज्जन मुझसे बोले कि जो जेएनयू में हुआ, वह देश के लिए बड़ा खतरनाक है। मैंने उनसे कहा कि पाकिस्तान में एक आदमी को विराट कोहली बड़ा पसन्द आया था। उस बेचारे ने उठा के तिरंगा लगा दिया। फिर क्या हुआ? पूरा

पाकिस्तानी स्टेट उस पर टूट पड़ा। उसको जेल के अन्दर डाल दिया। मैंने पूछा, इससे पाकिस्तान की प्रतिष्ठा बढ़ी? उसने मजाक का काम किया। हम सब हँसते हैं जब सुनते हैं कि पाकिस्तान ने ऐसा किया। पाकिस्तान हमारी निगाह में कैसा देश है? एक घबराया हुआ सा देश! एक आदमी ने झंडा अपने घर पर लगा दिया और आपका पूरा देश हिल गया? जेएनयू वाली घटना के बाद भारत की क्या छवि बनती है? चार लड़कों ने नारा लगा लिया। मान लीजिए कुछ भी नारा लगा दिया हो। मान लीजिए सारे एलिगेशन्स (आरोप) सच्चे हैं। मान लीजिए वे सब नारे लगे। इससे आपका देश हिल गया? दुनिया का वह देश जिसके टूटने के बारे में सब लोगों ने प्रिडिक्शन (अनुमान) की थी लेकिन जो देश 65 साल से कायम है, वह देश चार लोगों के नारे से हिल गया? क्या इमेज बनती है? जब आपके देश में किसी अंडर ट्रायल को कोर्ट के परिसर के अन्दर पीटा जाता है, पुलिस के सामने पीटा जाता है, पूरे इंटरनेशल मीडिया के देखते हुए पीटा जाता है तब क्या इमेज जाती है आपके देश की? इससे कौन-सा गौरव बढ़ गया देश का?

राष्ट्रवाद पर जो बहस हुई है उसका सबसे दु:खद पहलू इसकी फ्रेमिंग है। यह सारी बहस दो खेमों में हुई। दोनों खेमों का एक भी पक्ष हमारी भारतीय राष्ट्रीयता का सच्चा वारिस नहीं है। ये बात थोड़ी-सी चोट पहुँचाने वाली है लेकिन वक्त की माँग है कि हम ईमानदारी से बात को रखें। इस राष्ट्रवाद की बहस के जो दोनों कैम्प बने हैं, उन दोनों कैम्पों का भारत के राष्ट्रवाद की परम्परा से, भारत की फ्रीडम स्ट्रगल से कोई लेना-देना नहीं है। मैं संगठनों का नाम नहीं लूँगा। मैं व्यक्तियों का नाम नहीं लूँगा। खामखाँ, हम भारतीय उन चीजों पर सेंटीमेंटल हो जाते हैं। एक तरफ से कहा गया है कि मुझे गर्व है, भारतीय होने में। दूसरी तरफ से पलटकर जवाब दिया गया, भारत की सेना ये करती है, भारत में कॉस्ट सिस्टम है, भारत में ये सब है इसलिए गर्व का अधिकार नहीं है। एक तरफ आक्रामकता है, दूसरी तरफ डिफेन्सिवनेस है। एक तरफ नकारात्मकता है, दूसरी तरफ सकारात्मकता है। एक तरफ सिर्फ प्रतीक हैं, दूसरी तरफ सब्स्टेन्स (वास्तविकता) है। लेकिन ऐसा क्यों होता है कि पैशन (उत्साह) और सकारात्मकता दो अलग जगहों पर रहते हैं। एक तरफ पैशन है, नकारात्मकता है, दूसरी तरफ सकारात्मकता है लेकिन पैशन का अभाव है। इन दोनों खेमों के बारे में अलग से व्याख्या करना चाहूँगा। अभी मेरा मुख्य उद्देश्य इन दोनों खेमों पर चर्चा करना नहीं है। मैं सिर्फ इतना कहना चाह रहा हूँ कि यह दोनों खेमे हमारी राष्ट्रवाद की परम्परा के वारिस नहीं हैं। इनका राष्ट्रवाद शुद्ध इंपोर्टेड (आयातित) है। जो कास्मोपॉलिटिज्म के नाम पर, इंटरनेशनलिज्म के नाम पर इस राष्ट्रवाद का विरोध करते हैं उनका कास्मोपॉलिटिज्म आयातित है। इस देश में सौ साल पहले इन सब मुद्दों पर बेहतर बहस हो चुकी है। दरअसल यूरोप के सन्दर्भ में राष्ट्रवाद शब्द का बहुत अलग अर्थ है। आज यूरोप में किसी भी पार्टी

को नेशनलिस्ट कहने का एक ही मतलब है कि वह राइट विंग जेनोफोबिक पार्टी है। यूरोप में राष्ट्रवाद का अर्थ ही यह है क्योंकि यूरोप का राष्ट्रवाद से बहुत अलग तरीके का अनुभव है। यूरोप के राष्ट्रवाद का मतलब है एथेनेसिटी (नृजातीयता) क्योंकि वहाँ का राष्ट्रवाद एथेनेसिटी आधारित है। एथेनेसिटी का मतलब है विभाजन, विखंडन, हिंसा, तोड़फोड़, डिस्ट्रक्शन। दरअसल यूरोप का पिछले पाँच सौ सालों का जो इतिहास है वह विविधता के साथ यूरोप के सामंजस्य न कर सकने का इतिहास है। स्पेन के मुसलमानों से लेकर यह शुरू हुआ। यूरोप की विविधता को कैसे सम्भाला जाए यह उन्हें समझ ही नहीं आया। इस विविधता को सम्भालने का यूरोप के पास एक ही उपाय निकला कि जहाँ-जहाँ कल्चरल डिफरेंस है वहाँ-वहाँ अलग पोलिटिकल यूनिट बना दो। इसलिए यूरोप में राष्ट्र-राज्य के उदय का इतिहास सांस्कृतिक सीमाओं को राजनीतिक सीमा के साथ मिलाने का इतिहास है। जहाँ-जहाँ कल्चरल डिफ्रेंस है, वहाँ-वहाँ अलग देश बनाना पड़ेगा। उनके पास दो ही विकल्प हैं। या तो आप कल्चरल डिफ्रेंस पर आयरन लगा दो, उसको सीधा कर दो, उसको होमोजिनाइज कर दो और नहीं कर पा रहे हो तो अलग देश बना दो। यूरोप में राष्ट्र-राज्य के उदय का यही इतिहास है। स्वाभाविक ही यूरोप में नेशनलिटी शब्द से घबराहट है। जिस-जिस देश में कोई नेशनलिस्ट पार्टी है उसका बिलकुल स्पष्ट मतलब है कि वह जेनोफोबिक राइट विंग एन्टी मायग्रेंट्स पार्टी है।

प्राय: आपने देखा होगा, पश्चिम की प्रेस में बीजेपी को आज भी हिन्दू नेशनलिस्ट पार्टी लिखा जाता है। दरअसल राष्ट्रवाद का वे अपना अलग मतलब लगाते हैं। हमारे देश में राष्ट्रवाद केवल नकारात्मक चीजों का प्रतीक नहीं है। हमारे देश में नेशन या राष्ट्र एक यूनिटी का प्रतीक है। जिसे हम आज भारत कहते हैं, उसका निर्माण, एक तरह से उसका आविष्कार, उसकी खोज हमारे राष्ट्रीय आन्दोलन के दौरान हुई है। जरूर हम अकबर का नाम लेते हैं, अशोक का नाम लेते हैं, लेकिन ये जो आज की सीमाओं वाला राज्य है, यह हमारे राष्ट्रीय आन्दोलन के दौरान पैदा हुआ है। हमारा राष्ट्रवाद उसके भीतर यूनिटी पैदा करने वाला राष्ट्रवाद है। हमारे देश में आज जब भी कोई मुहावरा कहता है या बातचीत होती है, तो लोग कहते हैं या कोई आदर्शवादी युवक-युवती मेरे पास आता है तो कहता है, 'नहीं मुझे अपने परिवार के लिए नहीं, अपनी जाति के लिए नहीं बल्कि देश के लिए काम करना है।' देश का मतलब है जो डिवीजन (विभाजन) से ऊपर हो। हमारे यहाँ राष्ट्र विभाजनकारी सत्ता नहीं है बल्कि एक जोड़ने वाली ताकत है। यह सार्वभौमिकता की सत्ता है। हमारे मुहावरों में, हमारे शब्दों में यह सकारात्मकता है। तीसरा, राष्ट्र हमारे लिए प्रतिरोध की शक्ति है। इस देश का राष्ट्रवाद किसी नेशन की चारदीवारी बनाने के चक्कर में पैदा नहीं हुआ था। जर्मनी को जर्मन और फ्रांस को फ्रेंच बनाने की तरह पैदा नहीं हुआ था। यह बहुत रोचक इतिहास है कि फ्रांस को फ्रेंच कैसे

बनाया गया। एकदम ताकत के जरिए फ्रांस को फ्रेंच बनाया गया। तमाम तरह की ताकतों से जर्मनी को जर्मन बनाया गया। हमारा राष्ट्रवाद इससे पैदा नहीं हुआ। हमारा राष्ट्रवाद उपनिवेशवाद की मुखालफत करते हुए पैदा हुआ। ताकत का विरोध करने की क्षमता हमें राष्ट्रवाद ने दी है। हम दबे हुए हैं, हम दुनिया में अपना सिर उठाकर खड़े होंगे, यह ताकत हमें राष्ट्रवाद ने दी है। इसलिए हमारे राष्ट्रवाद का वह अर्थ नहीं हो सकता जो यूरोप के राष्ट्रवाद का है। इसलिए हमारे देश में राष्ट्रवाद के बारे में जो बहस हुई है यह सारी बहस उन दो खेमों के बीच में है, जो कहीं न कहीं उस यूरोपियन परम्परा के एक तरह से वारिस हैं। एक को लगता है कि काश, देश ऐसा बने जैसा जर्मनी है। यह बिस्मार्क की बनाई हुई जर्मनी का सपना देखने वाला खेमा है। एक देश, एक भाषा, एक भूषा यह सब मुहावरे कहाँ से आते हैं? यह हमारे मुहावरे नहीं हैं। हमारे इतिहास में यह मुहावरे हैं ही नहीं। एक भाषा, एक भूषा, एक संस्कृति ये सब यूरोप के मुहावरे हैं।

कुछ लोगों का सपना है कि हम कहीं न कहीं जर्मनी जैसा देश बनाएँ। जब मैं कभी चिढ़ाने की मुद्रा में होता हूँ, तब मैं उन्हें कहता हूँ कि आपका तो सपना पाकिस्तान बनाना है। आपके मन में कहीं न कहीं कसक है कि आह! काश, हम पाकिस्तान जैसे क्यों न हुए। मैं कई बार कहता हूँ कि आपकी अवधारणा बड़ी अच्छी है लेकिन दोस्त आप गलत मुल्क में पैदा हुए हो! वे इस मुल्क के लिए नहीं बने, इस मिट्टी के लिए नहीं बने। दूसरी तरफ जो लोग राष्ट्रवाद से घबराते हैं, जो समझते हैं कि राष्ट्रवाद के नाम का मतलब हिन्दू राष्ट्रवाद, संकीर्णता और विभाजन है। ये लोग भी सीधे-सीधे यूरोप की बीमारियों का इलाज हिन्दुस्तान में ढूँढ़ रहे हैं। यह सिर्फ हमारे सोशल सांइटिस्ट नहीं करते, हमारे डॉक्टर भी करते हैं। हमारी काफी मेडिकल रिसर्च यूरोप की बीमारियों पर होती है। हिन्दुस्तान की बीमारियों पर हम कम रिसर्च करते हैं। उनकी बीमारियों पर ज्यादा रिसर्च करते हैं।

दोनों परम्पराओं या दोनों खेमों में यही बुनियादी समस्या है। तो फिर इस सवाल को हम कैसे देखें। मैं आपके सामने राष्ट्रवाद की कुछ कसौटियाँ रखना चाहता हूँ। उम्मीद है कि ये इस देश में जन्मे राष्ट्रवाद की, इस मिट्टी में पैदा हुए राष्ट्रवाद की कसौटियाँ हैं। हो सकता है मेरी कसौटियाँ गलत हों। यहाँ इतने सारे बुद्धिजीवी हैं, इतने सारे सोचने वाले लोग बैठे हैं तो हम बेहतर कसौटी बना लेंगे। लेकिन मेरा इतना अनुरोध है कि भारत के राष्ट्रवाद की, अपने देश के राष्ट्रवाद की कसौटियों के पैमाने या स्तर यूरोप के इतिहास से नहीं हों। अगर इतना काम हम कर लेंगे तो हमारी आधी बीमारियाँ अपने आप खत्म हो जाएँगी। हमसे बार-बार पूछा जाता है कि क्या आपको राष्ट्र पर गर्व है। दरअसल अलग-अलग तरह के गर्व होते हैं, अलग-अलग तरह की भावनाएँ होती हैं। एक भावना होती है, जब आप कहते हैं कि मुझे अपनी माँ से प्यार है। आप यह भी कहते हैं, मैं भी कहता हूँ, बहुत लोग

कहते हैं कि कभी-कभी घर में इस पर झगड़ा हो जाता है कि तुम खाना अच्छा बनाती हो मगर जैसा मम्मी बनाती थीं, वैसा नहीं है। अब उसमें यह भाव नहीं मेरी माँ जो खाना बनाती है दुनिया में सबसे अच्छा है। उसका मतलब यह नहीं कि आपकी माँ खाना बुरा बनाती हैं। जिस निष्कर्ष पर हम पहुँच जाते हैं, वह बहुत अजब निष्कर्ष है।

राष्ट्र के लिए स्नेह, प्रेम जो किसी भी मनुष्य का सहज स्नेह होता है अपने सन्दर्भ से पहले बात करूँगा। आज भी दुनिया में कहीं भी मुझे राजस्थान के उस छोटे से शहर का व्यक्ति मिल जाए जहाँ मैं बड़ा हुआ था, आज भी मुझे कोई कह दे 'गंगानगर', तो मेरी आँखें चमक जाती हैं। उस व्यक्ति से जुड़ने का मन होता है, उससे पूछने का मन होता है, कहाँ थे, किस मोहल्ले में रहे हैं। इसका मतलब यह नहीं है कि पुणे बहुत खराब शहर है। यह एक इंसान का स्वाभाविक लगाव होता है। यह बहुत सहज और स्वाभाविक है, जिसमें कुछ भी नकारात्मकता नहीं है। राष्ट्र के प्रति प्रेम में यह एक एलिमेंट होता है, या होना चाहिए। इसके प्रति घबराने की बात नहीं है, कोई डरने की बात नहीं है, इसे छुपाने की कोई बात नहीं है, लेकिन केवल यह राष्ट्रवाद नहीं है।

दूसरी बात यह है कि क्या भारत नामक इस देश के इतिहास में, इसकी पहचान में, इसके वर्तमान में क्या हमें कुछ ऐसा लगता है कि हम इस पर गर्व कर सकें? सिर्फ वैसा गर्व नहीं है जो कि एक बच्चा अपनी माँ के खाने पर करता है बल्कि वैसा रिश्ता, जैसा हम कभी अपनी यूनिवर्सिटी से बनाते हैं। किसी यूनिवर्सिटी या कॉलेज के बारे में आप जाकर कहते हैं कि पढ़ तो लिया पर कुछ सीखा नहीं। कभी-कभी आप कहते हैं कि वह जगह बहुत अच्छी थी। उसमें यह चार चीजें अच्छी थीं। यहाँ आपकी सोच आती है। यह दूसरा स्तर है। इस स्तर पर अगर कोई मुझसे पूछे कि क्या तुम्हें भारत पर गर्व है। 'भारत' नामक इसकी कोई अस्मिता है। या कोई इसकी पहचान है? क्या इसमें गर्व करने लायक कुछ है? इस सवाल को हम टालते हैं। खासतौर पर जो सेक्युलर, लिबरल, डेमोक्रेटिकनुमा लोग होते हैं वे इस सवाल से बचते हैं। उनसे जब राष्ट्र के बारे में सवाल पूछा जाए तो या तो वे एक स्टेप ऊपर जाकर जवाब देते हैं, या दो स्टेप नीचे जाकर जवाब देते हैं। कभी इस स्तर पर जवाब नहीं देते। ये हमें जवाब देना होगा। एक स्तर ऊपर का मतलब है इंटरनेशनल, दो लेवल नीचे का मतलब है कास्ट और क्लास। मगर यह जो हिन्दुस्तान है भारत नामक अस्मिता है, क्या इसमें कुछ गर्व करने लायक है? हम लोग उससे बचते हैं। पिछले काफी समय से हम लोगों के मन में एक धारणा आ गई है कि यहाँ जाति व्यवस्था है, यहाँ ये हुआ यहाँ वो हुआ। यह बात सच है। उनमें से कोई बात झूठ नहीं है। उस सबको लेकर एक बहुत बड़े वर्ग के मन में यह भाव आ गया है कि इस समाज, इस देश के इतिहास पर हम गर्व नहीं कर सकते। कहीं न कहीं सड़क

पर जो सवाल हो रहे हैं, वे उसी के बारे में हैं। साधारण लोग अखबार पढ़ते हैं, टीवी देख लेते हैं, लेकिन वे हमारी इस भाषा को नहीं समझ पाते। लेकिन उन्हें कहीं न कहीं इंट्युशन होता है और उन्हें कहीं न कहीं इस चीज पर एतराज होता है। मैं समझता हूँ कि इस सवाल पर खुली बहस होनी चाहिए। मेरी अपनी समझ यह है कि दुनिया का कोई मुल्क ऐसा नहीं होता जहाँ उसके इतिहास में शर्मनाक घटनाएँ न हों। दुनिया का कोई मुल्क नहीं होता जिसके वर्तमान में ऐसी चीजें न हों जिसके बारे में आपको शर्म आए, आपको बुरा लगे, जो नकारात्मक हों। लेकिन कुल मिलाकर इस भारत नामक अस्मिता में बहुत कुछ है, जिस पर आप और हम गर्व कर सकते हैं। मैं इतिहास की बात नहीं करूँगा। इतिहास, मैं इतिहासकारों पर छोड़ देता हूँ। मैं आज की बात करता हूँ।

तीन चीजें हैं जिन पर मैं कम से कम भारतीय होने के नाते गर्व करता हूँ। पहला, भारत वह देश है जिसने लोकतंत्र के विचार का लोकतांत्रीकरण किया। कैसे? भारत में लोकतंत्र का प्रयोग होने से पहले दुनिया में यह कोई मानने को तैयार नहीं था कि ग़रीब, अनपढ़ लोगों की जमात में लोकतंत्र हो सकता है। 1952 में जब जवाहरलाल नेहरू के नेतृत्व में यहाँ चुनाव हुए तो ज्यादातर आलोचकों या विश्लेषकों ने लिखा था कि यह बड़ा ही मूर्खतापूर्ण और अब्सर्ड किस्म का प्रयोग है। यह कुछ ही साल में खत्म हो जाएगा। कहीं इतने अनपढ़ लोग लोकतंत्र चला सकते हैं? भारत पहला देश था, जिसने लोकतंत्र को स्थापित किया और सिद्ध किया कि औपचारिक शिक्षा की कमी होने के बावजूद लोकतंत्र स्थापित किया जा सकता है। यह पूरी दुनिया के लिए बहुत बड़ा सबक था। यह प्रयोग इस धरती पर हुआ। मुझे इसका नाज है। मुझे गर्व है इस पर। दूसरी चीज है विविधता जिस पर मुझे गर्व है। जैसा कि मैंने पहले कहा कि पूरी परम्परा में यह सोचना सम्भव नहीं था कि किसी भी बहुत गहरी विविधता को एक राष्ट्र-राज्य के खाँचे में समेटा जा सकता है। तो जाहिर है कि जब भारत का लोकतांत्रिक प्रयोग शुरू हुआ तो किताबें लिखी गईं कि यह सिर्फ पाँच-दस साल का मामला है। इसके बाद भारत को बिखरना ही है। उस समय के ज्ञान के हिसाब से, वे बिलकुल ठीक कह रहे थे। जितनी विविधता इस देश में थी और है—भाषा की, धर्म की, संस्कृति की, इतिहास की—इस नाते तो यह देश एक रह ही नहीं सकता था। कम से कम यूरोप के इतिहास के सबक अगर आप देखें तो हिन्दुस्तान में कम से कम 30 देश बन जाते। सोवियत संघ में कितने देश बने? जो सोवियत संघ था, उसमें भारत से कम विविधता है, उसमें आज 16 देश बन गए। युगोस्लाविया में इतनी भी विविधता नहीं जितनी आसाम राज्य में है। सिर्फ हिन्दुस्तान के एक राज्य में जितनी विविधता है उतनी पूरे युगोस्लाविया में नहीं थी। उसके सात टुकड़े हो गए हैं। भारत पहला देश था जिसने पूरी दुनिया को यह दिखाया और सिखाया कि विविधता और राष्ट्र-राज्य

परस्पर सहज सुखद हैं। ये दोनों एक साथ रह सकते हैं। यह पूरी दुनिया के लिए सबक था और मैं समझता हूँ कि इक्कीसवीं सदी की पूरी दुनिया के लिए भी यह सबक होगा क्योंकि, अन्ततः दुनिया यूरोप के मॉडल पर नहीं चलेगी। इस सन्दर्भ में दुनिया भारत के मॉडल पर ही चल सकती है। खुद यूरोप को इस मॉडल पर आना पड़ेगा। इस बात पर मुझे नाज है। तीसरा है, विकास का आइडिया। विकास का आइडिया भारत में पैदा नहीं हुआ लेकिन उसका एक विचार है जो भारत में पैदा हुआ। वह विचार के स्तर पर रह गया, हकीकत के स्तर पर नहीं आया। जहाँ सारी दुनिया आधुनिक विकास के प्रति अन्धी होकर भाग रही थी, वहाँ, एक शख्स ने खड़े होकर कहा कि यह जो आधुनिक सभ्यता है, वह तो सभ्यता ही नहीं है। यह जो विकास है, यह मेरा विकास नहीं है। आज जो पूरा पर्यावरण और वातावरण का पूरा विकास हुआ है, सारे विकास के मूल में वह विचार है। सवाल उठाने की क्षमता और यह कह सकने की क्षमता कि मेरे लिए विकास का मतलब है, अन्तिम व्यक्ति की आँख से आँसू पोंछना। पिछले 65 साल में इस देश ने कुछ नहीं किया। किसी के आँख से आँसू नहीं पोंछे और अन्तिम व्यक्ति की आँख से तो कतई नहीं पोंछे। इसलिए इस देश की हकीकत पर मैं गर्व नहीं कर सकता लेकिन यह विचार यहाँ आया, ये विचार जो दुनिया के भविष्य का विचार है, इस पर मैं नाज करता हूँ। यानी कि डेमोक्रेसी, डेवलपमेंट और डाइवर्सिटी इन तीन सवालों पर दुनिया कैसे पुनर्निर्मित होनी चाहिए उसके कुछ मूल विचार इस देश में पैदा हुए। इस पर मैं नाज करता हूँ, मैं गर्व करता हूँ।

लेकिन यह याद रखिए, दुनिया की किसी चीज में आप तब तक गर्व नहीं कर सकते जब तक आप उस पर शर्म करने को तैयार न हों। जब तक आप यह कहने को तैयार नहीं हैं कि हो सकता है ये बात झूठ हो तब तक आपके ये कहने का कोई मतलब ही नहीं है कि यह बात सच है। वही व्यक्ति सच बोलता है, या बोल सकता है जो झूठ कहने को तैयार हो। इसलिए जब मैं कहता हूँ कि भारत के लोकतांत्रीकरण पर मुझे गर्व है। तभी जब इस देश के अन्दर एक अंडर ट्रायल बच्चे को, पटियाला हाउस में सबके सामने पीटा जाता है, मेरा सिर शर्म से झुक जाता है। झुकना चाहिए अगर मुझे हिन्दुस्तान पर गर्व है तो उस घटना पर मुझे शर्म आनी चाहिए। जब इस देश में लोगों को किस धरम में पैदा हुए सिर्फ इस बिना पर अलग तरह का व्यवहार किया जाता है, जब पुलिस स्टेशन में जाकर एक व्यक्ति का अगर एक नाम हो उसे अलग तरह से व्यवहार किया जाएगा, दूसरे धरम का नाम बोल देगा तो उसे दूसरा व्यवहार मिलेगा। अगर यह सच्चाई मैं देखता हूँ मेरा सिर शर्म से झुकता है, झुकना चाहिए। उस गर्व की अनिवार्य दशा है यह कहना कि मुझे शर्म है। 1984 में जो हुआ उस पर शर्म है मुझे। 2002 में गुजरात में जो हुआ उस पर शर्म है मुझे। हिन्दुस्तानी होने के नाते शर्म है। यह हिन्दुस्तान में प्राइड लेने का नेसेसरी कम्पोनेंट है। इस देश

में करोड़ों लोग जिस हालात में अपनी जिन्दगी जी रहे हैं इस पर शर्म है मुझे, अन्तिम व्यक्ति के आँसू पता नहीं कितने हैं देश में और उन आँसुओं के बारे में इस देश में किसी को चिन्ता नहीं है। शर्म आनी चाहिए। यह हिन्दुस्तान के प्रति जो गर्व है यह सिर्फ उन लोगों में गर्व नहीं है जो संयोग से इस धरती पर पैदा हुए। यह जो मैं कहता हूँ कि आइ एम प्राउड ऑफ बिंयिंग एन इंडियन, प्राउड ऑफ द आइडिया ऑफ इंडिया। हो सकता है नेल्सन मंडेला हमारे देश के लोगों से बेहतर उस आइडिया ऑफ इंडिया के बारे में जानने-समझने और करने वाले हों। यह भी मुझे स्वीकार करना पड़ेगा।

तो एक सवाल हुआ गर्व का और शर्म का। इससे जुड़ी कसौटी है कि मैं राष्ट्रवाद के लिहाज से राष्ट्र में इस शर्म और गर्व की परीक्षा कैसे लूँ। मैं आपको चार बातें बताना चाहता हूँ। पहला, भारतीय राष्ट्रवाद की कसौटी और परीक्षा मेरे लिए यह है कि भारत माता की सन्तानों के कष्ट के बारे में आपको क्या महसूस होता है? पिछले छह महीनों से मुझे एक चीज बहुत परेशान कर रही है। इस देश में सूखा है लेकिन किसी को परवाह नहीं। आप एकदम कहेंगे, नहीं-नहीं परवाह है। पिछले दस दिन में खबर आई है। मैं पलटकर कहूँगा कि खबर तब आई है जब उस सूखे ने अर्बन इंडिया (शहरी भारत) को प्रभावित किया है और इस देश के 'रिलीजन' नामक क्रिकेट को प्रभावित किया है। अन्यथा कोई खबर नहीं थी। इस देश के पचास करोड़ लोग आज सूखे की मार में जी रहे हैं। इस देश में किसी को न यह खबर है और न किसी को फर्क पड़ता है। मेरे लिए राष्ट्रवाद का इम्तेहान यह है। जैसा कि मैंने कहा इस देश का राष्ट्रवाद सिर्फ दो देशों के बीच कॉम्पटिशन का राष्ट्रवाद नहीं है। इस देश का राष्ट्रवाद सब लोगों को जोड़ने का राष्ट्रवाद है। मेरे लिए राष्ट्रवाद की पहली कसौटी यह है कि इस देश की, भारत माता की जय बोलने के बाद जब आप पलट कर देखते हैं, कि उस भारत माता की सन्तान आज सूखे में, ग़रीबी में किस हालात में जी रही है, उसके बारे में क्या आप कुछ करने का साहस रखते हैं, क्या आप कुछ करना चाहते हैं? सबसे आसान है एक डायलॉग बोल देना। सबसे आसान है 207 फीट का झंडा बना लेना। 207 फीट का झंडा आपके देश का गौरव नहीं बढ़ाएगा। आपके देश में कितने लोग भुखमरी में आज जी रहे हैं उन लोगों की भुखमरी को आप अगर एक इंच ऊपर उठा देंगे तो आपके देश का गौरव बढ़ जाएगा। 207 फीट के झंडे से ज्यादा बढ़ जाएगा।

दूसरी कसौटी है, जब इस देश के अलग-अलग हिस्सों में एक-दूसरे के प्रति नफरत होती है या हिंसा होती है तो क्या आप खड़े होकर उनको जोड़ने की कोशिश करते हैं? यह राष्ट्रवाद का पहला इम्तेहान होना चाहिए। कुछ दिन पहले हमने अजीब चीज देखी। हरियाणा और पंजाब में पानी के सवाल पर विवाद हुआ। विवाद हमेशा होते हैं, हर लोकतंत्र में होते हैं। यह सामान्य बात है। जो असामान्य बात है,

वह ये कि पंजाब की रूलिंग पार्टी, जिसमें बीजेपी शामिल है, ने खड़े होकर एक प्रस्ताव असेम्बली में पेश किया कि कोर्ट कुछ भी कहे, सतलज-यमुना लिंक नहीं बनने देंगे। उसी बीजेपी पार्टी के हरियाणा के मुख्यमंत्री ने कहा कि यह असंवैधानिक हरकत है। हम इसे बरदाश्त नहीं करेंगे। उसी पार्टी के प्रधानमंत्री चुप बैठे रहे। एक शब्द नहीं बोला उन्होंने। हरियाणा और पंजाब की स्थिति इतनी खराब थी उस वक्त कि कोई बेवकूफ अगर कुछ हरकत कर देता तो वहाँ हिंसा हो सकती थी। इस देश के दो प्रदेशों में आपस में हिंसा हो सकती थी। राष्ट्रवादी की क्या पहचान है? देशप्रेम की क्या पहचान है? देशप्रेम की पहचान मेरे लिए यह है कि उस वक्त पंजाब और हरियाणा के बीच में खड़े होकर जो कहे कि 'नहीं, हम देश में रहते हैं, हम क्यों नहीं सुलझा सकते इस विवाद को। पानी की बात है न, आओ बैठो।' प्रधानमंत्री की ड्यूटी बनती है कि कहें सब आओ बैठो। हम सब देश के अन्दर रहते हैं। मैं झगड़ा किसी भी कीमत पर नहीं होने दूँगा। लेकिन इसके बदले में होता क्या है? सिर्फ बीजेपी यह नहीं कर रही बल्कि कांग्रेस भी बराबर से यही कर रही है। कांग्रेस पंजाब असेम्बली में यह कह रही है कि जो आपका (भाजपा) प्रस्ताव है, उसे और भी कठोर बनाने की जरूरत है। कांग्रेस की हरियाणा इकाई पंजाब असेम्बली के सामने आकर उसके खिलाफ धरना देती है। इस देश के दो हिस्सों को लड़ाना या उन्हें लड़ते हुए चुपचाप देखना, सबसे बड़ा देशद्रोह है। यह होता है देशद्रोह। दो छोरे कहीं पर खड़े होकर नारे लगाते हैं, उससे देशद्रोह नहीं होता इन हरकतों से आपका देश नहीं टूटता है। देश की सबसे बड़ी कुर्सी पर बैठने वाला जब चुप रहता है, तब देश टूटता है। कुछ दिन पहले हरियाणा में जाति के आधार पर दंगे हुए। मीडिया ने सौभाग्य से उन दंगों को बहुत तवज्जो नहीं दिया। चुन-चुनकर जाति के आधार पर लोगों के घर और दुकानें जलाई गईं। उस पूरे प्रदेश की बड़ी पार्टियाँ क्या कर रही थीं? दोनों बैठ कर लड्डू तोल रही थीं कि इसको सपोर्ट करने से ज्यादा वोट आएगा या उसको! अगले साल यूपी का चुनाव है। तो इसके ऊपर चुप रहो, अगले साल इसका वोट मिल जाएगा। सारा वक्त ये हो रहा था। अगर आप मुझसे पूछें तो मैं कहूँगा कि सच्चा देशद्रोह यह है। वास्तव में, दूसरी कसौटी यह है कि देश के अलग-अलग हिस्सों में, अलग-अलग जातियों में, अलग-अलग सम्प्रदायों में, हिन्दू-मुसलमान में जब मतभेद होते हैं, जब तनाव होते हैं, उस स्थिति में हम जोड़ने की भूमिका निभाते हैं या तोड़ने की भूमिका निभाते हैं। राष्ट्रवाद की कसौटी यह होनी चाहिए।

राष्ट्रवाद की तीसरी कसौटी यह है जब कि आप दुनिया के मंच पर खड़े होते हैं तो आप भारत की आवाज को कैसे उठाते हैं। अपने पड़ोसी पर कैसी धौंसपट्टी कर लेते हैं, यह कोई राष्ट्रवाद की परीक्षा नहीं है। पूरी दुनिया के कायर लोगों की निशानी होती है कि वे अपने पड़ोसी के ऊपर धौंसपट्टी करते हैं। यह हिम्मत की निशानी नहीं है। यह कोई राष्ट्रवाद नहीं है। सन् 50 और 60 के दशक में भारत आज

की तुलना में बहुत ज्यादा कमजोर देश था। कम से कम उसकी आर्थिक शक्ति आज की तुलना में बहुत कम थी। फिर भी जब जवाहरलाल नेहरू और लालबहादुर शास्त्री दुनिया के मंच पर बोलते थे तो लोग उनकी बात सुनते थे। इसलिए सुनते थे क्योंकि उसमें एक नैतिक ताकत थी। उसमें हिन्दुस्तान की आवाज थी। उसमें एक अलग आवाज थी। वह आवाज जो सिर्फ अमेरिका या रूस के दलाल की आवाज नहीं थी। वह भारत की आवाज थी। आज हमारी आर्थिक शक्ति ज्यादा है। आज हमारी सामरिक शक्ति ज्यादा है। यह कम से कम होनी चाहिए, क्योंकि पूरी दुनिया में सबसे ज्यादा शस्त्र खरीदने वाला देश हमारा है। आज भारत एक आर्थिक शक्ति है, सामरिक शक्ति है। आज से मेरा मतलब केवल पिछले डेढ़ साल से नहीं है। मैं पिछले बीस सालों की कहानी आपको बता रहा हूँ। आज जब भारत का प्रधानमंत्री विश्व मंच पर खड़ा होकर बोलता है तो उन्हें कोई नहीं सुनता। पिछले डेढ़ साल से हम भाड़े के लोग बुलाकर, अपने लोगों को बुलाकर तालियाँ पिटवा रहे हैं। दरअसल अब कोई सुनता नहीं है भारत को। भारत की आवाज की जो प्रतिष्ठा थी वह खत्म हो गई है। आज आपका मंत्री जाता है नैरोबी में डब्ल्यूटीओ के निगोसिएशंस में और अमेरिका के सामने भारत के किसानों के हितों को बेचकर चला आता है। अमेरिका के सामने घुटने टेककर भारत के किसानों के लाभ को बेचकर आने के बाद मंत्री देश में आने के बाद आपको राष्ट्रवाद का पाठ सिखाता है। शर्म की बात है। मेरे लिए राष्ट्रवाद की यह परीक्षा है कि विश्व मंच पर खड़े होकर आप क्या भारत के हित का विचार करके सिर ऊँचा करके बोल सकते हो? क्या एक अलग आवाज में बोल सकते हो?

चौथी और अन्तिम परीक्षा। सच्चे राष्ट्रवाद की परीक्षा यह है कि क्या आप पूरी दुनिया के सामने एक ऐसा मॉडल रख सकते हो जिसको हर कोई अपनाना चाहे। आपके देश का गर्व, आपके देश की आभा, आपके देश की महानता इस चीज से नहीं बढ़ती कि डंडा मारकर किसको चुप करवा लेते हो। आपके देश की आभा, महानता इस चीज से बढ़ती है कि कितने लोग आपकी तरफ देखते हैं कि काश मैं ऐसा बन जाऊँ। यानी कि, जो आइडिया ऑफ इंडिया है, उस आइडिया ऑफ इंडिया को क्या आप सच्चाई से लागू कर पाते हो। ये जो डेमोक्रेसी, डाइवर्सिटी, डेवलपमेंट इन तीनों के बारे में मैंने बोला, मैंने कहा कि भारत की तीनों चीजों में एक प्रतिष्ठा है। उस प्रतिष्ठा को क्या आप दुनिया के सामने साबित कर पाते हो? इसको कूटनीतिक भाषा में सॉफ्ट पॉवर भी बोलते हैं। अगर आपकी एक एथिकल-मॉरल पॉवर होगी तो पूरी दुनिया आपकी तरफ देखेगी। लोग कहेंगे काश, मैं भारत जैसा हो सकता। क्या वह हम कर पाएँगे? मेरे विचार से पिछले दो महीनों से जो बहस हमने देखी है, जो बहस सुनी है, इस देश में चाहे जितनी भी धीमी बहस हुई हो, चाहे जितनी भी क्रूड बहस हुई हो, चाहे जितनी भी गाली-गलौच हुई हो, उस बहस ने

एक सवाल खोला है। उस बहस ने राष्ट्रवाद को परिभाषित और पुन: परिभाषित करने की एक परम्परा शुरू की है। मुझे विश्वास है कि हम इस पूरी बहस को पिछले दो महीनों की सीमाओं में बाँधकर नहीं रखेंगे। इस बहस को हम कम से कम पिछले सौ साल से इस देश में यह सवाल कैसे डिस्कस किया गया है, वहाँ तक ले जाएँगे। हम इस बहस को, इस देश की मिट्टी से जो राष्ट्रवाद उपजा है, कहीं बाहर नहीं, इस देश की मिट्टी से जो राष्ट्रवाद का विचार उपजा है और जिस तरह से यहाँ बहस हुई है और यहाँ जो बहस की परम्परा रही है, उस परम्परा की रोशनी में हम राष्ट्रवाद के विचार को पुन: परिभाषित करेंगे और ऐसे 'आइडिया ऑफ इंडिया' की स्थापना करेंगे जो पूरी दुनिया में गर्व करने लायक हो।

हिन्दू राष्ट्रवाद बनाम भारतीय राष्ट्रवाद

वीर भारत तलवार

मित्रो, जेएनयू को लेकर पूरे देश में तूफान उठा हुआ है। इस सिलसिले में, मैं बहुत दिनों से चाहता था कि अपने विद्यार्थियों के साथ आकर खड़ा होऊँ। यहाँ आने का मकसद भी आज वही है। 9 फरवरी को बाहर के कुछ लोगों के द्वारा जो हुआ, उसको बहाना बनाकर पूरे जेएनयू को बदनाम करने के लिए जो मुहिम चलाई गई, उसकी मैं कड़ी निन्दा करता हूँ। जेएनयू देशद्रोहियों का गढ़ नहीं है। यह गढ़ जरूर है लेकिन गम्भीरता से पढ़ने-लिखने वालों का गढ़ है। जेएनयू के अध्यापक, उन अध्यापकों में हैं जिन्होंने देश में और अन्तरराष्ट्रीय स्तर पर ज्ञान और विद्या के क्षेत्र में योगदान दिया है। जेएनयू में आज भी रिसर्च का स्टैंडर्ड बेस देश के कई विश्वविद्यालयों के रिसर्च स्टैंडर्ड से आगे और ऊँचा है। जेएनयू नए ढंग की सोच और विचार का विश्वविद्यालय है। जेएनयू सृजनशीलता का गढ़ है। यह देश विरोधियों का गढ़ नहीं है। सुना था कि बिल्ली अपने बच्चों को खा जाती है लेकिन इस बार जिस बिल्ली ने बच्चों को खाया, उसके अपने बच्चे भी नहीं हैं। उसके अपने पैदा किए हुए बच्चे नहीं हैं। देश की सरकार में बैठे लोग देश की इतनी महत्त्वपूर्ण एवं मूल्यवान संस्था को अन्तरराष्ट्रीय स्तर पर बदनाम करें, इससे ज्यादा दुर्भाग्यपूर्ण और कुछ नहीं हो सकता।

एक तरफ दुनिया में भारत का नाम ऊँचा किए जाने की बात की जाती है और दूसरी ओर भारत में जेएनयू जैसी (जिसके कारण दुनिया में देश का नाम है) मूल्यवान संस्थाओं को बदनाम करने की कोशिश की जाती है। मित्रो, जेएनयू के विद्यार्थियों और शिक्षकों ने, बदनामी की इस पूरी मुहिम के सामने खड़े होकर अपना आत्मविश्वास नहीं खोया। हम सबको एक मिनट के लिए कभी भी यह शक नहीं हुआ कि सरकार के ये आरोप सही हो सकते हैं। जेएनयू के शिक्षकों और विद्यार्थियों ने जिस उत्साह के साथ अपनी स्प्रिट, अपनी आत्मा को बनाए रखा और जेएनयू की जानी-मानी लोकतांत्रिक संस्कृति को बनाए ही नहीं रखा बल्कि एक नई उत्तेजना हासिल करके उसको और जोर-शोर से आगे बढ़ाने के

काम में लग गए, इसके लिए मैं जेएनयू के शिक्षकों और विद्यार्थियों को अपना सलाम पेश करता हूँ।

मित्रो, आजादी के लिए भारतीय राष्ट्रवाद की चेतना से लैस होकर एक लम्बे दौर तक स्वाधीनता आन्दोलन चला और राष्ट्रवादी चेतना के तहत लड़कर हमने आजादी हासिल की। उस आजादी को हासिल करने के 68 साल के बाद राष्ट्रवाद और राष्ट्रवादी कौन हैं और कौन नहीं हैं, इस बात को उठाने का मकसद क्या है? ऊपरी तौर पर यह बिलकुल न समझ में आने वाली बात है। राष्ट्रवादी या देशभक्त कौन है और कौन नहीं है, हमारे संविधान में इस तरीके का कोई प्रावधान ही नहीं है। संविधान में इस तरह की कोई बात ही नहीं है। संविधान में संवैधानिक संस्थाओं के अधिकार और कर्तव्यों का विवेचन ही उनकी मर्यादाओं का विवेचन, उनकी सीमाएँ बताई गई हों और नागरिकों के अधिकार और कर्तव्यों का विवेचन हो, लोग अपना काम करें, संविधान के तहत, देश निर्माण के लिए जो भी आवश्यक हो। इस देश में कहाँ राष्ट्रवादी और देशभक्त होने का सवाल उठता है? लेकिन आज देश में सत्ता एक ऐसी पार्टी के हाथ में आई है जो शुरू से ही मानो आजादी के लिए लड़ी गई भारतीय राष्ट्रवाद की लड़ाई के विरोध में थी। आजादी की लड़ाई के दौरान जो बिलकुल हाशिए (किनारे) पर थे, जिनकी उसमें कोई उल्लेखनीय भूमिका नहीं थी, सिवाय समय-समय पर राष्ट्रवादी आन्दोलन को क्षति पहुँचाते रहने के। आजादी के राष्ट्रवादी आन्दोलन में इनकी कोई भूमिका नहीं थी, इसलिए इस पर कभी कोई बहस नहीं हुई। उस समय वे बहस के लायक भी नहीं थे। आज जब वे सत्ता में आए हैं तो अपनी विचारधारा को महत्त्वपूर्ण साबित करने के लिए भारतीय राष्ट्रवाद की सोच के खिलाफ आवाज उठा रहे हैं। राष्ट्रवाद का मुद्दा इसलिए उठाया गया कि पिछला चुनाव जिन जुमलों के बल पर जीता गया, उन जुमलों पर अब चुनाव नहीं लड़ा जा सकता। इसलिए नए जुमलों की जरूरत थी, जहाँ तक राष्ट्रवाद और देशभक्ति का सवाल है, इस सत्ताधारी दल के ये नए जुमले हैं।

मित्रो, अगर आज हिन्दू राष्ट्रवाद की विचारधारा से बहस का एक मौका आया है, इसकी जरूरत आन पड़ी है, तो उस बहस से भागने की कोई जरूरत नहीं है। ये बहस हमें कर लेनी चाहिए। लेकिन कुछ सवाल हैं, पहला, इस बहस के लिए एक माहौल होना चाहिए। एक माहौल में ही बहस की जा सकती है। बहस में विचारों का जवाब विचारों से दिया जाना चाहिए। बहस में विचारों का जवाब इस तरह नहीं दिया जा सकता कि तुमको पाकिस्तान भेज देंगे, तुमको सिडीशन (राजद्रोह) का केस लगाकर अन्दर का देंगे। तुम्हारे विचारों के चलते तुम्हारी हत्या कर देंगे। इस तरह के रवैये के साथ बहस नहीं हो सकती। दूसरा सवाल है कि बहस में विचारों का आधार क्या होगा। आजकल हमारी सरकार और भाजपा

का अम्बेडकर के प्रति बहुत प्रेम उमड़ा हुआ है। अम्बेडकर नाम से जुड़े भवनों का शिलान्यास किया जा रहा है। हर जगह अम्बेडकर की धूम मचाई जा रही है। मूर्तियों को माला पहनाना लेकिन उसके विचारों की हत्या करना, यह एक अजीब तरह का राजनीतिक पाखंड है। भाजपा और सरकार अम्बेडकर की मूर्तियों पर मालाएँ तो चढ़ाती है लेकिन अम्बेडकर के बारे में उनका क्या कहना है। अम्बेडकर के विचारों पर वे चुप्पी साध लेते हैं। इतना ही नहीं उनके विचारों की हत्या की जाती है। अम्बेडकर को लेकर जो पाखंड है, उसकी चर्चा इसलिए कर रहा हूँ, क्योंकि अम्बेडकर की किताबें (जिनमें उनके विचार मिलते हैं) वर्षों से मिलती ही नहीं हैं। अम्बेडकर ने हिन्दुइज्म पर जो लिखा, जाति उन्मूलन पर जो लिखा, बौद्ध धर्म पर जो लिखा ये किताबें बाज़ार में मिलती ही नहीं हैं। वर्षों से उनको नहीं छापा जा रहा है। 22 वॉल्यूम से लेकर 40 वॉल्यूम तक अम्बेडकर की किताबें आजतक नहीं छापी गईं। आपको मालूम होना चाहिए कि महाराष्ट्र सरकार की अनुमति के बिना उन्हें नहीं छापा जा सकता। तो अम्बेडकर की मूर्ति पर माला चढ़ाओ लेकिन उनके विचारों पर चुप्पी साध लो और हो सके तो उनके विचारों की हत्या कर दो। यह पाखंडपूर्ण स्थिति है। अगर भाजपा समझती है कि अम्बेडकर के प्रति उसका यह पाखंड नहीं है तो मैं समझता हूँ कि राष्ट्रवाद पर बहस की शुरुआत (जिसे भाजपा करवाना चाहती है) अम्बेडकर के उस आधार लेख से होनी चाहिए, उस विचार से होनी चाहिए जिसमें वे कहते हैं कि "भारत एक राष्ट्र नहीं है, हम उसे राष्ट्र बनाना चाहते हैं।" यह अम्बेडकर का विचार है और बहुत सही है। दो-चार साल पहले की बात है, आरएसएस से जुड़े एक इतिहासकार ने कहा कि औपनिवेशिक भारत में मार्क्सवादी भारत को राष्ट्र मानते ही नहीं थे। अम्बेडकर तो मार्क्सवादी नहीं थे, लेकिन वे भारत को एक राष्ट्र नहीं मानते थे। 19वीं सदी में हिन्दी के एक बहुत बड़े लेखक हुए हैं, भारतेन्दु हरिश्चन्द्र। राष्ट्रीय चेतना के विकास में उनका बड़ा योगदान माना जाता है। उन्होंने कहा कि भारत में राष्ट्रीयता की भावना नहीं है। भारतेन्दु हरिश्चन्द्र भी मार्क्सवादी नहीं थे। रवीन्द्रनाथ टैगोर ने राष्ट्रवाद के सवाल पर जो अपने विचार रखे हैं, वे सब आप जानते हैं। टैगोर भी मार्क्सवादी नहीं थे। तो, ये लांछन तो बिलकुल झूठा है कि मार्क्सवादी ही ऐसा मानते हैं।

अम्बेडकर किसी बात को बहुत ठोस ढंग से रखते थे। अपने तर्क देते थे। अम्बेडकर ने बताया है कि भारत एक राष्ट्र क्यों नहीं है। इसके राष्ट्र बनने में कौन-सी बाधाएँ हैं। उन बाधाओं को दूर करना बहुत जरूरी है। उनके बिना भारत राष्ट्र नहीं हो सकता। भारत के राष्ट्र होने में सबसे बड़ी बाधा है, जाति-प्रथा। जाति-प्रथा भारत के लोगों में राष्ट्र की अनुभूति नहीं होने देती। राष्ट्रीयता की भावना एक सामाजिक सोच है। एकत्व और एक होने की अनुभूति है। इसका

अपना इतिहास है। इसका अपना डेस्टिनी (भाग्य) है। सच यह है कि जाति-प्रथा के कारण भारतीय समाज अपने को कभी 'एक होना' अनुभव नहीं कर सकता। अम्बेडकर ने तो यहाँ तक लिखा है कि हर जाति अपने में राष्ट्र बनी हुई है। हम स्वयं इस चीज को देख सकते हैं कि पूर्वोत्तर के लोगों को लेकर, कश्मीर के लोगों को लेकर, भारत के आदिवासियों और दलितों को लेकर यहाँ के लोगों में कितनी चेतना है, कितनी एकता की अनुभूति है। पूर्वोत्तर के आदिवासियों के साथ हम कितनी एकता अनुभव करते हैं। पूर्वोत्तर के आदिवासियों को तो लोग भारतीय रूप में पहचान ही नहीं पाते। यह कैसा भारत राष्ट्र है कि हम भारतीयों को भी नहीं पहचान सकते। उन्हें हम विदेशी समझते हैं। जब पूर्वोत्तर या कश्मीर में कोई आन्दोलन होता है, तो उनके दर्द और पीड़ा को लेकर मध्य भारत या उत्तर भारत के कितने लोग उनके साथ खड़े होते हैं। अथवा मध्य भारत में जो आन्दोलन होता है उससे पूर्वोत्तर के आदिवासी कितना जुड़ पाते हैं। अगर ऐसा नहीं है तो भारत एक राष्ट्र कैसे है। निश्चय ही भारत को राष्ट्र बनाने की जरूरत है। जिस देश की संस्कृति मंत्री ईसा के शूली पर चढ़ जाने पर अपने देश के ईसाइयों को बधाई दें तो सचमुच यह दिखाई पड़ता है कि भारत के राष्ट्र बनने में कितनी देर है। देश के संस्कृति मंत्री को जब अपने देश के ईसाइयों की संस्कृति की जानकारी न हो तो भारत-राष्ट्र पर सवाल तो उठता ही है।

अगर भारत को एक राष्ट्र बनाना है तो उसे किस आधार पर बनाएँ? इसके लिए अम्बेडकर ने एक संविधान बनाया है। वास्तव में हमारा निर्मित संविधान सचमुच का एक भारतीय राष्ट्र को बनाने के लिए जरूरी आधार मुहैया कराता है। लोकतंत्र, भारत का संघीय ढाँचा, राष्ट्र-राज्य की धर्मनिरपेक्षता, सभी धर्मों की समानता, नागरिकों के मौलिक अधिकार, राज्यों की स्वायत्तता ये सब हमारे देश को राष्ट्र बनाने के जरूरी आधार हैं। इनका संविधान में प्रावधान किया गया है। लेकिन सत्ताधारी दल और आरएसएस की विचारधारा शुरू से ही इस भारतीय राष्ट्रवाद के विरोध में रही है। आजादी की लड़ाई के दौरान आरएसएस, हिन्दू महासभा इस राष्ट्रवाद का विरोध करते रहे हैं। इसके प्रतिरोध में उन्होंने हिन्दू राष्ट्रवाद की विचारधारा का प्रतिपादन किया। 19वीं सदी में ही राष्ट्रवाद के साथ ही इस हिन्दू राष्ट्रवाद का जन्म हुआ है। 19वीं सदी से पहले हिन्दू राष्ट्रवाद की बात कहीं सुनाई नहीं देती है। दयानन्द सरस्वती का 'सत्यार्थ प्रकाश' पहला ग्रन्थ है जिसमें एक देश, एक धर्म और एक भाषा के आधार पर एक राष्ट्र बानाने की बात दिखाई देती है। दयानन्द सरस्वती 'हिन्दू' शब्द का प्रयोग नहीं करते थे। वे इस शब्द के विरोधी थे। इसकी जगह वे आर्य धर्म और आर्य भाषा का प्रयोग करते थे। अलबत्ता, इससे मूल सिद्धान्तों में कोई फर्क नहीं पड़ा। हिन्दू राष्ट्रवाद की विचारधारा का यही आधार है कि पूरे देश में एक धर्म और एक भाषा हो।

इसी को लेकर सरकार और गोलवलकर ने हिन्दू राष्ट्रवाद की विचारधारा का विकास किया। हिन्दू राष्ट्रवाद की विचारधारा की पहली बात तो यह है कि इसका मूल भारतीय परम्पराओं में कहीं नहीं है। यह नितान्त अभारतीयता से प्रेरित सोच है। एक राष्ट्र, एक धर्म, एक भाषा का हिन्दू राष्ट्रवाद का विचार ईसाइयों और मुसलमानों को ताकतवार मानकर उनके जैसे ताकतवर बनने की भावना से जन्मा है। 19वीं सदी के धर्म–सुधारकों का ख्याल था कि अंग्रेज लोग चूँकि एक भाषा बोलते हैं, एक धर्म मानते हैं, एक राष्ट्र है उनका इसीलिए इंग्लैंड इतना ताकतवर है कि वह भारतीयों को गुलाम बना सका। ऐसी ही बात वे मुसलमानों के बारे में सोचते थे। दोनों में कोई वास्तविकता नहीं है। न तो इंग्लैंड में एक भाषा और एक धर्म है और न ही मुसलमानों की एक भाषा, एक देश और एक धर्म है। दोनों ही अवास्तविकता पर आधारित विचार थे। लेकिन इन्हीं अवास्तविकताओं पर हिन्दू राष्ट्रवाद की विचारधारा खड़ी हुई। ईसाइयों के 'बाइबिल' और मुसलमानों के 'कुरान' की तरह दयानन्द सरस्वती ने वेदों को पवित्र ग्रन्थ बनाने का विचार किया। लेकिन वेद ऐसे ग्रन्थ नहीं हैं। 1877 में जब दिल्ली दरबार हुआ तो दयानन्द सरस्वती ने सभी धर्म सुधारकों की एक सभा बुलाई थी और उसमें उनसे कहा था कि अगर हम वेदों को मान लें तो भारत में एक राष्ट्र बन जाएगा। इस बात को न सिर्फ उनके बहुत अच्छे दोस्त सैयद अहमद ने ठुकराया बल्कि हिन्दू धर्म सुधारकों ने भी ठुकरा दिया।

धर्म के आधार पर राष्ट्रीयता बनाने की बात बिलकुल एक यूरोपीय चीज़ थी। पोप के समय में पूरे यूरोप के देशों में ईसाई राष्ट्रीयता मानकर चला जाता था। लेकिन वह ईसाई राष्ट्रीयता चली नहीं। 16वीं सदी तक आते–आते यूरोप के लगभग सभी देशों ने इस धार्मिक राष्ट्रीयता के विरोध में अपने–अपने राष्ट्रों को खड़ा किया। अपने भूगोल, अपनी संस्कृति और अपने राष्ट्रीय इतिहास के आधार पर यूरोप में एक धर्मपिरपेक्ष राष्ट्रीयता का विकास हुआ। इससे यूरोप ने आधुनिकता के दौर में प्रवेश किया। अगर आज हम हिन्दू धर्म के आधार पर राष्ट्र बनाने की बात सोचते हैं तो यूरोप के उस मध्य युग की तरफ जाने की कोशिश करेंगे, जिसको निकालकर यूरोप आधुनिक बना है।

हिन्दू राष्ट्रवाद का जो विवेचन गोलवलकर के लेखन में मिलता है, (आपमें से जिसने भी उसे पढ़ा होगा) उसमें हमारे उन सारे प्रावधानों का विरोध है जिनके आधार पर एक भारतीय राष्ट्र का निर्माण किया जा सकता है। धर्म के आधार पर राष्ट्रीयता बन ही नहीं सकती। कहीं भी आज तक नहीं बनी। पाकिस्तान को बनाने की कोशिश की गई थी। इसी कोशिश के तहत बांग्लादेश में उर्दू को राजभाषा के रूप में थोपने की कोशिश की गई। इसके विरोध में बांग्लादेश अलग राष्ट्र बन गया। भारत में हिन्दू धर्म के आधार पर हिन्दुओं को भी एक नहीं किया जा सकता।

कुमार सुरेश सिंह ने एक 'पीपुल ऑफ इंडिया' के नाम से 45 वॉल्यूम बनाए हैं। भारत का इतना बड़ा कोई दूसरा सर्वेक्षण नहीं हुआ है। इसमें भारत के धर्मों की सामुदायिक स्थिति के बारे में जो आँकड़े उन्होंने दिए हैं, उनमें से एक कोट करता हूँ। ''उन्होंने देखा कि भारत के 4635 समुदायों में से 35 समुदाय ऐसे हैं जो हिन्दू और इस्लाम दोनों धर्मों को एक साथ मानते हैं। 16 समुदाय हिन्दू और ईसाई दोनों धर्मों को एक साथ मानते हैं। 16 समुदाय ऐसे हैं जिनका हिन्दू, इस्लाम और सिख तीनों धर्मों में एक साथ विश्वास है। 94 समुदाय ऐसे हैं जो ईसाई धर्म और अपना आदिवासी धर्म दोनों का एक साथ पालन करते हैं। साथ ही 28,70,000 भारतीय ऐसे हैं जो किसी धर्म को नहीं मानते हैं। धर्म के आधार पर राष्ट्रीयता बनाने वाले जो लोग हैं उन्हें अपने देश के बारे में कुछ नहीं मालूम और सबसे ज्यादा अज्ञान उनका किसी के प्रति है तो धर्म के। हिन्दू धर्म के बारे में वे कुछ भी नहीं जानते। वे अपने को हिन्दू कहते हैं लेकिन वे 'पॉलिटिकल हिन्दू' हैं, धार्मिक हिन्दू नहीं हैं। वे उस हिन्दू धर्म के नहीं हैं जिसे हमारे सन्तों और भक्तों ने आगे बढ़ाया था। हिन्दू धर्म की ऐसी स्थिति है कि कितने लोगों को एक कर सकती है। कैसे राष्ट्र को एक कर सकती है। भारतेन्दु हरिश्चन्द्र 19वीं सदी में बहुत बड़े लेखक थे। वे बनारस में हिन्दू धर्म के रक्षक नेता भी थे। भारतेन्दु सबसे बड़े नेता थे, वे वैष्णव थे। वैष्णवों में चार सम्प्रदाय हैं—वल्लभाचार्य का वल्लभ सम्प्रदाय, गौणीय सम्प्रदाय, निंबार्क सम्प्रदाय और माध्वाचार्य का सम्प्रदाय। इन चारों सम्प्रदायों में कोई सामाजिक सम्बन्ध नहीं होता था। वे एक-दूसरे के साथ विवाह नहीं करते थे। इनके बीच जातिभेद था। ये एक-दूसरे के इष्टदेव की पूजा भी नहीं करते थे। भारतेन्दु ने एक संस्था बनाई थी 'तदीय समाज'। उसमें 14 प्रतिज्ञाएँ करनी होती थीं। उसमें एक प्रतिज्ञा यह थी कि हम जाति-भेद को नहीं मानेंगे। ये प्रतिज्ञा करने का मतलब था कि वे जाति-भेद मानते थे। उन्होंने एक प्रतिज्ञा और करवायी, प्रतिज्ञा यह थी कि चारों वैष्णव सम्प्रदाय एक-दूसरे के आचार्यों की निन्दा नहीं करेंगे, भले ही वे दूसरे आचार्यों को न मानें। एक-दूसरे के इष्ट देवों की भी निन्दा नहीं करेंगे, भले ही वे उनकी आराधना न करें।

मित्रो, वैष्णव धर्म हिन्दुस्तान के सैकड़ों धर्मों में से एक है। उस वैष्णव धर्म के भीतर चार सम्प्रदाय हैं और उन चार सम्प्रदायों के बीच में कोई एकता नहीं। आप किस दुनिया में हैं कि हिन्दू धर्म सारे भारत को एक कर देगा। वास्तव में, हिन्दू राष्ट्रवाद के आधार पर, न देश पहले एक हुआ था और न आज हो सकता है। भारत में भारतीय राष्ट्रवाद का विकास हुआ है। अगर भारतीय राष्ट्रवाद की बात करेंगे तो उसे सब मानेंगे। कोई उसका विरोध नहीं करेगा। लेकिन हिन्दू राष्ट्रवाद की बात करेंगे तो उसे कोई नहीं मानेगा। ज्यादातर हिन्दू ही उसे नहीं मानेंगे। लेकिन राष्ट्रवाद चाहे भारतीय हो या हिन्दू हो, राष्ट्रवाद के अपने खतरे भी हैं। राष्ट्रवाद के नाम पर

उन्माद फैलाना बहुत आसान है। आज राष्ट्रवाद के नाम पर जो भय और उन्माद का वातावरण पैदा किया गया है, वो राष्ट्रवाद के खतरे को हमें बताता है। राष्ट्रवाद का खतरा भारतीय राष्ट्रवाद के साथ भी है।...बस, भारत माता की जय! भाजपा ने एक पॉलिटिकल रिज्योलूशन पास करके कहा है कि भारत माता की जय बोलनी ही होगी। उसके सांसद खुलेआम कहते हैं कि जो भारत माता की जय नहीं बोलेंगे, उनको भारत में रहने का हक नहीं है। भारत माता की जय नहीं बोलने के लिए मदरसा के तीन छात्रों की पिटाई कर दी गई। देश में घृणा, भय और उन्माद का जो वातावरण बनाया जा रहा है यह उसी का नतीजा है। किसी को भी यह अधिकार नहीं है कि वह दूसरों को बताए कि उन्हें अपनी देशभक्ति किस रूप में प्रकट करनी चाहिए। यह अनिवार्य नहीं है कि हम भारत माता की जय बोलकर अपनी देशभक्ति प्रकट करें। आपको या किसी भी व्यक्ति को यह अधिकार है कि वह किसी भी तरह अपनी देशभक्ति प्रकट करे, उसे यह भी अधिकार है कि वह देशभक्ति न प्रकट करे। देशभक्ति प्रकट करते रहना कोई मजबूरी नहीं है। बहुत से ऐसे लोग हैं जो मन्दिर नहीं जाते, घंटे नहीं बजाते, घंटे-भर बैठकर प्रार्थना नहीं करते, शंख नहीं बजाते लेकिन वे अपनी जिन्दगी में अपना काम ईमानदारी से कर रहे हैं। जो अपना काम मेहनत से कर रहे हैं उन्हें मन्दिर जाने की जरूरत नहीं है।

अगर भारत का नागरिक अपने अधिकारों और कर्तव्यों का पालन कर रहा है तो उसे भारत माता की जय बोलने की जरूरत नहीं है। क्या भारत माता के सच्चे सपूत वही हैं जो भारत माता के नाम पर दूसरों के अन्दर भय पैदा कर रहे हैं, दूसरों की पिटाई कर रहे हैं? ये उनकी देशभक्ति है या गुंडागर्दी है? आज जो उन्माद और भय का वातावरण पैदा हुआ है, उसके आगे सिर उठाकर जेएनयू के छात्र तो खड़े हुए हैं लेकिन देश के राजनीतिक दल हैं, वामपन्थी दलों समेत मैं कहूँगा कि वे थके, हारे और पराजित से लग रहे हैं। इतना बड़ा तूफान देश में खड़ा हो गया। मानवीय अधिकारों और मौलिक अधिकारों पर इतना बड़ा हमला इस देश में किया जा रहा है, तब पूछा जाना चाहिए कि हमारे राजनीतिक दल क्या कर रहे हैं। उसकी तुलना में वे कुछ भी नहीं कर पा रहे हैं। संसद में बैठकर चोंचें लड़ाने के अलावा और कुछ बयान जारी करने के अलावा वे क्या कर पा रहे हैं?

अजीब बात है कि संसद में शिक्षा मंत्री कहती हैं कि जेएनयू में महिषासुर शहादत दिवस मनाया गया। मैं यह नहीं समझ पाता हूँ कि इसमें देश-विरोधी होने की क्या बात है। क्यों हमारे राजनीतिक दल इसका सही जवाब नहीं दे पाते? महिषासुर और दुर्गा की कहानी अन्ततः एक पौराणिक कहानी है। आप जानते हैं कि सारी पौराणिक कहानियाँ ब्राह्मणों की बनाई हुई हैं। अगर ब्राह्मणों को अपनी पौराणिक कहानी बनाने का अधिकार है, उस पौराणिक कहानी का एक अर्थ करने का अधिकार है तो जो गैर-ब्राह्मण या शूद्र हैं, दलित हैं उन्हें भी उन पौराणिक

कहानियों का अपनी तरह से पाठ करने का अधिकार है। उन्हें भी पौराणिक कहानियों की अपनी तरह से व्याख्या करने का अधिकार है। आख़िर पौराणिक कहानियों का पुनर्पाठ करना देशद्रोह है, देशविरोधी काम है तो आप ज्योतिबा फूले को क्या कहेंगे। ज्योतिबा फूले ने 'गुलामगिरी' में यही काम किया है। आप अम्बेडकर को क्या कहेंगे, जिन्होंने 'रिडलस ऑफ हिन्दुइज़्म' में इन चीजों की आलोचना की है। शिक्षामंत्री ने बड़े नाटकीय अन्दाज में बंगाल के वामपन्थी सांसदों को चुनौती दी कि दुर्गा के बारे में जेएनयू के छात्रों ने जो लिखा और कहा, उस पर कलकत्ता की सड़कों पर आकर बहस करें। वामपन्थी सांसदों ने इस चुनौती को कितना स्वीकार किया, मैं नहीं जानता। पहली बात, बहस सड़कों पर नहीं की जाती। बहस बौद्धिक गोष्ठियों में की जाती है, क्लॉसरूम में की जाती है, विश्वविद्यालयों में की जाती है और इस बहस से उनको इतना डर लगता है। दूसरी बात मेरे ख्याल से ऐसा कोई बंगाली सांसद नहीं होना चाहिए जिसने बंगाल के रवीन्द्रनाथ ठाकुर को न पढ़ा हो। वे हमारे देश के गौरव हैं। शायद ही कोई बंगाली होगा जिसके घर में रवीन्द्र नाथ का संचयन न मिले या रचनाएँ न मिलें। 'घरे बाइरे' उपन्यास में रवीन्द्रनाथ ने लिखा है कि दुर्गा एक पॉलिटिकल देवी हैं क्योंकि उसे पूजने वाले ये उम्मीद रखते हैं कि दुर्गा उसके शत्रुओं पर विजय का वरदान देगी।

रवीन्द्रनाथ ठाकुर ने स्वदेशी आन्दोलन में बहुत बढ़-चढ़कर भाग लिया था। उन्होंने स्वदेशी आन्दोलन के गीत गाए थे। उस स्वदेशी आन्दोलन के दौरान ही उन्होंने राष्ट्रवाद के खतरों को भी देखा और उसकी आलोचना की। रवीन्द्रनाथ टैगोर ने महसूस किया कि भय और उन्माद को उत्पन्न करके जो राष्ट्रवाद आगे बढ़ता है, वह अन्ततः राष्ट्र के लिए विपत्ति साबित होता है। देश के नाम पर अत्याचार करना, देश पर ही अत्याचार करना है। उस उपन्यास में एक जमींदार है। उसके यहाँ स्वदेशी आन्दोलनवादी आते हैं और उसको कहते हैं कि तुम्हारे गाँव और इलाके में जो मुसलमान जुलाहे रहते हैं, स्वदेशी की जय करने के लिए, इनके कपड़े जमा करके उनकी होली जलाओ। जमींदार मना कर देता है। वह कहता है कि ये जुलाहे बहुत ग़रीब हैं। इन्हीं कपड़ों को बुनकर वे दो पैसे कमाते हैं। इन कपड़ों को जलाने के लिए मैं नहीं कहूँगा। राष्ट्रवादी आन्दोलनकारी उस जमींदार के विरुद्ध हो जाते हैं। वे उसका पुतला जलाते हैं। रवीन्द्रनाथ ने लिखा है कि देशभक्ति की जो आग इन्होंने जलाई है, उसमें एक जमींदार का पुतला भर जल जाए तो गनीमत है लेकिन देशभक्ति की आग में ये क्या-क्या और जलाएँगे, कहना मुश्किल है।

तो मित्रो, आज देश में ऐसी आग लगी हुई है या जो लगाई जा रही है, जिस संकीर्ण राजनीतिक दृष्टि के कारण लगाई जा रही है, उसे हम सब समझते हैं। राज्यों में चुनाव आने वाले हैं। दुर्भाग्य की बात है कि जिन राजनीतिक दलों को

उसका मुकाबला करना चाहिए, वे भी एक सीमा के भीतर चुप नजर आ रहे हैं। हम यह भी जानते हैं कि उन्हें भी इन चुनावों का मुकाबला करना है। ये कैसी राजनीति हो गई है, जिसमें चुनाव जीतना इतना बड़ा काम हो गया है कि उसके लिए हम सत्य की रक्षा को भी छोड़ सकते हैं। यह कैसी राजनीति है जिसमें सबकुछ जल जाने के लिए तैयार हो रहा है, लेकिन हम उसके खिलाफ लड़ने के लिए तैयार नहीं हो रहे हैं। इन स्थितियों में सिविल समाज की जिम्मेदारी और बढ़ जाती है। जेएनयू के छात्र और शिक्षक सिविल समाज में आज सबसे अगली कतार में खड़े हैं। मैं समझता हूँ कि जेएनयू के छात्रों के बीच से ही ऐसा नेतृत्व निकलेगा जो राजनीति को इतने संकीर्ण अर्थों में नहीं लेगा। राजनीति का पहला मतलब देश की जनता को शिक्षित करना है, जागरूक बनाना है, उन मूल्यों-सिद्धान्तों और आदर्शों के प्रति जिनके ऊपर हम एक लोकतांत्रिक भारत का निर्माण कर सकें ताकि आगे से फिर कोई जेएनयू को बदनाम न कर सके।

विश्व-दृष्टि, विश्वविद्यालय और राष्ट्र

सतीश देशपांडे

आज मैं जिस विषय पर बोलना चाहता हूँ वह है—विश्वदृष्टि, विश्वविद्यालय और राष्ट्र। आप जानते ही हैं कि इन सभी शब्दों को लेकर लम्बी बहसें हुई हैं। फिलहाल इन बहसों को किनारे करते हुए मैं अपनी बात को सीधे और स्पष्ट शब्दों में कहने की कोशिश करूँगा।

आधुनिक समाज में विश्वविद्यालय इसलिए ज़रूरी हैं क्योंकि हम सबके लिए केवल व्यक्तिगत दृष्टि नहीं बल्कि एक विश्वदृष्टि—वर्ल्ड-व्यू—की ज़रूरत होती है। यह विश्वदृष्टि कोई कुदरती चीज़ नहीं है, और न ही यह कोई जादुई चश्मा या करिश्माई नज़रिया है जिससे अचानक सारे ब्रह्मांड की हर चीज़ नज़र आने लगे। विश्वदृष्टि आँखों की दृश्य-शक्ति या कानों की श्रव्य-शक्ति जैसे ईश्वरीय वरदानों में नहीं है, बल्कि यह तालीम और रियाज़ से हासिल किया गया हुनर है। विश्वदृष्टि का मतलब है एक ऐसी व्यापक दृष्टि जो एकल व्यक्ति को इस काबिल बनाए कि वह अपने व्यक्तिगत अनुभवों को, अपनी निजी अवस्था या परिस्थिति को, अपने इर्द-गिर्द घटित हो रहे व्यापक सामाजिक मुद्दों से जोड़कर देख सके। सुप्रसिद्ध अमेरिकी समाजशास्त्री सीसिल राइट मिल्स कहा करते थे कि समाजविज्ञान का ऐतिहासिक महत्त्व यही है कि वह हमें अपनी निजी परेशानियों (पर्सनल ट्रबल्स) को व्यापक सामाजिक मुद्दों (पब्लिक इशूज़) से जोड़कर देख सकने की दृष्टि देता है। तो विश्वविद्यालय का सबसे मौलिक काम यही है कि वह हमें ऐसी विश्वदृष्टि तक पहुँचाए। लेकिन याद रहे कि हमें एक बनी-बनाई विश्वदृष्टि थमाने का काम नहीं है विश्वविद्यालय का। विश्वविद्यालय का असली काम ये है कि वह हर छात्र में विवेक जगाए जो अनेक विश्वदृष्टियों को परख सके, उनका आकलन कर सके। इसी विवेक के सहारे हम अपनी पसन्द की विश्वदृष्टि अपनाने योग्य बनते हैं, और अपने निर्णय को तार्किक व सोचा-समझा आधार दे सकते हैं।

अगर विश्वविद्यालय का सबसे महत्त्वपूर्ष काम यही है तो विश्वविद्यालय अपने आप में क्या है? इस सवाल का जवाब यहीं हाज़िर है अपने इस अद्‌भुत जमावड़े में। यहाँ मौजूद हर व्यक्ति का अपना अलग व्यक्तित्व है, अपनी ख़ास शख़्सियत है। लेकिन हम सब जब यहाँ इकट्‌ठे होते हैं तो सामूहिक तौर पर हम एक अजीब, अद्‌भुत सी चीज़ में अवतरित हो जाते हैं। यही सामूहिक हस्ती विश्वविद्यालय है, और हमारे पास जो है वो यही है। जैसा कि हम देख रहे हैं, उनके पास बहुत कुछ है। उनके पास इन इमारतों और भव्य भवनों पर जो ताले लगे हैं, उनकी चाबियाँ हैं। सारे अधिकारी उनके हैं, वाइस चांसलर, रजिस्ट्रार, तमाम अधिकारी उनके हैं। राजसत्ता उनकी है, पुलिस उनकी है, उनके तो टीवी चैनल भी हैं। इसके अलावा उनके पास भक्तों की सेना है। लेकिन हमारे पास विश्वविद्यालय है।

सच कहें तो विश्वविद्यालय हमारे पास नहीं है, हम खुद विश्वविद्यालय हैं। ईंट-पत्थर की इमारतों से विश्वविद्यालय नहीं बनता। विश्वविद्यालय बनता है हम जैसे लोगों से जो सवाल पूछते हैं और ईमानदारी से उनका जवाब ढूँढ़ते हैं। एक ईमानदार विश्वदृष्टि की पहली शर्त होती है आत्मनिरीक्षण, क्योंकि विश्वदृष्टि केवल बाहर की ओर देखने वाली चीज़ नहीं है, इसके लिए खुद को भी देखना पड़ता है। किसी भी तरह की दृष्टि के लिए एक दृष्टिबिन्दु चाहिए। दृष्टिबिन्दु का मतलब स्टेंडपॉइंट, यानी आप जहाँ खड़े हैं, आपका जो भी अवस्थान (लोकेशन) है वही आपकी दृष्टि का कोण तय करता है। और उस अवस्थान से आपको वही दिखाई देगा जो उस कोण से दिख सकता है। और ज़रूरी नहीं कि बाकी लोग भी वहीं खड़े हों जहाँ आप खड़े हैं—दृष्टिबिन्दु एक नहीं अनेक होते हैं। इसलिए विश्वदृष्टि का मतलब केवल देखना नहीं है बल्कि इस दृश्यता के सन्दर्भ को समझना भी है। तो हमें अपने आप पर, अपने विश्वविद्यालय पर समीक्षात्मक नज़र डालनी होगी। यह सच है कि छात्रों और शिक्षकों का सामूहिक स्वरूप ही विश्वविद्यालय की अन्तरआत्मा है, लेकिन विश्वविद्यालय केवल आत्मा से नहीं बनता, उसका एक सांस्थानिक शरीर भी होता है। हमें यह पता करना है कि विश्वविद्यालयों के साथ आजकल जो हो रहा है इसके पीछे कौन-से सामाजिक कारण हैं? विश्वविद्यालय की सामाजिक भूमिका क्या रही है? ये भूमिका कैसे बदल रही है? और इन बदलावों के कारण विश्वविद्यालयों पर तरह-तरह के प्रहार क्यों हो रहे हैं? अलग-अलग दिशाओं से, अलग-अलग तत्त्वों द्वारा, अलग-अलग कारण बताकर विश्वविद्यालय पर प्रहार हो रहे हैं। इन हमलों की पृष्ठभूमि को समझने के लिए ज़रूरी है कि हम विश्वविद्यालय की बदलती सामाजिक भूमिका को जानें।

चूँकि विश्वदृष्टि के निर्माण में आत्मीय और निजी को व्यापक और सामाजिक से जोड़ना पड़ता है, मैं अपनी बात को एक निजी अनुभव से शुरू करूँगा जो लगभग

चालीस साल पुराना है। 1977 में मैं पहली बार किसी राजनीतिक विरोध प्रदर्शन या धरने में गया। संयोग से वह एक ऐसे व्यक्ति के लिए था जो देशद्रोह के अभियोग में जेल में बन्द था। जॉर्ज फर्नांडिस उन दिनों जाने-माने समाजवादी मज़दूर नेता थे, रेलवे कर्मचारियों, मुम्बई के बन्दरगाह मज़दूरों और कई अन्य यूनियनों के मुखिया थे। उन्हें बरोडा डाईनामाइट नामक केस में देशद्रोह के अभियोग में कैद किया गया था। जनवरी 1977 में इमर्जेंसी के प्रावधानों को वापस लिया गया और तकरीबन 18 महीने बाद पहली बार आम प्रदर्शन की अनुमति मिली थी। तो जिस प्रदर्शन में हम गए थे वह दिल्ली में इमर्जेंसी के बाद का लगभग पहला प्रदर्शन था। इमर्जेंसी का खौफ उस समय भी हावी था और उस छोटे से धरने में मुश्किल से कोई चालीस-पचास लोग थे, और हमारे इर्द-गिर्द करीब दो सौ पुलिस के सिपाही। हमारे जुलूस को तिलक मार्ग पर तकरीबन 500 मीटर तक चलने दिया गया सुप्रीम कोर्ट की तरफ, और फिर हम सबको पुलिस बस में भर दिया गया। थोड़े दिनों बाद जब चुनाव की घोषणा हुई तो हमने—मैं और मुझ जैसे 20-30 कॉलेज छात्रों ने—घर-घर जाकर चुनाव प्रचार भी किया। जिस नेता कि लिए हमने प्रचार किया वो थे अटल बिहारी वाजपेयी, जो कि नई दिल्ली निर्वाचन क्षेत्र के उम्मीदवार थे। उन दिनों मेरी राजनैतिक समझ बन ही रही थी, लेकिन उस समय भी हम अटल जी और आरएसएस की विचारधारा का पुरजोर विरोध करते थे। किन्तु आपात काल ने सबको सबक सिखाया था कि लोकतंत्र की रक्षा पहला काम है—बाकी विचाराधारात्मक सवाल उसके बाद ही आते हैं। तो हमने आरएसएस और समाजवादी कार्यकर्ताओं के संग अटल जी के लिए चुनाव प्रचार किया।

मैं आपको यह किस्सा दो कारणों से सुना रहा हूँ। पहला कारण एक प्रकार का संयोग है—लगभग चालीस साल पहले का वह धरना भी एक कथित देशद्रोही के समर्थन में था, और आज के सन्दर्भ में भी देशद्रोह का अभियोग आप पर और आपके पूरे विश्वविद्यालय पर मँडरा रहा है। तो एक मायने में मेरा शीर्षक 'देशद्रोह से देशद्रोह तक' हो सकता था। उस समय के देशद्रोह और इसके वर्तमान अवतार में तुलना-भेद करते हुए और बहुत कुछ कहा जा सकता है, लेकिन मैं बढ़ना चाहता हूँ ज़्यादा महत्त्वपूर्ण दूसरे कारण की ओर जिसकी वजह से मैंने इस निजी इतिहास का जिक्र किया।

इमर्जेंसी के दौर की इन घटनाओं की मार्फत हम विश्वविद्यालय की सामाजिक भूमिका के केन्द्रीय विरोधाभास से आमने-सामने होते हैं। विश्वविद्यालय का प्रमुख उद्‌देश्य—हम इसे उसका प्रकार्य या फंक्शन भी कह सकते हैं—होता है वर्चस्व का समर्थन और वर्चस्ववादी तबकों के हितों की रक्षा। यह न केवल अतीत का सच है बल्कि आधुनिक युग का सत्य भी यही है। लेकिन इसके बावजूद आधुनिक युग के विश्वविद्यालय की स्वाभाविक संरचना ऐसी है कि इसके सांस्थानिक ढाँचे में

सत्ता-विरोधी या यथास्थिति-विरोधी सोच के लिए जगह बनी रहती है। यानी सत्तासमर्थन और सत्ताविरोध दोनों ही प्रवृत्तियों को विश्वविद्यालय सक्रिय प्रोत्साहन प्रदान करता है, भले ही इनका अनुपात समान नहीं होता। जिस कॉलेज और विश्वविद्यालय में मैं और मेरे साथी पढ़ते थे वे भी जेएनयू की तरह नामी संस्थान थे जहाँ के छात्र अच्छी सरकारी नौकरियों या बड़ी बहुराष्ट्रीय कम्पनियों में जाते थे। इमर्जेंसी का डर हममें भी कोई कम नहीं था, और यह सब जनवरी-फरवरी में हो रहा था जब कि हमारे इम्तहान मार्च के महीने में होने को थे। हमारे प्रोफेसरान हमें बार-बार टोकते थे, समझाते थे—बन्द हो जाओगे, करियर बरबाद हो जाएगा, इस तरह के एक्टिविज़्म से दूर रहो...। लेकिन हम जैसे मामूली मध्यम वर्गीय छात्रों में अगर इस खौफ के खिलाफ खड़े होने का धैर्य पनपा तो केवल विश्वविद्यालय और उसके माहौल के कारण। हममें से लगभग सभी देर-सवेर अच्छी नौकरियाँ पाना चाहते थे, अपने परिवार के काम आना चाहते थे, और बाद में हमने कमोबेश यही किया भी। लेकिन वही विश्वविद्यालय जो हमारे मध्यवर्गीय स्वार्थों को साधने का ज़रिया था, उसी विश्वविद्यालय ने हमें अपने स्वार्थ से ऊपर उठने की प्रेरणा भी दी, हमें अपनों से अलग लोगों और उनके प्रश्नों की ओर ध्यान देने की सीख दी। आज आपके साथ भी कुछ ऐसा ही हो रहा होगा। आपसे भी यही कहा जाता होगा कि बेकार के धरने-जुलूस में मत फँसो, खूब पढ़ाई करो और अपना करियर बनाओ। और आगे चलकर आप भी बड़ी नौकरियाँ करोगे और अच्छे करियर बनाओगे—और मैं भी चाहता हूँ कि आपकी हर मनोकामना पूरी हो। लेकिन इस सब के बावजूद आज आप यहाँ खड़े हैं और इस लड़ाई को लड़ रहे हैं—यही विश्वविद्यालय का विरोधाभासी सच है, और इसी सच को जीवित रखने के लिए है हम सब इस लड़ाई में हैं।

विश्वविद्यालय की सामाजिक भूमिका को दूसरे पहलू से देखें तो यह एक ख़ास किस्म की पूँजी का स्रोत है जिसे हम योग्यता पूँजी या प्रमाणक पूँजी कह सकते हैं। विश्वविद्यालयों और उच्च शैक्षणिक संस्थानों में छात्र उस प्रकार की योग्यता—और इस योग्यता के प्रमाणक, यानी डिग्री-सर्टिफिकेट इत्यादि—हासिल कर सकते हैं जिसकी समाज और खासकर बाज़ार में माँग है। यही योग्यताएँ समकालीन मध्यवर्गीय जीवनशैली का आधार हैं क्योंकि यह न केवल आर्थिक हैसियत सुधारने के साधन हैं बल्कि सामाजिक हैसियत के द्योतक भी हैं। प्रमाणक पूँजी (क्रेडेन्शियल केपिटल) का स्रोत होने के कारण आजकल विश्वविद्यालय और उच्च शिक्षा का क्षेत्र संघर्ष और घर्षण से घिरा है। यह इसलिए कि हमारे इस 'नियोलिबरल युग' में—कलियुग के बाद आने वाला युग नियोलिबरल युग ही तो है!—सामाजिक गतिशीलता का एकमात्र ठोस साधन उच्चशिक्षा से मिलने वाली प्रमाणक पूँजी है।

व्यापक ग़रीबी और भयंकर विषमता से ग्रस्त हमारे समाज में आज हम न ज़मीन बाँटने की स्थिति में हैं न सम्पत्ति को। ऐसी हालत में ग़ैरबराबरी को कम कर पाने के लिए एक ही व्याहारिक उपाय बचता है और वह है उच्चशिक्षा बाँटना। ग़ैरबराबरी को कम करना इसलिए ज़रूरी है कि ऐसा किए बिना हम अपने लोकतंत्र की हिफाज़त नहीं कर सकते। इतिहास हमें सिखाता है कि भीषण विषमता और स्वस्थ लोकतंत्र का सहअस्तित्व ज़्यादा देर तक नहीं टिक सकता। दोनों एक साथ बढ़ नहीं सकते, लेकिन दोनों का स्वभाव ऐसा है कि एक बार जम गए तो स्थिर नहीं रहेंगे, बढ़ते-फैलते चले जाएँगे। जैसा सभी जानते हैं, पिछले तीन-चार दशकों में आर्थिक विषमता सारे विश्व में बेतहाशा बढ़ी है, और यही हाल हमारे जनतंत्र का है—यह लगातार गहराती जा रही है, नाना प्रकार के वंचितों को अपना हक माँगने को प्रेरित कर रही है। इसलिए अब हमारे सामने कोई विकल्प नहीं रहा—इन दोनों में हमें एक को चुनना होगा और दूसरे पर लगाम लगानी होगी। अगर विषमता को फलने-फूलने देना है तो लोकतंत्र की आहुति देनी होगी, या कम-से-कम उसे संकुचित करना होगा। और अगर लोकतंत्र का पक्ष लेना है तो ग़ैरबराबरी को खत्म करना होगा या कम-से-कम उस पर रोक तो लगानी ही होगी। आज ग़ैरबराबरी को कम करने के लिए हमारे पास कमोबेश एक ही उपाय रह गया है—उच्चशिक्षा। यही कारण है कि उच्चशिक्षा आज सामाजिक युद्धभूमि बन गई है।

उच्च शैक्षणिक क्षेत्र में हैरान करने वाली तेजी से आए बदलावों को इसी पृष्ठभूमि के मद्देनज़र आँकना है। पिछले तकरीबन दो दशकों में भारतीय उच्चशिक्षा जिस रफ्तार से बढ़ी है वह शायद दुनिया के इतिहास में बेमिसाल है। 1991 से लेकर 2013 तक, यानी नियोलिबरल युग में, सरकारी आँकड़ों के अनुसार उच्च शैक्षणिक संस्थानों में कुल नामांकन साढ़े-छह गुना बढ़े हैं। आज हिन्दुस्तान में आप जैसे लगभग सवा तीन करोड़ (323 लाख) नौजवान कॉलेजों और विश्वविद्यालयों में दाखिल हैं, और यह संख्या ऑस्ट्रेलिया की जनसंख्या से ज़्यादा है। केवल वृद्धि ही नहीं उच्चशिक्षा का चरित्र भी पूरी तरह बदल गया है। सभी जानते हैं कि तेजी से निजीकरण हो रहा है, और आज उच्चशिक्षा में लगभग 75 प्रतिशत संस्थाएँ निजी हैं। कुल दाखिल छात्रों में से करीब 65 प्रतिशत इन निजी संस्थानों में पढ़ते हैं। इस बेतहाशा बढ़त के बावजूद सकल नामांकन दर (ग्रॉस इनरोलमेंट रेशियो) केवल 24 प्रतिशत है। यह आँकड़ा बताता है कि उच्चशिक्षा योग्य जनसंख्या (यानी 18 से 23 वर्ष तक का आयुवर्ग) का कितना प्रतिशत उच्च शैक्षणिक संस्थानों में दाखिल है। इसका मतलब यह हुआ कि आपके आयुवर्ग का केवल एक-चौथाई भाग उच्चशिक्षा में प्रवेश पाता है। आप में से हर एक व्यक्ति जो यहाँ बैठा है, उसके मुकाबले आप जैसे ही आपके तीन हमउम्र साथी उच्चशिक्षा से बाहर हैं।

अगर ग़ैरबराबरी को कम करने की बात है तो हमें केवल उच्चशिक्षा की वृद्धि पर नहीं बल्कि उसकी सामाजिक संरचना पर भी ध्यान देना होगा। आज़ादी के पहले तीन-चार दशकों में उच्चशिक्षा पर कथित उच्च जातियों का लगभग एकाधिकार था। ऐसा होना स्वाभाविक था क्योंकि उन दिनों उच्चशिक्षा तक पहुँच पाने के आर्थिक व सामाजिक संसाधन केवल इन जातियों के पास थे। लेकिन पिछले 20 वर्षों में, यानी मंडल आयोग द्वारा सुझाए गए अन्य पिछड़ा वर्ग आरक्षण नीति के लागू होने के बाद, काफी कुछ बदला है। आज देशभर के कॉलेजों और विश्वविद्यालयों में दाखिल हो रहे छात्रों का एक बड़ा हिस्सा अपने परिवार के उच्चशिक्षा में प्रवेश करने वाले पहले सदस्य हैं। लेकिन इतना सब हो जाने के बाद भी सामाजिक असमानता को कम करने में उच्चशिक्षा का अब तक का योगदान नाकाफी रहा है। इसका एक बहुत बड़ा कारण है उच्चशैक्षणिक क्षेत्र की अपनी असमानताएँ। यह जानकारी आम है कि हाल में बने शैक्षणिक संस्थानों में अधिकांश निम्न गुणवत्ता के हैं जहाँ की पढ़ाई का स्तर नामी या अभिजात संस्थानों से बहुत बदतर है। वंचित तबकों से जो छात्र उच्चशिक्षा में आए हैं वे ज़्यादातर ऐसे ही गुमनाम संस्थानों में हैं। अभिजात संस्थानों पर अब भी कमोबेश सवर्ण जातियों और सम्पन्न वर्गों का कब्जा है। आज की सबसे बड़ी लड़ाई इन संस्थानों में वंचितों के प्रवेश की लड़ाई है। इस सवाल को लेकर उच्चशिक्षा में अत्यधिक तनाव और घर्षण पैदा हो रहा है क्योंकि अब तक अभिजात संस्थानों पर अभिजात वर्ग का ही कब्जा रहा है, और ये वर्ग इस वर्चस्व को अपना जन्म-सिद्ध अधिकार मानते रहे हैं। ऐसे में सामाजिक समता की ओर बढ़ने के लिए अभिजात संस्थानों की सामाजिक संरचना को बदलने का काम अनिवार्य भी है और कठिन भी।

समकालीन भारतीय उच्चशिक्षा की इस केन्द्रीय चुनौती की पेचीदगी को मैंने बहुत करीब से देखा हैदराबाद विश्वविद्यालय में, जहाँ मैंने 1991 से 1996 तक पढ़ाया। 1991 भारत के इतिहास में एक महत्त्वपूर्ण मोड़ साबित हुआ क्योंकि इसी साल बाबरी मस्जिद को ढहाया गया, मंडल आयोग की सिफारिशों को मंजूरी दी गई, और बाज़ार-केन्द्रित नवउदारवादी आर्थिक नीतियों को लागू किया गया। इन तीनों के मिले-जुले असर से देशभर में जो राजनैतिक-सामाजिक तूफान उमड़ा उसका असर हैदराबाद शहर और हमारे विश्वविद्यालय—हैदराबाद केन्द्रीय विश्वविद्यालय—पर भी पड़ा। विश्वविद्यालय परिसर में सबसे ज्यादा प्रभाव दिखाया मंडल विरोधी आन्दोलन ने। इस आन्दोलन के विरोध में जो प्रतिवादी-आन्दोलन उभरा उसी से निकला एक नया छात्र संगठन—अम्बेडकर स्टूडेंट्स एसोसिएशन, जिसका नाम आपने सुना होगा। मेरी जानकारी में यह देश का शायद सबसे पहला छात्र संगठन था जिसने जाति के सवाल को प्राथमिकता दी और सामाजिक समता की व्यापक लड़ाई को विश्वविद्यालय परिसर के अन्दर लड़ने का साहस

दिखाया। अभिजात संस्थानों में जातिगत भेदभाव और उपेक्षा के खिलाफ लड़ना कितना कठिन है यह मैंने अम्बेडकर स्टूडेंट्स एसोसिएशन के शुरुआती दिनों में देखा। सबसे बड़ी दिक्कत यह होती है कि अभिजात संस्थान के छात्र और शिक्षक, दोनों यह मानने को तैयार नहीं होते कि उनके अपने विश्वविद्यालय या विभाग में ऐसी कोई समस्या है। अभिजात संस्थानों के छात्र व शिक्षक योग्यता तंत्र की सतही विचारधारा में पूरी तरह गिरफ्त होते हैं। उन्हें योग्यता को विकसित करने में आर्थिक-सामाजिक संसाधनों का योगदान दिखता ही नहीं और वे यह मान कर चलते हैं कि योग्यता मात्र कुदरती प्रतिभा और व्यक्तिगत मेहनत से बनती है। ऐसे में जातिगत भेदभाव को मुद्दा बनाना आसान नहीं होता। अम्बेडकर स्टूडेंट्स एसोसिएशन के सदस्यों और उनके समर्थक छात्रों ने जब इस मुद्दे को उठाया तो उन्हें बहुत साल तक संघर्ष करना पड़ा। रोज हॉस्टल में किसी न किसी के साथ कहा-सुनी, रोज अपने अध्यापकों के अपमानजनक बर्ताव को सहना। दूसरे छात्रों से गरमा-गरमी, तनाव, कभी झड़पें। और जो सबसे ज़्यादा दुख देने वाले मुद्दे थे वे आन्तरिक मतभेदों को लेकर उठे। वंचित वर्गों की अपनी आन्तरिक विषमताएँ, जेंडर को लेकर बहुत सारे अन्दरूनी संघर्ष... वे दिन आसान नहीं थे, बहुत संघर्ष के दिन थे, कष्ट के दिन थे। लेकिन प्रतिबद्ध छात्रों का छोटा सा समूह इस मोर्चे पर कई सालों तक डटा रहा और खुद को जिन्दा रखने के साथ-साथ जातिगत समता के प्रश्न को भी जीवित रखा। यही कारण है कि आज अम्बेडकर स्टूडेंट्स एसोसिएशन देश के अग्रगामी छात्र संगठनों में गिना जाता है क्योंकि उसका मौलिक काम था। खुद बाबा साहेब अम्बेडकर दलित छात्रों को राजनीति में नहीं उतारना चाहते थे। वे चाहते थे कि दलित छात्र पढ़ाई करें, अच्छी नौकरी पाकर समाज में पैर जमा लें, और उसके बाद अपने और व्यापक समाज के लिए काम करें। यही रवैया अम्बेडकरवादी पार्टियों का भी रहा है, जैसे बहुजन समाज पार्टी। ऐसे माहौल में अम्बेडकर स्टूडेंट्स एसोसिएशन ने देखा कि हालात बदल गए हैं, और लकीर के फकीर बन कर बाबा साहेब का अन्धाधुन्ध अनुसरण करना ठीक नहीं होगा। इसीलिए उन्होंने विश्वविद्यालय के धरातल पर जाति की लड़ाई को लड़ना शुरू किया और तमाम दिक्कतों से गुजरते-गुजरते आज रोहित वेमुला जैसे सितारे को तैयार किया। रोहित अब नहीं रहा, इसका ग़म हम सबको है। आपके साथियों ने बार-बार कहा है कि जेएनयू में जो घटित हो रहा है उसका सीधा सम्बन्ध अम्बेडकर स्टूडेंट्स एसोसिएशन से है, और हैदराबाद विश्वविद्यालय में जो घटित हुआ और जो घटित नहीं हो पाया, उसका भी जेएनयू से सीधा सम्बन्ध है।

मूल बात यह है कि विश्वविद्यालय को बराबरी की ज़मीन बनाना ये अकस्मात या अनायास नहीं हुआ। इसके लिए बहुत लम्बी लड़ाई लड़नी पड़ी, बहुत मेहनत

करनी पड़ी। लेकिन इस लम्बी लड़ाई का असर अब दिख रहा है, खासकर हैदराबाद विश्वविद्यालय और जेएनयू और ऐसे कुछ और विश्वविद्यालयों में। हालाँकि मंजिल अभी दूर है और लम्बा सफर बाकी है, फिर भी आज हम दावे के साथ कह सकते हैं कि हमारे समाज में अगर कोई संस्थान व्यापक रूप से समावेशी है, और जहाँ कमोबेश सामाजिक समता है, तो वह विश्वविद्यालय ही है। मेरी बात पर विश्वास न हो तो आप खुद सोचिए, गिनाइए मुझे कोई ऐसा संस्थान जहाँ सभी सामाजिक तबकों व समुदायों के लोग भी हों और उनमें आपस में बराबरी भी हो। भारत के संसद को ही देख लीजिए, संसद में महिलाएँ नहीं के बराबर हैं। कामकाजी दुनिया को देख लीजिए, यहाँ सब तरह के लोग तो हैं लेकिन श्रेणीबद्ध ढाँचे में कैद हैं जहाँ बराबरी का नामोनिशान नहीं है। जहाँ बराबरी है वहाँ समावेशिता नहीं, समावेशिता है तो बराबरी नहीं—इस नियम का एकमात्र अपवाद विश्वविद्यालय ही हैं।

आज हमारे विश्वविद्यालय एक नए तरह के सामाजिक अनुभव की सम्भावना को साकार कर रहे हैं जो और किसी भी संस्थान में उपलब्ध नहीं है, धार्मिक संस्थानों में भी नहीं। यह नया अनुभव है, सामाजिक समता। सामाजिक समता की अप्रत्याशित जन्मभूमि हमारे विश्वविद्यालय ही हैं। आपका अपने विश्वविद्यालय में जो भी अनुभव रहा है, इसे केवल व्यक्तिगत या निजी चीज़ मत समझिए। आपका अनुभव हमारे समाज के लिए बहुत बड़ी चीज़ है, बहुत बड़ी उपलब्धि है, जिसे हासिल करने में तीन पीढ़ियाँ और छह दशक लग गए।

जिस अभूतपूर्व समता और समावेशिता की सम्भावना को हमारे विश्वविद्यालय साकार कर रहे हैं वह सबको नहीं भाता। चूँकि समता और समावेशिता के दुशमन विश्वविद्यालय के अन्दर भी हैं और बाहर भी, हमारे विश्वविद्यालयों में, और खासकर अभिजात विश्वविद्यालयों में, अन्दरूनी घर्षण के साथ-साथ बाहरी हमले भी होने लग गए हैं। विश्वविद्यालयों पर बाहर से किए जा रहे प्रहार मूलतः तीन प्रकार के हैं। पहले तरह का हमला सीधे राजनीतिक दलों द्वारा किया जा रहा है, जैसे अखिल भारतीय विद्यार्थी परिषद और उनके साथ की संस्थाओं द्वारा उदयपुर, ग्वालियर, लखनऊ और कई विश्वविद्यालयों में किए गए हमले। इन हमलों को जायज ठहराने के लिए आम तौर पर यही बहाना बनाया जाता रहा है कि भारतीय संस्कृति या हिन्दू धर्म का किसी तरह का अपमान हुआ है, और ऐसे आरोप के दम पर किसी व्यक्ति, संगठन या संस्था पर धावा बोला जाता है। दूसरी तरह के हमले इन्हीं दलों व संस्थाओं से प्रेरित हैं, लेकिन यहाँ उनकी भूमिका प्रत्यक्ष नहीं परोक्ष होती है, और इस प्रकार के हमले में राजसत्ता का सीधे इस्तेमाल किया जाता है पुलिस के ज़रिए। इसके उदाहरण हैं हैदराबाद विश्वविद्यालय और आपका विश्वविद्यालय, जहाँ किन्हीं राजनैतिक दलों की शह पर पुलिस कार्रवाई कर रही

है। तीसरे तरह के हमले पहले दोनों से बिलकुल अलग हैं और हमें पूरी संजीदगी से इनके बारे में सोचना होगा क्योंकि ये हमले आम जनता की तरफ से आ रहे हैं। आप सब जानते हैं कि जेएनयू और मुनीरका के बीच एक सँकरी सड़क है। लेकिन आज हमें इस हक़ीकत का सामना करना पड़ रहा है कि वह सँकरी-सी सड़क अचानक एक बड़ी खाई बन गई है।

आम जनता से आ रहे हमलों को हम दो भागों में बाँट सकते हैं—एक जो सम्पन्न मध्यवर्ग से आ रहे हैं, और दूसरा जो निम्नमध्यवर्ग या श्रमिक वर्ग की तरफ से आ रहे हैं। सम्पन्न वर्ग के विश्वविद्यालय-विरोध में कुछ नासमझी है और कुछ द्वेष भाव है। नासमझी इसलिए कि इस वर्ग की सामाजिक-राजनैतिक सोच रूढ़िवादी रही है और यह वर्ग बुद्धिजीवियों को शक़ की नज़र से देखता रहा है। इसके अलावा, आजकल यह वर्ग अभिजात शैक्षणिक संस्थानों से चिढ़ने लगा है क्योंकि इन संस्थानों में अब साधन-सम्पन्न छात्रों को भी आसानी से दाखिला नहीं मिल पाता, चाहे वह हैदराबाद विश्वविद्यालय हो या जेएनयू। जब आपके बच्चों को दाखिला नहीं मिल पाता, और इस दाखिले को आप अब तक अपना जन्मसिद्ध अधिकार मानते थे, तो थोड़ी तकलीफ तो होगी ही!

लेकिन साधारण लोगों का जेएनयू जैसे विश्वविद्यालयों के प्रति जो गुस्सा और आक्रोश देखने को मिला है, वह हमारे लिए बेहद चिन्ता का विषय है। आपने भी अखबारों में पढ़ा होगा उन घटनाओं के बारे में जहाँ ऑटोरिक्शा वाले या राह चलते साधारण लोग जेएनयू का नाम सुनते ही गुस्से से बरस पड़े हैं। ऐसा क्यों हो रहा है? मेरे ख्याल से इस प्रकार के आक्रोश के दो कारण हैं जिनका सामना हमें करना ही होगा। दोनों ही कारणों का मीडिया और फेसबुक आदि माध्यमों में जान-बूझकर व्यापक प्रचार किया जा रहा है। इसमें एक धारणा यह है कि जेएनयू जैसे विश्वविद्यालयों में छात्र और शिक्षक सरकारी पैसों से ऐश करते हैं और इन संस्थानों पर सरकार बहुत बड़ी रकम खर्च करती है। दूसरी धारणा यह है कि इन विश्वविद्यालयों में देशद्रोही और गद्दार लोगों का जमावड़ा है। दुनिया जानती है कि इस बात का जोरशोर से प्रचार हुआ है, हो रहा है।

सरकारी पैसों के दुरुपयोग के तर्क को 'करदाता' (टैक्सपेयर) की भाषा में प्रचारित किया जाता है कि आम लोगों की मेहनत की कमाई जिससे वे सरकारी कर या टैक्स भरते हैं उसी पैसे से विश्वविद्यालयों में लोग गुलछर्रे उड़ा रहे हैं। इस तर्क का सामना हम कुछ आँकड़ों से कर सकते हैं। आपके विश्वविद्यालय यानी जेएनयू का सालाना बजट कुल मिलाकर लगभग 300 करोड़ रुपयों का है। इस 300 करोड़ की औकात का पता दूसरे आँकड़ों से तुलना करने पर होता है। आपने अखबारों में पढ़ा होगा कि भारतमाता के एक सुपूत हैं श्रीश्री विजय माल्या जी, जो हाल में किसी वजह से दुखी होकर विदेश चले गए। उनकी तरफ से बकाया रकम

9000 करोड़ बताई जाती है। अगर माल्या साहब से किसी तरह वसूली कर ली जाए, तो उस 9000 करोड़ में आपका विश्वविद्यालय, जिसका वार्षिक खर्च मात्र 300 करोड़ है, लगभग 30 साल तक चल सकता है, और अगर यह खर्च महँगाई के कारण बढ़ भी गया तो भी 20 साल तो बड़े आराम से निकल सकते हैं। इसके अलावा आपने सुना होगा कि इससे भी बड़ी एक रकम है एक सौ चौदह लाख करोड़ की, जो अलग-अलग कॉर्पोरेट कम्पनियों का कुल कर्ज है जिसे सरकारी बैंकों ने उठाया है और जिसे अर्थशास्त्रियों की भाषा में एनपीए कहा जाता है, नॉन परफॉर्मिंग एसेट्स, यानी कि भई पैसे डूब गए। आप खुद हिसाब लगा लीजिए कि अगर ये एक लाख चौदह हजार करोड़ रुपये वसूल हो जाते तो कितने विश्वविद्यालय कितने साल तक चल सकते थे। यानी फजूलखर्ची का आरोप निराधार है, हालाँकि हमें सार्वजनिक पैसे का पूरा-पूरा ख्याल रखना चाहिए और इसका हिसाब देने के लिए तैयार रहना चाहिए।

रही बात देशभक्ति की तो दो मिनट इसकी भी बात कर लें ताकि बाद में न कहा जाए कि हमने इसकी बात ही नहीं की। आपने सुना होगा कि तरह-तरह के महानुभाव हमारे कन्हैया कुमार से मिलने के लिए बड़े उतावले हैं क्योंकि वे कन्हैया से देशभक्ति के नारे लगवाना चाहते हैं। आप यह भी जानते होंगे कि इन महापुरुषों को कन्हैया ने कैसे मुँहतोड़ जवाब दिया है। इस बात पर मुझे जो चिन्ता सताती रही है वह है अतिरेकी भाषा का प्रयोग और प्रतीकों के साथ की जा रही नूरा-कुश्ती। आप सबकी जैसी होगी वैसी मेरी भी माँ है। मेरी माँ 81 साल की है, ज्यादा पढ़ी-लिखी नहीं हैं, थोड़ी बहुत हिन्दी और अंग्रेज़ी बोल लेती हैं लेकिन बात ढंग से सिर्फ कन्नड़ में होती है। मैं ये कल्पना कर रहा था कि अगर अपनी माँ से कहता कि "हे मातृश्री, तुम्हारे लिए मेरे पास अपार प्रेम है। मेरी नस-नस में तुम्हारे लिए भक्ति भाव कूट-कूट कर भरी है।" इस तरह से मैं उनसे बात करने लगूँ, तो वो तुरन्त मुझे पागलखाने भेजने की तैयारी करेंगी। ऐसा नहीं है कि मेरी माँ अजीब हैं, आप सब की माँओं से अलग हैं। मुझे पूरा विश्वास है कि आप ऐसी हरकतें अपनी माँ के सामने करोगे, तो आपकी माँ भी यही कहेंगी, कि बेटा (या बेटी) क्या हो गया है तुम्हें? ठीक कराओ इसे, दवा दिलाओ। तो क्या भारत माता हमारी अपनी माँओं से इतनी अलग है कि वह चाहती है कि बार-बार हम उसकी दुहाई दें, उसकी पूजा करें और बार-बार बखान करें कि माँ हमें तुमसे प्रेम है, हमें तुमसे प्रेम है। देशभक्ति के मामले में करनी की चलनी चाहिए, कथनी की नहीं। देशभक्ति की सही परीक्षा आपके काम से होती है, कि आप किस तरह का काम कर रहे हैं, किसके लिए काम कर रहे हैं? यही वाजिब परीक्षा है देशभक्ति की, नारे चाहे जो भी बुलन्द करें। आख़िर हमारे श्रीश्री माल्या साहब ने भी कई बार देशभक्ति के नारे लगाए होंगे। नारे लगाने भर से कुछ नहीं होता। नारे महत्त्वपूर्ण होते हैं, वो हमारे जज़्बातों को

केन्द्रित करते हैं, उन्हें दिशा देते हैं। नारे राजनीति में बहुत काम आते हैं। लेकिन केवल नारे लगाने से कुछ नहीं होता। अगर आप सिर्फ जय भीम, जय भीम करते रहोगे, या लाल सलाम-लाल सलाम करते रहोगे तो कुछ नहीं होने वाला। नारों से आगे बढ़कर भी बहुत कुछ करना पड़ता है, ज़मीनी काम करना होता है। आपकी देशभक्ति का मूल्यांकन उस काम के आधार पर होना चाहिए। उस परीक्षा के लिए सारे विश्वविद्यालय तैयार हैं। लीजिए हमारी परीक्षा, पता कीजिए कि हम किन विषयों पर रिसर्च कर रहे हैं, किस के लिए काम कर रहे हैं? लोग हमें जानेंगे, हमारे काम को जानेंगे, तो अपनेआप पता चल जाएगा कि देशद्रोह का आरोप कितना उचित है।

मैंने अबतक आपसे यही कहा है कि विश्वदृष्टि बनाने के लिए, विवेक पनपाने के लिए, विश्वविद्यालय को बहुत कुछ करना पड़ता है। विश्वविद्यालय मात्र कारखाना नहीं है जो किसी मशीन के कल-पुर्जों की तरह नौकरी-योग्य छात्रों को तैयार करे और अर्थव्यवस्था में खप जाने दे। मुझे ग़लत मत समझिए, मेरी प्रार्थना है कि आप सबको अच्छी नौकरी मिले। लेकिन नौकरीशुदा बनने के साथ-साथ आप कुछ और भी बनें, ऐसी मेरी और आपके शिक्षकों की तमन्ना है। कई साल पहले मैं जब जेएनयू में पढ़ता था, उस समय बंगलौर के कुछ साथियों ने हमें एक नया नारा सिखाया था। नारा कन्नड़ में था और हम उसे कन्नड़ और हिन्दी दोनों में लगाते थे। मेरे खयाल से यह नारा बिलकुल जेएनयू का नारा है—इसका किसी और परिसर में लगने की सम्भावनाएँ कम हैं। ये नारा उस समय के रेक्टर साहब को सम्बोधित कर कहता था कि "रेक्टर अवरे, मनुष्यर आगी", यानी "रेक्टर साहब, मनुष्य बनो!" आन्दोलनकारी छात्र नारा लगा रहे हैं विश्वविद्यालय के अफसर से दरख्वास्त करते हुए, निवेदन करते हुए कि आप मनुष्य बनिए।

हमारे विश्वविद्यालय मनुष्य बनाने के लिए हैं, नौकरशाह बनाने के लिए नहीं। जैसा मैंने कहा कि आप सब खुद विश्वविद्यालय हैं, विश्वविद्यालय के जीते-जागते अवतार हैं, और केवल एक विश्वविद्यालय के नहीं सभी विश्वविद्यालयों के प्रतिनिधि हैं। और इस तरह का अवतार व प्रतिनिधि होने की कीमत भी आपको चुकानी होगी। कीमत यह है कि आप कभी भी आत्मनिरीक्षण को आत्ममुग्धता में बदलने न दें। आप ये न सोचने लगें कि देखो हम कितने महान हैं, हमारा विश्वविद्यालय कितना अनूठा है। प्रतिनिधि होने के नाते आपकी, हमारी, हम सब की, बहुत सारी ज़िम्मेदारियाँ हैं। हमें उन सभी विश्वविद्यालयों को याद रखना है जहाँ इस तरह की महफिल भी नसीब नहीं हो पाती। हमें खास तौर पर हैदराबाद विश्वविद्यालय और रोहित वेमुला को याद रखना है, सामाजिक समता के मुद्दे को याद रखना है। और तमान उन गैर-बराबरियों को याद रखना है,

जिनको हम विश्वविद्यालय के धरातल पर कुछ हद तक कम कर पाए हैं। हम एक नए परिवेश को सहेज पाए हैं जहाँ समता और समावेशिता दोनों हैं, और इसी वजह से हम पर हमले हो रहे हैं। हम पर हल्ला बोला जा रहा है उन ताकतों द्वारा जो नहीं चाहते कि इस तरह की नयी दुनिया छोटे से पैमाने पर भी रची जाए। हम पर हमले इसलिए हो रहे हैं कि हम विश्वविद्यालय के विरोधाभासी चरित्र को जिन्दा रखने की जंग लड़ रहे हैं। हम विश्वविद्यालय को केवल वर्चस्ववादी या सत्तानुकूल संस्थान बनने नहीं दे रहे हैं। और धीरे-धीरे ही सही हम अपनी लड़ाई जीत रहे हैं—क्योंकि अगर ऐसा नहीं होता तो इस तरह का बवाल नहीं खड़ा होता, कोई समस्या नहीं होती। हमारा संघर्ष कुछ और नहीं मनुष्य बनने और बनाने का संघर्ष है।

लेखकों का परिचय

1. **अनिल सद्गोपाल**—मशहूर शिक्षाविद् और सामाजिक चिन्तक, बायोकेमिस्ट्री और मोलीकुलर बायोलॉजी में कैलीफोर्निया विश्वविद्यालय से पी-एच.डी.। मध्यप्रदेश के होशंगाबाद जिले में 'किशोर भारती' के माध्यम से ग्रामीण शिक्षा और विकास कार्यक्रमों में सक्रिय। समसामयिक विषयों पर हिन्दी और अंग्रेजी में लगातार लेखन। 'संघर्ष और निर्माण', 'शिक्षा में बदलाव का सवाल' और 'बदलाव की राजनीति' चर्चित पुस्तकें।
2. **अनुराग मोदी**—मध्यप्रदेश के बस्तर जिले में जन्म। सिविल इंजीनियरिंग में डिप्लोमा। नौकरी छोड़कर आदिवासियों के बीच सक्रिय, जन आन्दोलनों में भागीदारी और लेखन। समाजवादी जनपरिषद की राष्ट्रीय कार्यकारिणी के सदस्य।
3. **अपूर्वानन्द**—पटना विश्वविद्यालय से मास्टर और पी-एच.डी.। दिल्ली विश्वविद्यालय में हिन्दी के प्रोफेसर। राजनीतिक-सामाजिक प्रश्नों पर लगातार सक्रिय। साम्प्रदायिकता के खिलाफ लगातार संघर्ष तथा जन आन्दोलनों में भागीदारी। समसामायिक विषयों पर हिन्दी और अंग्रेजी में लेखन। 'सुन्दर का स्वप्न' और 'साहित्य का एकान्त' कृतियाँ। आलोचना पत्रिका के सम्पादक।
4. **अशोक वाजपेयी**—प्रसिद्ध कवि, आलोचक और संस्कृतिकर्मी। अब तक पन्द्रह कविता संग्रह और कई आलोचनात्मक पुस्तकें प्रकाशित। भारतीय प्रशासनिक सेवा से रिटायर। महात्मा गांधी अन्तरराष्ट्रीय हिन्दी विश्वविद्यालय के संस्थापक कुलपति, केन्द्रीय ललित कला अकादमी के अध्यक्ष रह चुके। इन दिनों रजा फाउंडेशन के प्रबन्ध न्यासी और स्वतंत्र लेखन।
5. **आनन्द कुमार**—प्रसिद्ध समाजशास्त्री और समाजवादी विचारक। बी.एच.यू. से मास्टर, जेएनयू से एम.फिल. और शिकागो विश्वविद्यालय से पी-एच.डी.। अध्यापन पहले बी.एच.यू. में फिर जेएनयू में। कई अन्य देशों में शिक्षण कार्य। हिन्दी और अंग्रेजी में लेखन। विद्यार्थी जीवन से

सरोकारीय और सक्रिय नागरिक भूमिका का निर्वहन। वर्तमान में भारतीय उच्च अध्ययन संस्थान, शिमला में फेलो।

6. **गोपाल प्रधान**—बी.एच.यू. और जेएनयू से पढ़ाई। छात्र जीवन से ही वामपन्थी राजनीति में सक्रिय। मार्क्सवाद और हिन्दी आलोचना में लगातार लेखन और जन आन्दोलनों में सक्रिय। वर्तमान में अम्बेडकर विश्वविद्यालय दिल्ली के हिन्दी विभाग में प्राध्यापक।
7. **तनिका सरकार**—जेएनयू में आधुनिक भारतीय इतिहास की प्रोफेसर। भारतीय समाज और इतिहास में स्त्रियों की स्थिति पर गम्भीर लेखन। पति सुमित सरकार के साथ आधुनिक भारतीय इतिहास में समाज-सुधार, जाति-प्रथा और स्त्री के सवाल पर लेखन। बांग्ला अकादमी का रवीन्द्र पुरस्कार। words to win, hindu wife, hindu nation चर्चित पुस्तकें।
8. **निवेदिता मेनन**—जेएनयू में तुलनात्मक राजनीति और राजनीतिक सिद्धान्त की प्रोफेसर। काफिला ब्लॉग की संस्थापक सदस्य। समसामायिक विषयों पर लगातार लेखन और जन आन्दोलनों में भागीदारी। हिन्दी से मलयालम और अंग्रेजी में अनुवाद। अनुवाद के लिए रामानुजन पुरस्कार। Seeing Like A Feminist चर्चित पुस्तक।
9. **पी. साईनाथ**—जेएनयू में छात्र और छात्र राजनीति में सक्रिय। पेशे से पत्रकार और फोटो पत्रकार, महाराष्ट्र और दक्षिण भारत में किसानों और ग्रामीणों की समस्याओं के लिए निरन्तर संघर्ष और लेखन। 'द हिन्दू' के सम्पादक, PARI के संस्थापक सम्पादक। ग्रामीण पत्रकारिता के लिए रमन मैग्सेसे अवार्ड। Everybody Loves A Good Drought चर्चित किताब।
10. **प्रभात पटनायक**—सुप्रसिद्ध अर्थशास्त्री और मार्क्सवादी चिन्तक। ऑक्सफोर्ड यूनिवर्सिटी से डी.फिल.। कैम्ब्रिज यूनिवर्सिटी और जेएनयू में अध्यापन। सोशल साइंटिस्ट के सम्पादक। कई महत्त्वपूर्ण किताबों के लेखक। फिलहाल जेएनयू के CESP में मानद प्रोफेसर।
11. **पुरुषोत्तम अग्रवाल**—चर्चित आलोचक, राजनीतिक टिप्पणीकार और लोक बुद्धिजीवी के रूप में विख्यात। पहले जेएनयू के छात्र रहे फिर वहीं भारतीय भाषा केन्द्र के अध्यक्ष और संघ लोक सेवा आयोग के सदस्य रहे। 'अकथ कहानी प्रेम की', 'हिन्दी सराय' और 'नाकोहस' चर्चित किताबें। इन दिनों बी.एच.यू. में मालवीय चेयर प्रोफेसर और स्वतंत्र लेखन।
12. **बद्री नारायण**—चर्चित कवि, आलोचक और समाजविज्ञानी। दलितों की समस्याओं पर लगातार लेखन। लोकसाहित्य में विशेष रुचि।

हिन्दी और अंग्रेजी में लेखन। एक साल जेएनयू में अध्यापन। फिलहाल गोविन्दबल्लभ पंत सामाजिक विज्ञान संस्थान, इलाहाबाद के निदेशक।

13. **योगेन्द्र यादव**—जेएनयू में अध्ययन। 1985 से 1993 तक पंजाब विश्वविद्यालय में राजनीति विज्ञान के प्रोफेसर। लोकनीति के संस्थापक-संयोजक और सी.एस.डी.एस. के संस्थापक-निदेशक। सुप्रसिद्ध चुनाव विश्लेषक और राजनीतिक टिप्पणीकार। शिक्षा का अधिकार के लिए बनी राष्ट्रीय सलाहकार समिति के सदस्य और यूजीसी के सदस्य रहे। किसानों की समस्याओं के लिए लगातार भ्रमण और संघर्ष। वर्तमान में स्वराज इंडिया के राष्ट्रीय अध्यक्ष।
14. **वीरभारत तलवार**—बी.एच.यू. से एम.ए. और जेएनयू से पी-एच.डी.। जेएनयू में हिन्दी के प्रोफेसर और अध्यक्ष होकर सेवा मुक्त। आदिवासियों के बीच सक्रिय रहे। 'फिलहाल' और 'शालपत्र' पत्रिकाओं का सम्पादन। हिन्दी नवजागरण पर विशेष शोध। 'रस्साकशी', 'सामना', 'हिन्दू नवजागरण की विचारधारा' चर्चित आलोचनात्मक पुस्तकें।
15. **सतीश देशपांडे**—जेएनयू से एम.ए. और कैलिफोर्निया यूनिवर्सिटी से पी-एच.डी.। दिल्ली विश्वविद्यालय में समाजशास्त्र के प्रोफेसर। सामाजिक-आर्थिक विषयों पर लगातार लेखन। समावेशी शिक्षा और ग़रीबी उन्मूलन पर विशेष काम। Beyond Inclusion, The Problem Of Caste, Contemporary India चर्चित किताबें।

अनुवादक

1. **सूरज कुमार**—पटना विश्वविद्यालय और जेएनयू से शिक्षा। **सम्प्रति :** सहायक प्रोफेसर, हिन्दी विभाग, केन्द्रीय कर्नाटक विश्वविद्यालय, कलबुर्गी।
2. **अम्बरीश हरदेनिया**—पेशे से पत्रकार। **सम्प्रति :** दैनिक फ्री प्रेस भोपाल में कार्यरत।
3. **प्रतिष्ठा मिश्रा**—रिसर्च फेलो हिन्दी विभाग, लखनऊ विश्वविद्यालय, लखनऊ।